Die Entwicklung Ihres Kindes

Von 0 bis 6 Jahren

Dr. med. Heike Kovács
Dr. med. Gunhild Kilian-Kornell

Die Entwicklung Ihres Kindes

Von 0 bis 6 Jahren

Die Entwicklung beobachten,
erkennen und fördern

Guter Rat und Tipps für die Erziehung

SÜDWEST

Inhalt

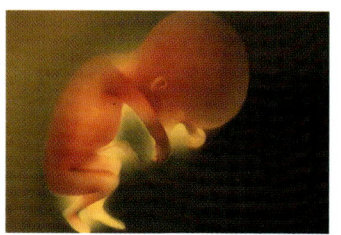

Vom Baby zum Kleinkind 64

Der regelmäßige Besuch beim Arzt 86

So können Eltern die Entwicklung Ihres Kindes testen

Lexikon der wichtigsten Entwicklungsstörungen

Schlusswort

Alles Gute für Ihr Kind

»Hauptsache gesund!« Das wünschen sich alle Eltern, die Nachwuchs erwarten. Ob es nun ein Junge wird oder ein Mädchen, ist den meisten Vätern und Müttern in spe völlig egal; es zählt nur, dass sich ihr Kind körperlich, seelisch und geistig gut entwickelt, eine fröhliche, unbeschwerte Kindheit durchlebt und den Übergang ins Erwachsenenalter ohne schwerwiegendere Krankheiten und Beschwerden meistert.

Glücklicherweise entwickeln sich die meisten Kinder ganz normal, und durch liebevolle Fürsorge und Zuwendung bleiben ihnen ernstere Krankheiten und Störungen erspart. Trotzdem haben Kinder, bis sie erwachsen sind, viele Hürden zu nehmen und Krisen zu bewältigen. In diesen Phasen machen sich die Eltern oft Sorgen, und es tauchen unzählige Fragen auf: Wächst und gedeiht unser Kinder richtig? Hört und sieht es gut? Ist seine Motorik altersgerecht? Hat es alles, was es für die körperliche und seelische Reifung braucht? Schenken wir ihm genügend Aufmerksamkeit und Liebe? Machen wir mit der Erziehung alles richtig?

Sicherheit von Beginn an

Ihr Kind ist geboren. Der Moment, auf den Sie neun Monate gewartet haben, ist da. Mit Sicherheit ist das für Eltern ein unglaublich glücklicher Moment. Vor Ihnen liegt eine aufregende Zeit, in der Sie sowohl Problemen begegnen als auch die Freude erleben, einen kleinen Menschen beim Wachsen begleiten zu können.

Unser Gesundheitssystem bietet sowohl für die Zeit der Schwangerschaft als auch für die ersten Lebensjahre eines Kindes zahlreiche Vorsorgeuntersuchungen. Diese Untersuchungen sollten Sie unbedingt lückenlos in Anspruch nehmen. Während dieser »Gesundheits-Check-ups« nehmen die Ärzte die Entwicklung Ihres Kindes schon von einem frühen Zeitpunkt im Mutterleib an genau unter die Lupe und verfolgen sie bis zum Eintritt ins Schulalter.

In der Schwangerschaft überwachen Frauenarzt oder -ärztin die Gesundheit von Mutter und Baby, indem zahlreiche Untersuchungen, wie z. B. Blutdruck- und Pulsmessung, Blut- und Urintests, durchgeführt oder das Wachstum des Ungeborenen mit der Ultraschalltechnik kontrolliert werden. Ist das Baby dann auf der Welt, übernehmen Kinderarzt oder -ärztin die weitere Betreuung: Die Funktion der Organe, wie z. B. die Tätigkeit von Lunge, Herz oder Nieren, werden überprüft.

In den folgenden Jahren bis zur Einschulung wird Ihr Kind dann insgesamt neunmal gründlich ärztlich untersucht. Dabei betrachten Arzt oder Ärztin nicht nur die körperliche, sondern auch die seelische und geistige Entwicklung des Kindes. Sie machen zahlreiche Tests, beispielsweise, um festzustellen, wie gut Ihr Kind hört oder sieht; und sie stellen Ihnen viele Fragen: z. B. wie Ihr Kind sich zu Hause verhält, wie es schläft, wie es sich bewegt, ob es gut isst und trinkt, lebhaft oder ruhig ist, viel oder wenig schreit und vieles andere. Je aufmerksamer Sie selbst die Entwicklung Ihres Kindes verfolgen, je mehr Sie über die verschiedenen Reifungsphasen von Kindern wissen und je genauer Sie zwischen

Der gesunden und glücklichen Entwicklung des Kindes gilt die ganze Sorge und Fürsorge der Eltern.

einer normalen und auffälligen Entwicklung zu unterscheiden vermögen, desto besser können Sie mit dem Kinderarzt oder der Kinderärztin »zusammenarbeiten« und damit dem Wohle Ihres Kindes dienen. Machen Sie sich Ihren Kinderarzt oder Ihre Kinderärztin* zu Partnern in der Sorge um die gesunde Entwicklung Ihres Kindes.

Machen Sie sich keine Sorgen

Dieser Ratgeber soll Sie in den ersten Jahren, die Sie mit Ihrem Kind verbringen, begleiten. Die Autorinnen möchten auf die zahlreichen Fragen, die sich Ihnen stellen, eine Antwort geben, Ihnen helfen, Unsicherheiten und Ängste auszuräumen, und Sie umfassend über viele Krankheiten und Störungen des Kindesalters informieren. Sie erfahren, wie die Entwicklung von Kindern vom Mutterleib an bis zum Schulalter verläuft. Sie werden darüber informiert, welche modernen Tests und Untersuchungen heute möglich sind, um eventuelle Störungen frühzeitig zu erkennen und zu behandeln. Außerdem erhalten Sie viele praktische Tipps und Ratschläge für Tests, die Sie leicht zu Hause selbst bei Ihrem Kind durchführen können. In einem abschließenden Lexikonteil bekommen Sie eine übersichtliche Darstellung der wichtigsten Krankheiten und Beschwerden, die mit kindlichen Entwicklungsstörungen zusammenhängen. Neben kurzen Beschreibungen über die möglichen Diagnostik- und Therapieverfahren liefert dieses Kapitel auch zahlreiche Adressen von Fördereinrichtungen, Selbsthilfegruppen und anderen Organisationen, die Ihnen mit Rat und Tat zur Seite stehen.

Die meisten Entwicklungsverzögerungen sind nicht weiter besorgniserregend. Sprechen Sie am besten gleich mit Ihrem Arzt. Er wird sie entweder beruhigen oder sofort medizinische Hilfe anbieten, die bei einer frühen Erkennung von Störungen außerordentlich effektiv sein kann.

* Um der besseren Lesbarkeit willen gebrauchen wir im Folgenden nur die maskuline Form bei den Berufsbezeichnungen.

Das Wunder im Mutterleib

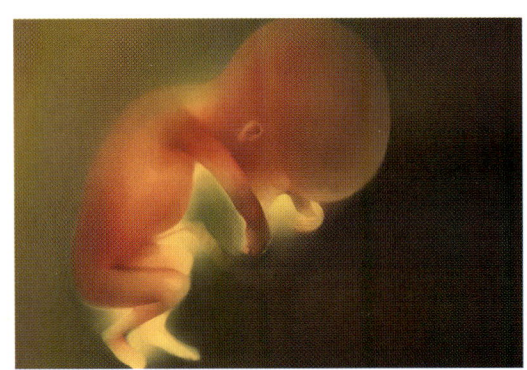

Es vollzieht sich täglich viele Millionen Mal auf dem Globus, bei Tieren und Menschen: Eine Eizelle und ein Spermium treffen zusammen, und aus dieser Vereinigung entsteht ein neues Lebewesen. Was dabei genau geschieht, hat die Wissenschaft zum großen Teil entschlüsselt. Doch manches bleibt immer noch ein Geheimnis. Auf alle Fälle wächst ein neuer Erdenbürger gut geschützt heran und kann sich mit der Welt draußen aus sicherer Entfernung schon einmal vertraut machen. Er hört Geräusche, die Stimme seiner Mutter, seines Vaters und vielleicht seiner Geschwister, sieht gedämpftes Licht, spürt Bewegungen und bekommt über den Austausch mit der Mutter sogar schon mit, was es alles zu essen gibt. Nach neun Monaten ist es dann so weit, dass er sich in die Welt wagen kann, wo er von glücklichen Eltern liebevoll begrüßt wird.

Wie ein Kind entsteht

In den Eierstöcken der Frau ist schon von Geburt an ein Vorrat an Eizellen angelegt. Nach der Pubertät, wenn die Sexualhormone aktiv werden, durchlaufen diese Eizellen einen regelmäßigen Zyklus. Ungefähr alle vier Wochen löst sich in den Eierstöcken der Frau eine Eizelle und beginnt zu wachsen. Dabei sucht sie sich – umgeben von einer flüssigkeitsgefüllten Schutzhülle – einen Weg zur Oberfläche des Eierstocks. Sobald die Zelle reif genug ist, platzt ihre Hülle und gibt sie frei. Dies ist der Eisprung, den manche Frauen in der Mitte ihres Zyklus als leicht ziehenden Schmerz, den so genannten Mittelschmerz, spüren können. Die Eizelle wird nun von den Fangarmen der trichterförmigen oberen Eileiteröffnung aufgefangen und in den etwa zehn Zentimeter langen Tunnel des Eileiters bewegt. Millionen von feinen Flimmerhärchen auf der Oberfläche der Eileiterschleimhaut sorgen dafür, dass die Eizelle wie auf einem Förderband in Richtung Gebärmutter transportiert wird. Hier wartet sie nun darauf, dass ihr eine männliche Samenzelle begegnet und sie befruchtet.

Millionen Spermien gehen an den Start

Die Zeit der Schwangerschaft ist für ein Paar außerordentlich bedeutsam. Beide müssen sich damit auseinander setzen, dass sie jetzt Eltern werden. Da können Ängste genauso dazugehören wie Glücksgefühle und die Liebe zum wachsenden Kind.

Wenn dieses Spermium zur Verschmelzung mit der Eizelle – dem Augenblick der Zeugung – im Eileiter angekommen ist, hat es schon eine weite und gefahrvolle Reise hinter sich. Beim Geschlechtsverkehr wurde es zusammen mit Millionen anderer Spermien in den hinteren Teil der Scheide geschleudert. Von dort musste es sich durch die Gebärmutter hindurch in Richtung Eileiter weiterarbeiten. Hier hatte es die vielen Falten und Furchen der Schleimhaut zu überwinden, wobei immer die Gefahr bestand, in den Nischen hängen zu bleiben. Während die anderen Weggefährten im wahrsten Sinne des Wortes auf der Strecke blieben, schaffte die »Gewinnersamenzelle« es als Einzige, die weibliche Eizelle zu erreichen, ihre Wand vollständig zu durchdringen und sie auf diese Weise zu befruchten.

Die Natur komponiert immer einzigartige Wesen

Wenn die beiden Kerne – die Träger der Erbanlagen – von Ei- und Samenzelle miteinander verschmelzen, werden bereits die wichtigsten Entscheidungen über den neuen Menschen getroffen. In diesem Moment werden sein Geschlecht, sein Aussehen, sein Körperbau und all die Merkmale festgelegt, die seine Einmaligkeit und Unverwechselbarkeit ausmachen. Das bedeutet: Niemals wird ein neues Lebewesen auf die Welt kommen, das einem anderen aufs Haar gleicht. Noch nicht einmal bei eineiigen Zwillingen sind die Merkmale völlig identisch. Diese unerschöpfliche Variationsmöglichkeit der Natur kann von keinem Labor der Welt nachvollzogen werden – es bleibt eines der größten Wunder.

Die 40-Wochen-Reise ins Leben

Im Laufe der Schwangerschaft lernen sich Mutter und Kind gut kennen, denn sie verbringen 40 Wochen praktisch Herz an Herz miteinander. Jede Bewegung bekommen beide sofort mit. Ob es das Kind ist, das sich dreht, oder ob es die Mutter ist, die ein wenig Gymnastik treibt, es ist für beide eine körperliche Sensation, die sie einander vertraut macht.

Das erleben Mutter und Kind

Woche 1 und 2

Schwangerschaft: Ein neuer Zyklus beginnt: Nach ca. 14 Tagen ist im Eierstock ein Ei herangereift und springt am Tag des Eisprungs in den Eileiter. Trifft es auf eine Samenzelle, kommt es zur Verschmelzung: der Anfang neuen Lebens!
Babyentwicklung: Im Augenblick der Befruchtung vereinigt sich das Erbgut von Mutter und Vater. Es ist der Moment, in dem die Natur über alle Merkmale des neuen Wesens entscheidet: seine Augen- oder Haarfarbe, seine Gesichtszüge, seinen Charakter, seine Talente . . .

Woche 3

Schwangerschaft: Die werdende Mutter spürt nichts von den Vorgängen in ihrem Innern – aber vielleicht ahnt sie etwas? Manche Frauen träumen z. B. besonders intensiv, wenn sich das Wunder der Befruchtung vollzogen hat.
Babyentwicklung: Schon binnen weniger Stunden nach der Befruchtung teilt sich das Ei zum ersten Mal und wird zum Zweizeller. Jede 12. bis 15. Stunde teilt es sich erneut und wandert langsam in Richtung Gebärmutter.

Woche 4

Schwangerschaft: Die Geschlechtshormone Östrogen und Progesteron haben jetzt im Körper der Frau Hochkonjunktur. Der Hormonspiegel steigt in den ersten Wochen der Schwangerschaft auf das Tausendfache der ursprünglichen Werte an, alles mit dem Ziel, ideale Voraussetzungen für ein gutes Gedeihen des Ungeborenen zu schaffen.
Babyentwicklung: Die Eizelle hat sich zu einem »Zellbällchen« von vielen tausend Zellen verwandelt und sich fest in der Gebärmutterschleimhaut verankert. Nun ist sie schon zum Embryo geworden, und langsam bilden sich jetzt auch Fruchtblase, Nabelschnur und Mutterkuchen.

Woche 5

Schwangerschaft: Jede Frau möchte Gewissheit darüber haben, ob sie schwanger ist oder nicht. Es gibt heute sehr gute Testverfahren, mit denen sich eine Schwangerschaft schon in den ersten Tagen nach Ausbleiben der Regel nachweisen lässt. Dazu werden Hormone (im Blut oder Urin) gemessen, die aus der Gehirnanhangsdrüse stammen und die Bildung der weiblichen Geschlechtshormone stimulieren.

Jede vierte Frau hat in den ersten Monaten der Schwangerschaft eine leichte Menstruationsblutung. Daher erkennen viele Frauen ihre Schwangerschaft anfangs nicht. Erst wenn die morgendliche Übelkeit und spannende Brüste dazukommen, schöpfen sie »Verdacht«.

Babyentwicklung: In der fünften Woche sieht man tatsächlich im Ultraschall schon einen dunklen Fleck, in dem ein zartes Flimmern zu erkennen ist – das Herz des Babys schlägt!

Woche 6

Schwangerschaft: Viele Frauen empfinden jetzt die typischen körperlichen und seelischen Veränderungen, die mit dem Hormonumschwung zusammenhängen, sind z. B. müde, reizbar oder reagieren besonders empfindlich auf Gerüche.

Babyentwicklung: Schon sechs Wochen nach der Befruchtung ist das Kind knapp drei Millimeter lang, und es bildet sich bereits ein winziges Rückenmark heraus.

Woche 7

Schwangerschaft: Von Ihrem Frauenarzt haben Sie nun das blaue Vorsorgeheft ausgehändigt bekommen. Es ist der Mutterpass, in dem alle Daten vermerkt werden, die für Ihre Gesundheit und die Ihres Babys von Bedeutung sind. Sie sollten den Mutterpass zu Ihrem persönlichen Begleiter werden lassen und ihn immer bei sich tragen.

Babyentwicklung: Der Embryo wächst jetzt in großem Tempo, ca. einen Millimeter pro Tag. Er wiegt jetzt etwa ein Gramm. Noch sieht er aus wie ein kleines Urzeittier.

Woche 8

Schwangerschaft: Wenn Ihnen nun öfter unwohl ist und Sie manche Speisen nicht vertragen, ist das nichts Ungewöhnliches. Auch diese »Schwangerschaftsübelkeit« hat mit der Hormonveränderung zu tun.

Babyentwicklung: Das Ungeborene bekommt immer mehr die Kontur eines menschlichen Wesens: der Kopf bildet sich heraus, Ansätze für Augen, Arme und Beine zeichnen sich ab.

Mit Sicherheit beginnen jetzt alle Eltern, sich Gedanken über den Vornamen des Kindes zu machen. Leider können die Hauptbetroffenen, die mit diesem Namen durchs Leben gehen, noch nicht mitreden. Am besten, die Eltern überlegen sich, ob sie selbst mit diesem Namen gerufen werden wollten.

Woche 9

Schwangerschaft: Unter dem Einfluss der Schwangerschaftshormone vergrößern sich die Brüste und fühlen sich oft etwas schwer an. Deshalb sollten Sie spezielle Büstenhalter kaufen – am besten solche, die Sie später auch zum Stillen verwenden können.

Babyentwicklung: Das Ungeborene ist nun ca. 16 Millimeter lang; sein Herz schlägt 140- bis 150-mal pro Minute – doppelt so schnell wie das seiner Mutter.

Woche 10

Schwangerschaft: Wundern Sie sich nicht, wenn Sie jetzt etwas »abwegige« Gelüste entwickeln, z. B. auf Wurst mit Zucker, Hering mit Schokoladensauce, Austern, exotische Früchte oder Lakritze. Ihr Körper braucht nun besonders viele Nährstoffe und holt sich wahrscheinlich auf diesem Weg die benötigten Substanzen.

Babyentwicklung: Das Ungeborene hat nun einen wichtigen Entwicklungsschritt abgeschlossen: Alle Organe sind angelegt, der »Grundriss« steht fest. Nun beginnt die Ausformung und Reifung.

Woche 11

Schwangerschaft: Manche Frauen bekommen in den ersten Wochen der Schwangerschaft leichte Kopfschmerzen. Auch das ist nicht ungewöhnlich und meist auch nicht besorgniserregend. Die Beschwerden haben ebenfalls mit der Hormonumstellung zu tun und vergehen fast immer rasch wieder.
Babyentwicklung: Das ca. 40 Millimeter lange und 14 Gramm schwere Ungeborene schwimmt schwerelos in der Eihülle und wird über die Nabelschnur mit dem nährstoffreichen Blut der Mutter versorgt.

Woche 12

Schwangerschaft: Der dritte Monat ist bald abgeschlossen. Die Gebärmutter erreicht jetzt schon die Schambeinkante. Der Arzt führt nun wichtige Untersuchungen durch, wie z. B. Blut- und Urinkontrollen, und macht Ultraschallaufnahmen von Ihrem Baby.
Babyentwicklung: Vom Scheitel bis zum Steiß ist das Kind im Mutterleib nun 50 Millimeter lang.

Woche 13

Schwangerschaft: Jetzt haben Sie wieder einen wichtigen Abschnitt erreicht: Das erste Schwangerschaftsdrittel (1. Trimenon) ist beendet, Ihr Körper hat sich auf die Situation eingestellt.
Babyentwicklung: Das Gesichtchen bekommt zunehmend Kontur, die Augen, die bis jetzt geöffnet waren, schließen sich nun für einige Monate. Die Nervenentwicklung geht mit rasantem Tempo weiter, und täglich werden viele tausend Nervenschaltungen gebildet.

Wenn sich zu viel Wasser im Gewebe ablagert und es zu Ödemen kommen sollte, muss die Nierentätigkeit angeregt werden. Am besten viel Wasser oder Früchtetee trinken.

Woche 14

Schwangerschaft: Jetzt können Sie die Schwangerschaft nur noch schwer verbergen, der Bauch ist deutlich sichtbar, und auch die Waage zeigt ein paar Pfunde mehr.

Babyentwicklung: Die Proportionen machen immer stärker die typisch menschliche Gestalt deutlich. Das Baby bewegt sich schon richtig, und erfahrene Frauen – d. h. solche, die schon mehrere Schwangerschaften erlebt haben – spüren diese Bewegung auch als sanfte Wellen, die durch ihren Bauch ziehen.

Woche 15

Schwangerschaft: Ihr Körper blüht jetzt richtig auf. Viele Frauen stellen fest, dass sie noch nie vorher so schönes dickes Haar und so feste Nägel hatten wie während der Schwangerschaft.

Babyentwicklung: Das Baby kann den Mund öffnen und schließen. Auch Schluckbewegungen und Atemübungen führt es schon aus.

Woche 16

Das Baby besitzt bereits Stimmbänder. Aber gebrauchen kann es sie erst nach der Geburt, wenn es selbstständig atmen kann. Vorübungen dazu macht es schon jetzt.

Schwangerschaft: Alle Organe sind gut durchblutet, und auch die Haut erhält viel Sauerstoff und Nährsubstanzen. Das werden Sie erfreut beim Blick in den Spiegel bemerken, denn Ihre Haut wirkt jugendlich und hat einen besonderen Schimmer.

Babyentwicklung: Die ersten Ultraschallaufnahmen zeigen faszinierende Details von dem kleinen Wesen in Ihrem Bauch: die feinen Glieder der Wirbelsäule, das Köpfchen, die Arme, die Beine.

Woche 17

Schwangerschaft: Der fünfte Monat beginnt. Sie fühlen sich wohl, können gut schlafen und sind tagsüber fit. Die Gewichtszunahme beträgt in der Mitte der Schwangerschaft durchschnittlich zwischen drei und fünf Kilo – und hält sich so noch weitgehend in Grenzen.

Babyentwicklung: Das kleine Wesen kann sogar schon Daumenlutschen, es hat eine spezielle Mimik, runzelt die Stirn oder schneidet Grimassen.

Der Eintritt in das zweite Stadium

Ab der zehnten Woche, gerechnet nach der Befruchtung, ist das Embryonalstadium abgeschlossen, aus dem Embryo (»Keimling«) ist ein Fetus (»Junges«) geworden, den man schon als Mensch erkennt. Das Zusammenspiel von Nerven und Muskeln beginnt: Die Finger schließen sich zur halben Faust, die Fußzehen können gespreizt und die Handgelenke gedreht werden. Das Baby trinkt Fruchtwasser und gibt es wieder ab. Es erlebt durch Hormone die emotionale Gestimmtheit der Mutter und reagiert darauf entsprechend.

Spätestens ab der 19. Schwangerschaftswoche sind die Bewegungen des Kindes im Mutterleib deutlich zu spüren.

Woche 18

Schwangerschaft: Pro Woche sollten Sie nicht mehr als ein Pfund zunehmen. Nur so viel ist nötig, wenn das Baby richtig wächst. Behalten Sie also Ihr Gewicht unter Kontrolle, und messen Sie regelmäßig Ihren Bauchumfang.

Babyentwicklung: Die Haut Ihres Babys schimmert rötlich und ist im Gesicht von einem zarten Flaum bedeckt. Jetzt kann das Baby schon 20 Zentimeter groß sein.

Woche 19

Schwangerschaft: Nun merkt es wirklich jede Frau, auch wenn sie zum ersten Mal schwanger ist: Das Baby bewegt sich, und zwar deutlich. Manchmal schlägt es richtige Kapriolen.

Babyentwicklung: Die Fingernägel wachsen jetzt bis zu den Fingerkuppen, Händchen und Füßchen sehen schon wie bei einem richtigen Baby aus.

Woche 20

Schwangerschaft: Der Uterus reicht nun bis zur Bauchnabelhöhe. Ihr Herzschlag wird etwas schneller.

Babyentwicklung: Das Baby hat jetzt schon einen richtigen Schlaf- und Wachrhythmus.

Woche 21

Schwangerschaft: Jetzt beginnt der sechste Schwangerschaftsmonat. Auch der Partner kann die Bewegungen Ihres Babys fühlen. Für ihn sind es die ersten wahrnehmbaren Zeichen seines Kindes.

Babyentwicklung: Das Geschlecht des Kindes ist im Ultraschall meist deutlich zu erkennen. Wenn Sie sich das Geheimnis, ob Ihr Baby ein Junge oder ein Mädchen ist, noch bis zur Geburt bewahren möchten, sollten Sie das Ihrem Frauenarzt sagen und selbst nicht zu genau auf den Ultraschallmonitor schauen.

Alle Frauen erleben während der Schwangerschaft emotionale Höhen und Tiefen. Schon allein der Gedanke, dass der Lebensabschnitt, in dem sie nur für sich selbst verantwortlich waren, zu Ende geht, kann beängstigend sein. Eine Zeit der Ungewissheit beginnt.

Auch Väter möchten teilnehmen

Für Männer hat sich in der letzten Zeit viel geändert. Sie haben ihr Recht auf und ihren Spaß am Vatersein entdeckt, und zwar von Anfang an. Wenn Sie mit Ihrem Partner über Ihre Gefühle sprechen und über die Veränderungen Ihres Körpers, kann er die Schwangerschaft – die ja auch die seine ist – wirklich begleiten. Lassen Sie ihn spüren, wie das Baby sich bewegt. Wenn er über Ihren Bauch streicht, wird das Köpfchen des Babys folgen und sich hineinschmiegen.

Woche 22

Schwangerschaft: Langsam nehmen Sie an Gewicht zu. Viele Frauen empfinden die Gebärmutter mit dem Ungeborenen darin jetzt ganz intensiv und verspüren ein besonderes Wärmegefühl.
Babyentwicklung: Der Gleichgewichtssinn, der sich in den letzten Wochen ausgebildet hat, wird weiter verfeinert.

Woche 23

Schwangerschaft: Sie können die Intelligenz Ihres Kindes jetzt schon fördern: indem Sie intensiv mit ihm reden, ihm ruhige Musik (Bach, Mozart) vorspielen oder ihm über die Bauchdecke sanfte Streicheleinheiten zuteil werden lassen.
Babyentwicklung: Das Baby hat nun die Augen wieder geöffnet. Außerdem ist die Nervenleitung noch ausgeprägter geworden, das Baby kann jetzt z. B. schon ganz differenzierte Reize aufnehmen.

Woche 24

Das letzte Drittel der Schwangerschaft wird vielleicht etwas mühsam. Zum einen möchten Sie Ihrem Kind, das Ihnen schon so vertraut ist, endlich richtig begegnen, und zum anderen wird das Leben mit dem immer größer werdenden Gewicht recht beschwerlich. Hier helfen nur Geduld und Humor.

Schwangerschaft: Spüren Sie manchmal leichte, rhythmische Bewegungen aus Ihrer Gebärmutter? Dann ist es Ihr Baby, das gerade Schluckauf hat.
Babyentwicklung: Das Ungeborene wächst mit großem Tempo weiter. Es ist nun beinahe 30 Zentimeter groß und kann schon etwas mehr als ein Pfund wiegen. Würde es jetzt geboren, wäre es zwar noch extrem unreif, könnte mit intensiver Versorgung aber sogar überleben.

Woche 25

Schwangerschaft: Mit der Woche 25 beginnt der siebte Schwangerschaftsmonat. Sie haben also schon knapp zwei Drittel hinter sich.
Babyentwicklung: Beim Ungeborenen sind jetzt bereits Gehirnströme messbar.

Woche 26

Schwangerschaft: Die Reifevorgänge gehen weiter, das wachsende Baby verlangt von Ihrem Beckenboden mehr Kraft.
Babyentwicklung: Das Ungeborene reagiert ganz differenziert auf akustische Signale. Laute aggressive Geräusche oder Töne werden es zu heftigem Strampeln veranlassen, sanfte Klänge dagegen beruhigen.

Woche 27

Schwangerschaft: Durch die Gewichtszunahme und die Verlagerung Ihres Körperschwerpunkts kann sich Ihr Balancegefühl manchmal etwas irren. Bewegen Sie sich deshalb etwas vorsichtiger.
Babyentwicklung: Das Baby kann jetzt sogar schon weinen. Dies ist wohl aber mehr ein Reflex als durch Emotionen wie Traurigkeit ausgelöst.

Woche 28

Schwangerschaft: Zwar hat sich Ihr Körper auf die zusätzlichen Kilogramm eingerichtet, doch Blutdruck und Atmung sind dadurch beansprucht. Denken Sie daran, und gehen Sie alles langsamer an.
Babyentwicklung: Das Ungeborene ist jetzt schon ca. 34 Zentimeter groß und bringt etwas über ein Kilogramm auf die Waage.

Woche 29

Schwangerschaft: Wieder ein Monat geschafft. Jetzt geht es in die achte Monatsrunde.
Babyentwicklung: Ihr Kind kann Stimmen erkennen und unterscheiden.

Woche 30

Schwangerschaft: Das Baby nimmt nun einen großen Raum in der Gebärmutter ein. Noch kann es sich drehen, doch bald wird es auch dafür zu eng, und es muss seine Geburtsposition einnehmen.
Babyentwicklung: Das Ungeborene ist bereits zu ersten Erinnerungen fähig. Außerdem kann es schon bis zu einem gewissen Grad sehen.

Ihr Baby hat seinen Daumen entdeckt und lutscht begeistert daran. Es erkennt ganz klar die Stimme der Mutter und strampelt vor Freude, wenn es sie hört. Es liebt auch ruhige Musik.

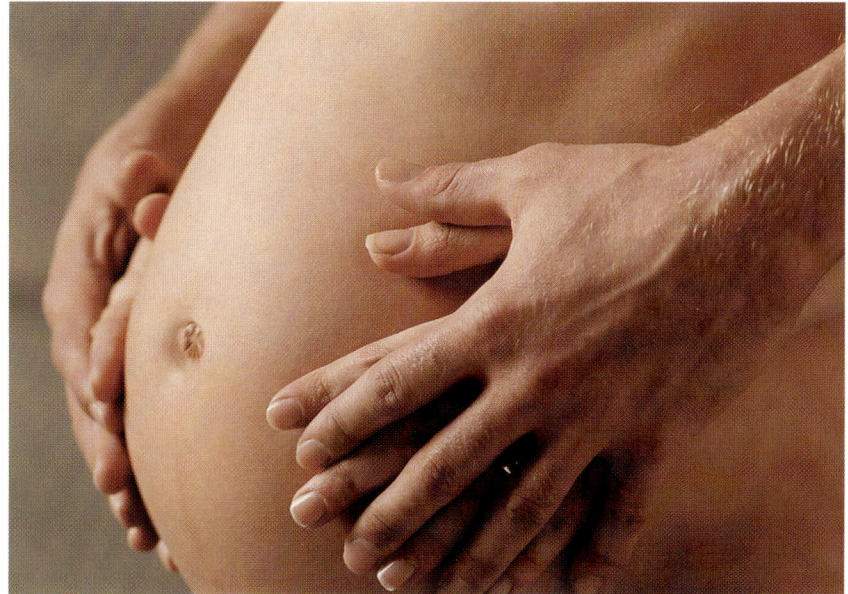

Jetzt ist es bald so weit. Gemeinsam bereiten sich die Eltern auf die bevorstehende Entbindung vor.

Woche 31

Schwangerschaft: Die Gebärmutter wächst nun zwar weniger schnell als in den ersten Monaten, trotzdem nimmt sie immer noch etwas an Größe zu.

Babyentwicklung: Auf Dinge, die es stören, reagiert das Kind jetzt schon mit sichtlicher Verärgerung – man kann seinen Missmut förmlich im Gesicht ablesen. Ein faszinierendes Phänomen.

Woche 32

Wenn der Bauch auf den Magen drückt, kann es zu Sodbrennen kommen. Essen Sie kleine Portionen. Hilfreich ist auch, Haselnüsse, Mandeln oder ein Stück Weißbrot gründlich zu kauen oder einen Schluck Milch zu trinken.

Schwangerschaft: Nun hat die Gebärmutter ungefähr den Rippenbogen erreicht.

Babyentwicklung: Das Baby ist jetzt 40 Zentimeter lang und wiegt ca. 1800 Gramm.

Woche 33

Schwangerschaft: Hurra, der neunte Monat ist erreicht! Langsam geht's in die Endrunde.

Babyentwicklung: Jetzt legt Ihr Baby noch mal richtig zu. Fettpolster werden entwickelt, damit es für Geburt und die ersten Wochen danach gut gerüstet ist.

Woche 34

Schwangerschaft: Das Baby hat jetzt die Gebärmutter fast komplett ausgefüllt. Für große Bewegungen ist kein Spielraum mehr vorhanden.

Babyentwicklung: Die meisten Babys haben jetzt schon richtige Haare auf dem Kopf, und zwar fast immer dunkle. Diese Haarfarbe bleibt aber nur in den seltensten Fällen auch nach der Geburt erhalten.

Zum Gesundheitsprogramm während der Schwangerschaft gehört auch eine regelmäßige Schwangerschaftsgymnastik, die beiden – Mutter und Kind – zugute kommt.

Woche 35

Schwangerschaft: Jetzt muss das Baby seine Geburtsposition einnehmen und mit dem Kopf in Richtung Beckenausgang liegen. 97 Prozent der Babys machen dies richtig.

Babyentwicklung: Alle Sinne des Babys sind jetzt funktionsfähig und vollkommen ausgereift. Die Sehfähigkeit wird noch weiter verbessert, es reagiert bereits auf Hell-Dunkel-Reize und optische Muster.

Woche 36

Schwangerschaft: Bald geht's ins Finale. Theoretisch könnte das Baby jetzt schon kommen.

Babyentwicklung: Das Kind ist jetzt schon etwa 45 Zentimeter groß und wiegt ungefähr 2700 Gramm.

Woche 37

Schwangerschaft: Die letzten vier Wochen der Schwangerschaft brechen an. Die Gebärmutter bereitet sich auf die Geburt vor.

Babyentwicklung: Die Geburtsgröße und -reife ist nun beinahe erreicht.

Woche 38

Schwangerschaft: Sie werden jetzt bestimmt immer häufiger Wehen haben, die auch schon langsam kräftiger werden können.

Babyentwicklung: Die Haut verliert ihre Rötung. Zurück bleibt ein rosiger Teint. Das Unterhautfettpolster ist jetzt gut ausgebildet.

Woche 39

Schwangerschaft: Der Countdown läuft. Wenn sich Ihr Arzt nicht verrechnet hat und sich das Baby an den Termin hält, steht die Geburt unmittelbar bevor.

Babyentwicklung: Jetzt sind die Lungen so weit ausgereift, dass sie bereit sind, jederzeit tätig werden zu können.

Woche 40

Schwangerschaft: Es ist so weit, jede Stunde kann es losgehen. Wenn die Fruchtblase platzt und die richtigen Wehen einsetzen, ist das Baby bald da!

Babyentwicklung: Jetzt ist das Kind ungefähr 50 Zentimeter groß und 3500 Gramm schwer – die Idealmaße, um das Licht der Welt zu erblicken.

Wo möchten Sie entbinden?

Die Geburt in der Klinik

Sicher haben schon immer Frauen auch ohne moderne Medizin und Geburtshilfe Kinder zur Welt gebracht. Aber es ging nur dann gut, wenn es sich um eine komplikationslose Schwangerschaft und eine normale Geburt handelte. Der Sinn von Apparaturen und medizinischen Untersuchungen besteht einzig darin, eventuelle Risiken auszuschalten und lebens- und gesundheitserhaltende

Kurse zur Vorbereitung auf die Geburt werden in Familienzentren, Familienbildungsstätten, Beratungsstellen, aber auch in Krankenhäusern mit Entbindungsstationen angeboten. Am günstigsten sind kleine Gruppen. Auch wenn der Kurs nicht ideal ist, ist er besser als gar keine Vorbereitung.

Maßnahmen rasch ergreifen zu können. Beruhigend ist es, dass bei Komplikationen sofort Ärzte mit der notwendigen medizinischen Apparatur in der Nähe sind. Die Mutter kann sich außerdem nach der Geburt vollkommen entspannen und sich ungestört von alltäglichen Pflichten und Ablenkungen um ihr Baby kümmern. Dazu gehört auch, dass die ersten Besucher noch ins Krankenhaus kommen und Sie nicht als Gastgeberin auftreten müssen.

Informieren Sie sich über den Tagesablauf im Krankenhaus. Das Wichtigste ist, dass Sie Ihr Baby selbstverständlich zum Stillen oder auch sonst bekommen, wenn Sie es möchten. Wählen Sie eine Klinik, in der oft entbunden wird, d. h. mehr als 300 Geburten pro Jahr. Dann treffen Sie auf ein erfahrenes Entbindungsteam. Sprechen Sie mit Arzt oder Hebamme darüber, inwieweit Ihre Wünsche berücksichtigt werden können. Und – liegt das Krankenhaus verkehrsgünstig?

Die ambulante Geburt

Wenn Sie ambulant entbinden möchten, bedeutet dies, dass die Geburt in der Klinik erfolgt und Sie dann nach zwei bis vier Stunden nach Hause entlassen werden. Dort übernimmt die Hebamme die Betreuung und Nachsorge. Von Vorteil ist, dass alle Familienmitglieder sofort intensiv Kontakt zum Neugeborenen aufnehmen können und nicht durch den Klinikalltag gestört werden. Sie können sich mit Ihrem Partner in Ruhe dem Baby widmen. Allerdings besteht die Gefahr, dass Sie sich im eigenen Haushalt dann doch zu viel zumuten. Besorgen Sie sich eine Hilfe für die erste Zeit.

Eine ambulante Entbindung ist nur möglich, wenn die Geburt komplikationslos war, Sie und Ihr Kind gesund sind und die Versorgung zu Hause durch Hebamme und Arzt gesichert ist.

Die Hausgeburt

Sollten Sie länger als 20 Minuten mit dem Auto bis zur nächsten Klinik brauchen, ist von einer Hausgeburt eher abzuraten. Ebenso, wenn Sie Mehrlinge erwarten, das Kind in Beckenend- oder -querlage ist, wenn Sie einen Schwangerschaftshochdruck haben und der Mutterkuchen vor dem Geburtsausgang liegt.

Die Sicherheit und Ruhe zu Hause wohl der Grund, weshalb die meisten Hausgeburten ohne Schmerzmittel ablaufen. In der vertrauten Umgebung können Sie sich ganz auf sich konzentrieren und sind das Baby mit Ihrem Mann zusammen gleich nach der Geburt in Ruhe kennen lernen. Sie werden die ganze Zeit von einer Hebamme betreut. Da Komplikationen bei einer Hausgeburt ungünstig sind, wird sie eher beim zweiten Kind empfohlen, wenn die erste Geburt gut verlaufen ist. Sie sind dann auch mit dem Vorgang der Geburt schon vertrauter und fühlen sich sicher. Denken Sie auch daran, dass Sie eine ganze Menge verschiedenster Utensilien brauchen und sehr viel Wäsche. Das muss gut organisiert sein.

Tagebuch eines Ungeborenen

1. Monat

Bin ich jetzt schon, oder bin ich noch nicht? Mit meinen drei Millimetern Größe kann ich das noch nicht entscheiden – noch dazu, wo Mama und Papa nicht einmal wissen, dass ich schon unterwegs bin!

2. Monat

Hui, ich hab schon eine abenteuerliche Reise hinter mir. Durch einen schmalen, dunklen Tunnel musste ich mich zwängen, und das war ganz schöner Stress. Doch auf einmal öffnete sich die Schleuse, und ich kam in eine wunderschöne gemütliche Höhle, die aussieht, als sei sie ganz mit rotem Samt ausgekleidet. Ich hab mich gleich entschlossen, hierzubleiben. Aber die wichtigste Neuigkeit – könnt ihr es hören? – mein Herz schlägt schon!

3. Monat

Wunderbar, wie warm und wohlig es hier drinnen ist. Ich hab alles, was ich zum Leben brauche – zu essen, zu trinken, Schutz und Geborgenheit. Diese günstigen Umstände nutze ich kräftig und wachse mit großem Tempo. Wisst ihr eigentlich, dass ich ein Mädchen werde?

Geboren werden ist anstrengend

Nicht wenige Mütter haben die Befürchtung, kein gesundes Kind ausgetragen zu haben oder ihm während der Geburt Schaden zugefügt zu haben. Wenn Sie also Ihr Kind nach der Geburt direkt nach Hinweisen untersuchen, ob es fehlgebildet oder krank ist, sind Sie nicht allein.

► Das Kind hat Beulen
Erschrecken Sie nicht, wenn das Baby mitgenommen aussieht. Der Kopf und das Gesichtchen passen sich dem Geburtskanal an, und die Schädelteile schieben sich vielleicht übereinander.

► Geschwülste und Blutergüsse
Diese kleinen Beschädigungen können in der Endphase der Geburt entstehen, wenn das Baby den Beckenboden überwindet. Es besteht jedoch kein Grund zur Sorge. Sie bilden sich im Laufe von etwa drei Wochen von selbst zurück.

► »Storchenbiss«
So nennt man punktförmige oder flächige Geburtsmale an Augenlidern, Stirn, Oberlippe und im Nacken. Auch diese Male verschwinden meist bis zum dritten Lebensjahr.

► Behaarung
Erschrecken Sie auch nicht, wenn Ihr Kind mit einem feinen, dunklen Flaum bedeckt ist – Reste des uralten Tiererbes; die Behaarung verschwindet in ein paar Monaten.

Wichtig: Sprechen Sie über Ihre Ängste mit der Hebamme und dem Kinderarzt. Das ist entlastend.

Den Begriff »sanfte Geburt« hat der französische Geburtshelfer Frédéric Leboyer geprägt. Demnach sollte der Übergang vom schützenden Bauch der Mutter in die kalte Welt draußen möglichst sanft verlaufen, beispielsweise bei gedämpftem Licht. Die Abnabelung geschieht erst, wenn das Baby selbst angefangen hat zu atmen.

4. Monat

Habe gerade eine tolle Erfahrung gemacht: Daumenlutschen ist einfach super! Jetzt mache ich erst mal meine Augen zu und konzentriere mich ganz aufs Wachsen und Gedeihen.

5. Monat

Wie schön, wenn ich von meiner Mama immer geschaukelt werde. Das ist Entspannung pur! Ich gebe ihr ab und an mal ein Zeichen mit meinen Füßen und Armen, um ihr zu signalisieren, wie gut es mir geht.

6. Monat

Ich kann hier drinnen ja wie in einem richtigen Badesee baden. Ich glaube, ihr nennt das Fruchtwasser. Ab und zu nehme ich ein Schlückchen, es schmeckt lecker, aber man bekommt davon manchmal Schluckauf.

7. Monat

So ein paar undefinierbare Laute und Geräusche habe ich in der letzten Zeit ja schon vernommen, aber jetzt wird's für mich immer deutlicher: Die da draußen machen extra für mich Musik und sprechen mit mir! Ich weiß schon genau, ob Papa oder Mama gerade redet.

Nach dem Hören reift im achten Monat nun der letzte Sinn aus, der Gesichtssinn, also das Sehen. Da ein Ungeborenes mit dem Sehen am wenigsten anfangen kann, ist diese Fähigkeit erst ganz am Schluss dran. Nun sind alle Sinne bereit für die Geburt.

8. Monat

Jetzt merke ich genau, ob Tag oder Nacht ist. Nachts ist es dunkel, und Mama schläft. Bei Tag ist meine Wohnhöhle von sanftem Licht durchflutet. Neulich hat der Doktor, der meine Mama immer untersucht, eine Taschenlampe auf ihren Bauch gehalten. Das war vielleicht grell! Ich habe mich so erschreckt, dass ich gleich einen Purzelbaum geschlagen habe!

9. Monat

Langsam wird's mir hier drinnen eng und langweilig. Irgendwie würde ich jetzt gerne bald hier ausziehen. Manchmal quetscht die Wand meiner Höhle mich so zusammen, dass ich das Gefühl habe, ich werde sowieso bald rausgeschoben.

10. Monat

Ich glaub, jetzt geht's los! Ich nehme alle meine Kräfte zusammen und bereite mich auf den großen Akt vor – Augen zu und durch!

Pränataldiagnostik: Ist unser Baby gesund?

Die größte Sorge aller werdenden Eltern ist, dass ihr Kind krank oder vielleicht sogar behindert sein könnte. Aber es gibt neue Untersuchungen, die diese Unsicherheit mindern können. Mit den folgenden diagnostischen Verfahren lassen sich über 100 Stoffwechselleiden, Gendefekte und Infektionskrankheiten beim Ungeborenen aufspüren.

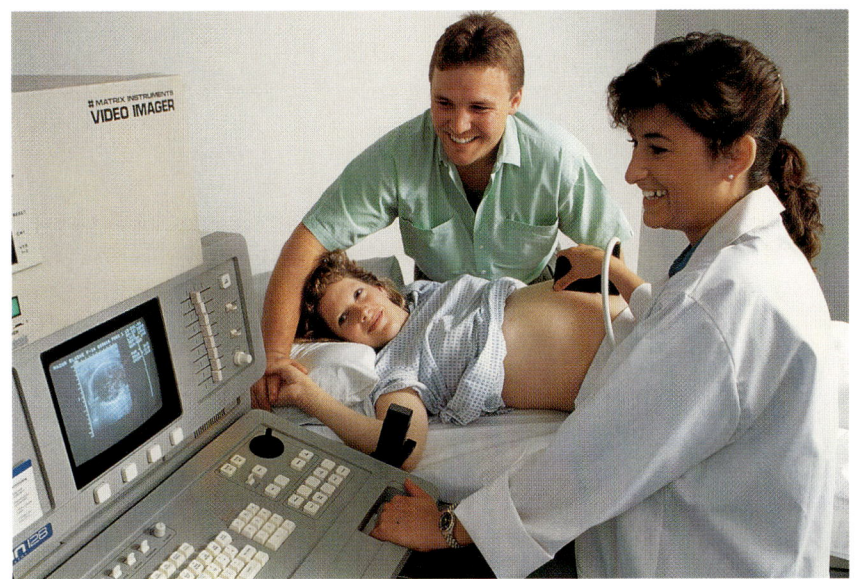

Mit Hilfe der Ultraschalluntersuchung (Sonographie) lässt sich die Entwicklung des Ungeborenen in gestochen scharfen Bildern darstellen.

Die Ultraschalluntersuchung

Diese Untersuchung, die auch als Sonographie bezeichnet wird, gehört heute zum Standardprogramm der Schwangerschaftsvorsorge und bildet eine wichtige Säule der modernen Pränatalmedizin. Während die ersten Ultraschallaufnahmen aus dem Mutterleib – in den sechziger Jahren – meist mehr nach Schneegestöber als nach Babykonturen aussahen, liefern heute computergesteuerte Präzisionssonographen gestochen scharfe bewegte Bilder – manche sogar farbig und dreidimensional – aus dem Innern der Gebärmutter. Mit diesen Bildern lässt sich die Entwicklung eines Ungeborenen immer besser verfolgen und frühzeitig feststellen, ob bestimmte Veränderungen vorliegen.

> *Alle vier Wochen erfolgt eine ärztliche Kontrolle. Dies sollte jedoch keine Frau beunruhigen, und sie ist auch keine Patientin, denn sie ist nicht krank. Der Arzt achtet nur darauf, ob Mutter und Kind in Ordnung sind.*

Die Messung der Nackenfalte

Der Arzt führt diese Untersuchung zwischen der 11. und 14. Schwangerschaftswoche durch. Er benötigt dazu sehr viel Erfahrung, weshalb das Verfahren nur in wenigen Spezialzentren und -praxen angeboten wird. Bei Kindern, die von einer genetischen Störung wie dem Down-Syndrom betroffen sind, ist diese Nackenfalte fast immer verdickt. Es bildet sich nämlich eine vermehrte Wasseransammlung im Gewebe, die auf dem Ultraschallmonitor als schwarzer Bereich erscheint und exakt ausgemessen werden kann.

Der Triple-Test

Eine weitere für Mutter und Kind schonende Methode ist der Triple-Test: Aus dem Verhältnis bestimmter Eiweißstoffe im mütterlichen Blut lässt sich die Wahrscheinlichkeit für kindliche Fehlentwicklungen ermitteln. Allerdings ist der Test weniger aussagekräftig als die Messung der Nackenfalte. Exakte Beweise z. B. für eine Chromosomenstörung liefern aber beide Methoden nicht.

Bei der Ultraschalluntersuchung kann man auch etwa ab der fünften Woche erkennen, ob sich eine Mehrlingsgeburt ankündigt. Da eine Mehrlingsschwangerschaft meist mit einer Frühgeburt endet und das Risiko einer Blutarmut groß ist, sollten häufiger Kontrollen durchgeführt werden.

Die wichtigsten vorgeburtlichen Untersuchungstechniken im Überblick

○ **Ultraschall:** Drei Untersuchungen sind während der Schwangerschaft vorgesehen, nämlich vor der 12., in der 20. und in der 30. Woche. Es können Wachstumsstörungen, Organfehlentwicklungen, Plazenta- und Fruchtwasserstörungen erkannt werden. Mit der Doppler-Sonographie lässt sich als Zusatzuntersuchung der Blutfluss in den Gefäßen messen. Damit kann man z.B. Fehlbildungen am Herzen orten und deren Ausprägung erfassen.

○ **Triple-Test:** Diese Untersuchung wird bei der Mutter vorgenommen und ist ab der 16. Schwangerschaftswoche möglich. In einer Blutprobe werden die Alpha-Fetoproteine sowie die Hormone Beta-HCG und Östriol gemessen. Das Alpha-Fetoprotein gibt vor allem Aufschluss über neurale Erkrankungen wie Spina bifida (offener Rücken) oder Anenzephalie (Gehirnlosigkeit). Beta-HCG und Östriol zeigen an, wie die Schwangerschaft verläuft und ob ein Hormonmangel droht.

○ **Amniozentese:** Durch die Bauchdecke (oder die Scheide) wird ca. in der 14. Schwangerschaftswoche etwas Fruchtwasser aus der Fruchtblase entnommen. Chromosomenanomalien, z.B. Trisomie 21 (Down-Syndrom), und zahlreiche Stoffwechselstörungen wie Mukoviszidose können nachgewiesen werden. Das Problem dieser Untersuchung war bisher die lange, zermürbende Wartezeit auf das Ergebnis. Mit der folgenden Technik ist das jetzt anders.

○ **FISH-Technik:** Bestimmte Chromosomen (13, 18, 21 und die Geschlechtschromosomen X und Y) werden farblich markiert und leuchten dann im Untersuchungsfeld kräftig auf. Schon nach ca. zwei Tagen ist ein vorläufiger Befund da; der Arzt kann erkennen, ob Zahl und Form der Chromosomen in Ordnung sind.

○ **Chorionzottenbiopsie:** Dabei werden mit einer Spezial-Punktionsnadel bzw. mit einem Katheter Zellen aus dem Gewebe entnommen, aus dem sich später die Plazenta bildet. Schon ab der 10. Schwangerschaftswoche möglich. Auch mit dieser Methode lässt sich nach zahlreichen Krankheiten fahnden.

○ **Chordozentese:** Schon eine geringe Menge Blut, die aus der Nabelschnur abgesaugt wird, gibt Aufschluss über die Versorgung des Fetus mit Nährstoffen und Sauerstoff.

Die Amniozentese

Will man genauere Ergebnisse erhalten, muss der Arzt die so genannten Nadeleingriffe durchführen, wozu auch die Amniozentese gehört.
Der Arzt entnimmt mit einer speziellen dünnen Punktionsnadel etwas Fruchtwasser und lässt darin schwimmende Zellen des Kindes genetisch im Labor untersuchen.

Die Chorionzottenbiopsie

Bei dieser in der Pränataldiagnostik häufig angewandten Punktionstechnik, also auch ein Nadeleingriff, entnimmt der Arzt etwas Zellgewebe aus dem Mutterkuchen.

Sonstige Routineuntersuchungen

Dazu gehören das Blutdruckmessen, Urin auf Eiweiß und Zucker zu prüfen, die Herztöne des Kindes abzuhören, die Lage des Kindes zu überprüfen, Eileiter und Eierstöcke abzutasten, das Scheidensekret mikroskopisch zu untersuchen, und einmal wird auch die Beckenweite gemessen. Das Blut wird untersucht und bestimmt, und es wird nachgeprüft, ob Antikörper gegen Röteln vorhanden sind.

Der Mutterpass

Das blaue Vorsorgeheft, das Sie in der siebten Woche erhalten haben, enthält alle ärztlichen Befunde, die während einer Schwangerschaft erhoben werden. Damit werden eine Vielzahl von eventuell auftretenden Komplikationen oder Erkrankungen festgestellt. Dazu gehören unter anderem:

○ Serologische Untersuchungen
  Blutgruppenunverträglichkeiten, Syphiliserkrankung, Schutz gegen Rötelinfektion, AIDS, eventuell Fehler in der Rückenmarksentwicklung, Mongolismus.

○ Angaben zu vorangegangenen oder bestehenden Schwangerschaften
  Kaiserschnitt, Geburt mit Saugglocke oder Zangengeburt, Fehlgeburt, Schwangerschaftsunterbrechungen, Anzahl der Geburten, Krankheitsvorgeschichte.

○ Die Ergebnisse der einzelnen Vorsorgeuntersuchungen
  Z. B. Blutdruck, Anzahl der roten Blutkörperchen, Ultraschall, Größe des Kindes, Fruchtwasser, Wachstum des Kindes. Da hier viel mit Fachterminologie und Abkürzungen gearbeitet wird, sollten Sie darauf bestehen, dass Sie die Begriffe erklärt bekommen.

Tragen Sie Ihren Mutterpass immer bei sich. Notieren Sie an gut sichtbarer Stelle die Telefonnummer Ihrer Familie, Ihres Arztes und Ihrer Klinik. So sind Sie für alle Fälle gewappnet.

Der unerfüllte Kinderwunsch

Für viele Paare ist es heute nicht mehr selbstverständlich, Kinder haben zu wollen. Aber für diejenigen, die Nachwuchs möchten und bei denen es nicht klappt, kann die Situation ausgesprochen belastend werden. Abgesehen von der Trauer, kein Kind bekommen können, fühlt sich der eine Ehepartner vielleicht schuld an der Misere bzw. überhaupt nicht verantwortlich, die sexuellen Begegnungen werden immer verkrampfter, und die Konfrontation mit den Ursachen, die mitunter im seelischen Bereich liegen, sind meist sehr schmerzlich. Hinzu kommt noch die Vorstellung, »versagt« zu haben, die es auch verhindert, mit anderen über das Problem zu sprechen, das erleichternd wäre. Wer sich bewusst macht, wie kompliziert die Vorgänge sind, die zur Entstehung eines Kindes führen, welche körperlichen Prozesse stattfinden müssen, kann besser nachvollziehen, wie leicht diese hormonell gesteuerten Abläufe gestört werden können.

Bei vielen Paaren klappt es mit der Schwangerschaft, wenn sie sich damit auseinander gesetzt haben, weshalb sie so unbedingt ein Kind haben wollen. Die Loslösung von dieser Fixierung trägt zur Entspannung bei. Die beste Voraussetzung für ein Kind.

Ursachen

Eine Unterscheidung zwischen körperlichen und seelischen Ursachen vorzunehmen, ist in diesem Fall nicht sinnvoll. Kinderlosigkeit ist eine typische psychosomatische Störung. Bei jedem zweiten Paar liegt die Ursache bei der Frau, bei jedem dritten beim Mann und bei etwa zehn Prozent lässt sich kein Grund finden. Stress und innere Konflikte können die Fruchtbarkeit blockieren.

Seelische Ursachen

Es gibt Beziehungen, in denen sich ein Partner wie ein Elternteil um den anderen kümmert, weshalb ein Kind hier keinen Platz hat. Oder von einem Kind wird erwartet, dass es eine brüchige Partnerschaft wieder kittet.
Vielleicht hat aber eine Frau ihren eigenen Vater als immer abwesend erlebt und befürchtet nun unbewusst dasselbe vom Partner. Bei einem Mann kann es zu Zeugungsproblemen kommen, wenn er nach einer Scheidung und der Trennung von seinen Kindern mit der neuen Partnerin Kinder haben möchte.

Körperliche Ursachen

In den meisten Fällen sind Befruchtungsprobleme beim Mann vorübergehend. Oft liegt es an der Qualität und Menge des Spermas.
Bei Frauen kann es organische Ursachen geben, wie z.B. Vernarbungen des Gebärmutterhalses, aber auch hormonelle.

Behandlungsmöglichkeiten

Bei allen körperlichen Ursachen gibt es sowohl Hormonbehandlungen als auch operative Eingriffe, die zum Erfolg führen. Beide Partner sollten auf eine gesunde Lebensführung achten und vor allem Medikamente meiden, die die Fruchtbarkeit beeinträchtigen. Vor allem sollten sie sich Zeit für ein Beratungsgespräch mit dem Arzt oder Psychologen nehmen. Bei fast einem Drittel aller Paare genügen einige Gespräche, um eine Schwangerschaft zu ermöglichen.

Beratungen sind wichtig für das Paar

Trotzdem ist die Entscheidung für eine Untersuchung des Kindes nicht leicht. Denn die Diagnoseverfahren bergen gewisse Risiken und Unsicherheiten. So haben die Amniozentese und die Chorionzottenbiopsie ein Fehlgeburtenrisiko von 0,5 bis 1 Prozent. Das ist zwar niedrig, trotzdem schreckt es werdende Mütter ab – vor allem, wenn sie sich ein Kind sehr ersehnt hatten und länger auf eine Schwangerschaft warten mussten. Außerdem kann der Arzt keine Gewähr bieten, dass die Ergebnisse der Untersuchung wirklich stimmen. In seltenen Fällen können die Tests falsch positiv oder falsch negativ ausfallen; im ersten Fall wird das Kind als krank bewertet, obwohl es eigentlich gesund ist; im zweiten Fall ist es umgekehrt. Schließlich steht das Paar vor der schwerwiegenden Entscheidung, was es tun soll, wenn beim Baby eine Krankheit oder Behinderung diagnostiziert wird. Allein die Vorstellung eines Schwangerschaftsabbruchs kann die werdende Mutter in große seelische Bedrängnis bringen und das Paar in eine tiefe Krise stürzen.

Haben Sie seelische oder familiäre Nöte, Stress am Arbeitsplatz oder Konflikte mit dem Partner oder der Partnerin, oder wollen Sie das Rauchen aufhören? Über alles sollten Sie offen mit Ihrem Arzt sprechen. Er wird Ihnen verständnisvoll und beratend zur Seite stehen.

Gespräche mit Fachleuten erleichtern die Entscheidung

Deshalb muss den werdenden Eltern eine intensive Beratung zuteil werden, am besten vom betreuenden Arzt, von geschulten Fachkräften in einer genetischen Beratungsstelle oder einer Familienberatungseinrichtung. Diese Beratung sollte schon im Vorfeld der Untersuchung erfolgen und muss die persönliche Situation des Paares berücksichtigen. Dazu gehört auch die individuelle Risikoabschätzung, die sich nicht allein am Alter der Mutter orientiert. Zwar muss der Arzt eine schwangere Frau von 35 oder älter darauf hinweisen, dass sich das Risiko für Chromosomenstörungen beim Kind erhöht, trotzdem wirken

Alles ist gut vorbereitet. Jetzt kann das Paar die Zeit der Schwangerschaft unbeschwert erleben.

sich auch noch andere Faktoren wie das Alter des Vaters, Erbkrankheiten in der Familie oder eine vorangegangene Schwangerschaft mit einer genetischen Störung beim Kind unter Umständen aus. Um das alles ausführlich zu erörtern und dem Paar die Chance zu geben, die eigene Situation genau zu betrachten, sind einfühlsame Gespräche nötig. Die werdenden Eltern sollten niemals mit den Befunden, Zahlen und Statistiken allein gelassen oder gar unter Druck gesetzt werden. Denn oft verändert sich gerade bei den werdenden Müttern die Einstellung zum Dasein, wenn sie das aufkeimende Leben in sich spüren: Sie wissen, dass es etwas Wunderbares ist, ein Kind zu bekommen. Und ein großes Glück, wenn dieses Kind gesund ist. Aber sie wissen auch, dass sich dieses Glück nicht erzwingen lässt. Und dass man es akzeptieren kann, wenn es anders kommt. Denn trotz noch so perfekter Technik, trotz noch so ausgefeilter Untersuchungen bleibt immer ein Stück Schicksal. Damit aber auch ein Stück Glauben und »guter« Hoffnung.

Was werdende Mütter wissen müssen

Schwangere Frauen müssen häufiger zur Toilette als in der Zeit vorher. Das hat zwei Gründe: Zum einen lagert der Körper mehr Wasser ein als sonst, und zum anderen drückt die Gebärmutter auf die Blase. Aber keine Sorge, das hört nach der Geburt auf.

Für die Entwicklung des Ungeborenen, aber auch für Ihre eigene Gesundheit ist es besonders wichtig, während der Schwangerschaft alle Vorsorgeuntersuchungen regelmäßig wahrzunehmen. Sie werden von Ihrem Arzt durchgeführt. Denn durch eine intensive Betreuung können eventuelle Probleme rechtzeitig erkannt und behandelt werden.

Vorsorgeuntersuchungen

Normalerweise sind ungefähr zehn Termine zur Schwangerschaftsvorsorge vorgesehen. In den ersten Monaten gehen Sie alle vier Wochen zu Ihrem Arzt. Ab der 32. Schwangerschaftswoche verkürzt sich der Abstand auf zwei Wochen, kurz vor der Geburt auf wöchentliche Untersuchungstermine.

Die erste Vorsorgeuntersuchung ist am umfangreichsten. Neben einer eingehenden körperlichen Untersuchung wird Ihr Arzt Sie nämlich vor allen Dingen ausführlich zu Ihrer Krankengeschichte – »medizinische Anamnese« – befragen. Dabei interessieren ihn in besonderem Maße mögliche Erbbelastungen mit Krankheiten wie Bluthochdruck oder Diabetes, aber auch psychische Leiden sowohl in Ihrer Familie als auch in der Ihres Mannes. Außerdem sollten Sie ihn auch über frühere schwere Erkrankungen, Operationen, Blutübertragungen, Allergien bei sich selbst und über die Einnahme bestimmter Medikamente informieren. Auch Daten zu Ihrem bisherigen Monatszyklus sind für ihn von Bedeutung. Jeder Hinweis kann wichtig sein und dazu beitragen, ein mögliches Risiko für den Verlauf der Schwangerschaft frühzeitig zu erkennen, um ihm wirksam zu begegnen.

Bei allen Vorsorgeuntersuchungen macht Ihr Frauenarzt routinemäßig meist eine Ultraschallaufnahme Ihres Babys, misst bei Ihnen Puls, Blutdruck und Körpergewicht und führt gegebenenfalls auch weitere Untersuchungen durch, wie z. B. Urin- und Bluttests im Labor. Außerdem berät er Sie zu Fragen der

Ernährung oder zu Medikamenten, die Sie vielleicht aufgrund einer Erkrankung nehmen müssen. Sie sollten Vertrauen zu Ihrem Arzt oder Ihrer Ärztin haben und alles, was Ihnen am Herzen liegt, mit ihm/ihr besprechen. Dazu gehören auch Ängste, Sorgen und Zweifel, die Sie möglicherweise haben, z. B. dass Sie der Mutterrolle nicht gewachsen und mit der Aufgabe überfordert sein könnten. Oder Sorgen wegen finanzieller Probleme oder Konflikte mit dem Partner. Oft kann der Arzt selbst Ihnen schon durch ein ausführliches Gespräch helfen, oder aber er nennt Ihnen eine Adresse, beispielsweise einer Familienberatungsstelle, wo Sie kompetent beraten werden.

Sie haben jetzt die Verantwortung für zwei!

Sie müssen jetzt immer daran denken, dass alles, was Sie machen und tun, auch mehr oder weniger direkt Ihr Kind beeinflusst. Das betrifft vor allem schädliche Stoffe, die über die Plazenta zu ihm gelangen können. Deshalb sollten Sie alles daran setzen, solche Substanzen zu meiden, um die Entwicklung Ihres Babys nicht zu beeinträchtigen.

Rauchen: der Nährstoffkiller

Nikotin führt zu einer Verengung und Schädigung der Gefäße in der Plazenta. Die Versorgung des Kindes mit lebenswichtigen Nährstoffen und Sauerstoff wird damit erheblich verschlechtert. Ihr Kind raucht sozusagen jede Zigarette mit. Kinder von Raucherinnen sind fast immer untergewichtig, sie wiegen im Durchschnitt 170 bis 400 Gramm weniger als Kinder von Nichtraucherinnen. Auch das Risiko für die spätere Ausbildung von Atemwegserkrankungen wie Asthma bronchiale ist stark erhöht. Ähnliche Auswirkungen kann übrigens auch das Passivrauchen haben, das müssen der Partner, die Freunde und Angehörigen berücksichtigen.

Wollten Sie oder Ihr Partner schon immer das Rauchen aufhören? Die Schwangerschaft könnte eine besonders gute Motivation dafür sein, mit dieser Sucht endgültig Schluss zu machen. Hilfreich sind dabei auch Nikotinpflaster und Akupunktur.

Alkohol: Gefahr fürs Gehirn

Ebenfalls große Gefahr für das werdende Leben birgt regelmäßiger Alkoholkonsum. Es ist wissenschaftlich erwiesen, dass Alkohol schwere Entwicklungsstörungen beim Ungeborenen auslösen kann. Alkoholgeschädigte Kinder kommen beispielsweise häufiger als andere Babys mit Fehlbildungen und Gesichtsanomalien zur Welt. Auch in ihrer geistigen Entwicklung sind sie oft stark beeinträchtigt. Darüber hinaus laufen alkoholsüchtige Mütter Gefahr, häufiger Fehl- und Frühgeburten zu erleiden.
Auch wenn ein gelegentliches Gläschen Wein, Sekt oder Bier keinen Schaden anrichtet, ist es eigentlich am besten, während der Schwangerschaft ganz auf Alkohol zu verzichten.

Fehlgeburt durch Drogen

Große Risiken für das Kind liegen auch im Missbrauch von Rauschgift. Wenn die werdende Mutter drogenabhängig ist, kann das Kind ebenfalls suchtkrank werden. Außerdem treten häufiger Fehl- und Mangelgeburten auf, und die Säuglingssterblichkeit ist erhöht.

Erinnern Sie sich immer wieder daran, dass eine Schwangerschaft mit diesem Kind einmalig ist, und versuchen Sie die Zeit zu genießen. Beanspruchen Sie ruhig Hilfe, und gönnen Sie sich Ruhepausen, wenn Ihnen danach ist. Wenn Sie jetzt ganz Ihren inneren Eingebungen vertrauen, werden Sie die Zeit als Bereicherung im Leben in Erinnerung behalten.

Darauf sollten Sie verzichten

▶ Nicht mehr als drei Kilogramm heben. Das ist das Gewicht einer Einkaufstasche! Keine Arbeiten, bei denen Sie sich strecken oder bücken müssen.

▶ Keine Sportarten, bei denen es zu heftigen Erschütterungen kommt.

▶ Bei Reisen: kein extremer Klimawechsel; Flugreisen nur in Ausnahmefällen und nach Rücksprache mit dem Arzt; Achtung beim Autofahren – die Reaktionszeiten sind verkürzt.

▶ Überhaupt kein Alkohol in der Früh- und Spätschwangerschaft. Am besten während der ganzen Schwangerschaft kein Alkohol und kein Nikotin.

▶ Keine Drogen!

▶ Keine Medikamente während der ersten drei Monate!

▶ Impfungen gegen Cholera, Tuberkulose und Typhus vermeiden, da es starke Nebenwirkungen gibt.

In jedem Fall sollten Sie sich mit Ihrem Arzt absprechen, wenn Sie sich unsicher fühlen.

So hilft sanfte Medizin bei Beschwerden

Eine Schwangerschaft ist keine Krankheit, doch können Beschwerden auftreten, die das Wohlbefinden der werdenden Mutter einschränken. Erfreulicherweise zeigen sich die meisten der typischen Schwangerschaftsbeschwerden nur vorübergehend: Sie sind umstellungsbedingt, und wenn sich der Körper an die neue Situation angepasst hat, verschwinden sie relativ schnell wieder. Das alleine ist für viele werdende Mütter schon ein Trost. Mit ein bisschen Geduld und ein paar guten alten Hausmitteln, die sanft wirken und die Entwicklung des Babys im Mutterleib nicht beeinträchtigen, kommt alles wieder ins Lot.

In der folgenden Liste sind die Naturheilmittel gegen Schwangerschaftsbeschwerden zusammengestellt, die sich besonders bewährt haben.

Morgendliche Übelkeit

Übelkeit und Brechreiz, vor allem am Morgen, ist eine häufige Begleiterscheinung der frühen Schwangerschaft. Meistens verliert sie sich im Verlauf des dritten oder mit Beginn des vierten Schwangerschaftsmonats.

Bei morgendlicher Übelkeit ist es hilfreich, vor dem Aufstehen zunächst ein Glas Tee oder Wasser zu trinken und am besten das Frühstück im Bett einzunehmen. Sehr gut geeignet sind Kräutertees aus Kamille, Fenchel, Anis und Pfefferminze. Auch Wärme kann das überempfindlich reagierende Verdauungssystem wieder zur Ruhe bringen. Legen Sie eine Wärmflasche oder ein Kräuterkissen (beispielsweise einen Heublumensack, den Sie in der Apotheke beziehen können) auf den Bauch, das wirkt beruhigend und lindert das Brechreizgefühl.

Verstopfung

Das weibliche Geschlechtshormon Progesteron, das während der Schwangerschaft in großen Mengen vom Körper produziert wird, nimmt nicht nur auf die Gebärmutter Einfluss, sondern auch auf den Darm. Dort lässt es die Muskulatur erschlaffen, was zu einer stärkeren Darmträgheit führt. Deshalb leiden schwangere Frauen besonders häufig unter Verstopfung.

Das erste Mittel dagegen ist zunächst einmal, viel zu trinken, mindestens zwei, besser noch drei Liter am Tag. Darüber hinaus sollte die Ernährung reich an Ballaststoffen sein (also viel frisches Obst und Gemüse). Auch so genannte Quellmittel wie Leinsamen oder Weizenkleie sind empfehlenswert sowie andere verdauungsfördernde Lebensmittel wie Backpflaumen, Feigen oder Rhabarber. Hilfreich ist auch ein Glas Sauerkrautsaft am Morgen, um den Darm in Schwung zu bringen. Achten Sie auf viel Bewegung: Spaziergänge an der frischen Luft, Gymnastik oder Schwimmen lassen Verstopfung und Blähungen oft schnell verschwinden. Auch mit einer leichten Bauchmassage – die gleichzeitig gut für die Hautdurchblutung ist und so Schwangerschaftsstreifen vorbeugt – kann die Darmtätigkeit angeregt werden. Bitte nehmen Sie während der Schwangerschaft und Stillzeit keine Abführmittel ein. Auch Milchzucker- und Lactulosepräparate können die Verdauungstätigkeit aktivieren.

Kreislaufstörungen

Durch die Umstellung des Körpers in der Schwangerschaft ändert sich auch der Kreislauf. Unter dem Einfluss der Hormone kommt es bei vielen Frauen zu Blutdruckschwankungen, vor allem aber zu Kreislaufproblemen infolge eines zu niedrigen Blutdrucks.

Gymnastische Übungen, Schwimmen, Wandern, Bürstenmassagen, Wechselduschen, kalte und warme Güsse sind bewährte Allgemeinmaßnahmen, um den Kreislauf zu aktivieren und den Blutdruck anzuheben. Sollte dies alles nicht ausreichend sein, wird der Arzt Ihnen möglicherweise auch empfehlen, Kompressionsstrümpfe zu tragen, da auch dies einem niedrigen Blutdruck entgegenwirken kann.

Aber auch ätherische Öle wie Minzöl, Rosmarinöl, Lavendelöl und Kampfer wirken leicht anregend auf den Kreislauf und verbessern den Blutdruck. Sie können diese Öle auf Zucker einnehmen und langsam im Mund zergehen lassen, die Schläfen damit einreiben oder als Badezusatz verwenden.

Bitte beachten: In der Schwangerschaftsvorsorge wird der Blutdruck immer regelmäßig gemessen, da sowohl dauerhaft zu niedriger als auch zu hoher Druck für Mutter und Kind gefährlich werden. Sollten Sie aber starke Kreislaufprobleme haben, gehen Sie auch zwischen den Vorsorgeterminen zum Arzt, und lassen Sie sich untersuchen.

Krampfadern

Aufgrund von Hormoneinflüssen kommen Krampfadern in der Schwangerschaft leider relativ häufig vor. Auch hier ist die beste Vorbeugung viel, viel Bewegung sowie die Anwendung kreislaufanregender Maßnahmen. Darüber hin-

Verdauungsprobleme können auch mit Stress zu tun haben. Am besten ist es, sich an eine geregelte Zeit für die »Sitzung« zu gewöhnen. Am günstigsten ist der Moment, wenn alle Familienmitglieder aus dem Haus sind: in der Schule, im Kindergarten, in der Arbeit. Und lassen Sie das Telefon einfach mal klingeln. Wenn es wichtig ist, kommt der Anruf sicher noch einmal.

aus gibt es Cremes oder Gele mit pflanzlichen Wirkstoffen wie z. B. Rosskastaniensamenextrakt, die die Beschwerden lindern.

Schlafstörungen

Schlafstörungen in der Schwangerschaft sind häufig seelisch bedingt, da die bevorstehende Geburt doch ein aufregendes und einschneidendes Erlebnis ist, das die werdende Mutter sehr bewegt. Aber auch körperliche Beschwerden, die zunehmende Unbeweglichkeit durch den dicken Bauch und Rückenschmerzen können den Schlaf beeinträchtigen. Hier helfen Entspannungsübungen (autogenes Training) und ein kleines Gymnastikprogramm zur Muskellockerung vor dem Zubettgehen. Auch ein abendlicher Spaziergang an der frischen Luft lässt oft Ruhe in den Körper einkehren und ist ideal zur Schlafvorbereitung.

Es gibt Teemischungen aus verschiedenen Kräutern, die beruhigend und schlaffördernd wirken. Besonders geeignet sind Baldrianwurzel, Hopfenzapfen, Melissenblätter und Passionsblume.

Sehr hilfreich bei Einschlafproblemen ist auch die so genannte PMR, das ist die Abkürzung für »Progressive Muskelrelaxation«. Dabei wird der ganze Körper nach und nach angespannt und dann tief entspannt. Diese Übungen sind nicht aufwändig, aber sehr effektvoll. Fragen Sie Ihren Arzt.

Kopfschmerzen

Kopfschmerzen können in der Schwangerschaft häufiger auftreten, zum einen durch die gesamte Umstellung bedingt, zum anderen, weil Rückenprobleme und Muskelverspannungen sich auch auf den Kopfbereich übertragen können. Oft bringt hier eine sanfte Massage Abhilfe. Mit kreisenden Bewegungen der Finger sanft Schläfen- und Stirnpartie massieren und dann über den Ohren langsam zum Hinterkopf wandern. Im Hals-Nacken-Bereich kann der Partner die Massage übernehmen, auch das wirkt häufig schmerzlindernd und entspannend. Einen zusätzlichen Effekt erreichen Sie, wenn Sie aromatische Öle verwenden (Minzöl, Japanöl). Darüber hinaus nützlich: Spazieren gehen an frischer Luft, Dehnübungen für Hals- und Schultermuskeln machen, Lärm sowie stickige Luft meiden.

Rückenschmerzen

Gegen Ende der Schwangerschaft hat nahezu jede werdende Mutter mehr oder weniger ausgeprägt mit Rückenproblemen zu tun. Die Wirbelsäule hat viel mehr Gewicht zu tragen, und die gesamte Körperstatik ist durch den dicken Bauch verändert. Am besten helfen gezielte Rückenübungen, die Sie im Geburtsvorbereitungskurs lernen und zu Hause regelmäßig anwenden sollten. Auch ein Entspannungsbad in warmem Wasser sowie sanfte Massagen lassen Kreuzschmerzen abklingen. In der Nacht können Sie die Wirbelsäule etwas entlasten, indem Sie sich auf die Seite legen und unter den Bauch ein Kissen schieben, das ihn abstützt.

Erkältung

Husten, Schnupfen, Fieber – in der Schwangerschaft sind diese Beschwerden besonders unangenehm. Erfreulicherweise gibt es aber zahlreiche natürliche Mittel, die helfen.

Hilfe bei Husten

Teemischungen aus Eibisch, Huflattich und Thymian lindern die Beschwerden. Sind die Bronchien sehr verschleimt, können noch Süßholzwurzel, Schlüsselblume und Spitzwegerich dazugenommen werden. Auch Brusteinreibungen sowie Brustwickel (mit Quarkauflage oder mit Zitronensaft getränkt) entspannen die Atemwege und erleichtern das Abhusten. Ebenfalls hilfreich sind Inhalationen mit Kamillenzusatz, vor allem wenn Nase und Nasennebenhöhlen verstopft sind.

Gegen Schnupfenbeschwerden

Um die Nase wieder freizubekommen, gibt es spezielle Nasensprays bzw. Tropfen auf Meerwasserbasis oder mit dem Zusatz von pflanzlichen Wirkstoffen. Diese Mittel lassen die Schleimhaut abschwellen und mildern die entzündliche Reizung.

Zur Fiebersenkung

Teemischungen aus Holunderblüten, Linden- und Melisseblättern erweisen sich hier als nützlich. Auch Wadenwickel sind ein altbewährtes Mittel, um erhöhte Temperatur zu senken.

Tipps für eine gesunde Schwangerschaft

Auch wenn viele Nichtbetroffene es nicht glauben: Schwangerschaft ist keine Krankheit. Lassen Sie sich nicht verunsichern. Vielleicht erleben Sie Ihren Körper gerade während dieser neun Monate als besonders sinnlich und fühlen sich ausgesprochen wohl. Natürlich müssen Sie auf ein paar Dinge achten und sich ein wenig mehr als sonst um sich kümmern. Aber – da gibt es jemanden, der ganz viel davon hat.

Ernährung

Verständlicherweise hat eine Frau in der Schwangerschaft einen wesentlich höheren Nährstoffbedarf. Allerdings ist der oft geäußerte Rat, doppelt so viel zu essen wie vorher, eine Binsenweisheit. Der Energieverbrauch ist in der Schwangerschaft nämlich nur unwesentlich erhöht, d. h. eine größere Kalorienzufuhr vollkommen unnötig. Dagegen besteht ein Mehrbedarf an bestimmten Mineralstoffen und Vitaminen, manchmal bis auf das Doppelte.

Eine ausgewogene Ernährung ist deshalb das A und O in der Schwangerschaft und gewährleistet, dass ein Großteil des Nährstoffbedarfs abgedeckt wird. Der Speiseplan sollte aus viel Milch, Käse, Joghurt, Quark, Kefir, magerem Fleisch, Seefisch, Kartoffeln, Vollkornprodukten, Gemüse, Hülsenfrüchten, Obst und Salat bestehen. Meiden Sie dagegen Süßigkeiten, Knabbersnacks und Weißmehlprodukte. Beraten Sie sich mit Ihrem Arzt, ob Sie gegebenenfalls Präparate mit Vitaminen, Mineralstoffen und Spurenelementen zur Nahrungsergänzung einnehmen sollten.

Je natürlicher die Lebensmittel sind, desto besser bleiben Vitamine und Spurenelemente erhalten. Dünsten Sie die Speisen im Wasserdampf, und verwenden Sie das Wasser beim Kochen weiter. Reduzieren Sie den Salzkonsum. Rohkost und Salate unterstützen die Verdauung.

Decken Sie Ihren Nährstoffbedarf mit einem Drittel eiweißreicher Kost, wie z. B. Milchprodukten oder Fisch, mit einem Drittel Obst und Gemüse und mit einem Drittel Vollkorn- produkten ab. Sparen Sie an Fett.

Nährstofftabelle

Nährstoff	Wichtig für	Bei Mangel	Quelle
Vitamin A	Augen, Haut, Schleimhäute	Nachtblindheit, Hautschäden	Karotten, Spinat, Grünkohl, Leber, Milch
Vitamin D	Knochen, Kalzium- Phosphat- haushalt	Knochen- entkalkung, Rachitis (bei Kindern)	Hering, Makrele, Eigelb, Butter, Milch
Vitamin E	Fettstoffwechsel	sehr selten	vor allem Keimöle
Vitamin B1 (Thiamin)	Nervensystem, Kohlenhydrat- stoffwechsel	Störungen des Nervensystems, Beri-Beri (Polyneuritis, u. a. mit Lähmungen)	Vollkorn, Hafer- flocken, Milch, Nüsse, Bohnen
Vitamin B2 (Riboflavin)	Haut, Sehen, Gesamt- stoffwechsel	Wachstums- störungen, Seh-, Hautschäden	Milch, Vollkorn, Leber, Gemüse, Kartoffeln
Folsäure	Blutbildung Verdauungs- störungen	Blutarmut,	Vollkorn, Weizen- keime, Sojabohnen, Kartoffeln
Vitamin C	Infektabwehr, Eisen- verwertung	Müdigkeit, Infektneigung, Skorbut	frisches Obst, Gemüse, Kartoffeln
Kalzium	Knochen, Zähne, Muskeln, Blutgerinnung	Knochen- entkalkung, Muskelkrämpfe	Milch, Milch- produkte, Gemüse, Obst
Eisen	Blutbildung, Sauerstoff- versorgung	Blutarmut, Schwäche, Blässe	rotes Fleisch
Jod	Schilddrüsen- hormone, gesam- ter Stoffwechsel	zahlreiche Stoffwechsel- störungen	Seefisch, Meeres- früchte

Sport

Viel Bewegung an der frischen Luft – das macht Sie und Ihr Baby fit. Sie aktivieren nämlich nicht nur Ihren eigenen Kreislauf, sondern erhöhen auch die Sauerstoffzufuhr zu Ihrem Kind. Zudem stärken Sie das Immunsystem und werden dadurch widerstandsfähiger gegen Krankheitserreger, beispielsweise gegen Erkältungsviren, die Ihnen sonst zusetzen könnten. Und außerdem hilft ein wenig Sport gegen schlechte Laune und Sorgen. Sie fühlen sich danach aktiv und energiegeladen.

Nicht alle Sportarten sind allerdings für Schwangere geeignet. Durch die Hormonumstellung lockert sich das Bindegewebe. Die Gefahr von Gelenkverletzungen, Kapseldehnungen und Bänderzerrungen nimmt deshalb deutlich zu. Aus diesem Grund sollten Sie auf gelenk- und bänderbelastende Sportarten wie Judo oder Handball verzichten. Auch sportliche Aktivitäten, die mit erhöhter Sturzgefahr einhergehen (Schifahren) oder mit stärkeren Erschütterungen und schnellen Starts und Stopps verbunden sind – also etwa Reiten, Squash oder Tennis –, sollten Sie während der Schwangerschaft auf keinen Fall ausüben.

Diese Sportarten sind empfehlenswert

Schwimmen

Das ist die ideale Sportart während der gesamten Schwangerschaft. Die geringere Schwerkraft im Wasser führt zur Entlastung sämtlicher Gelenke und vor allem der Wirbelsäule. Das tut bei Kreuzschmerzen gut, die besonders bei fortgeschrittener Schwangerschaft ja oft häufiger auftreten. Am besten wäre es, auf dem Rücken zu schwimmen.

Wandern

Eine sehr gut geeignete Bewegungsart – am besten fern von Autostraßen in freier Natur – und mit Einschränkungen auch leichtes Jogging.

Radfahren

Allerdings sollten Sie sich jetzt nicht gerade auf eine holprige Mountainbikestrecke begeben, sondern lieber ganz ohne sportlichen Ehrgeiz auf gerader Strecke radeln und die schöne Umgebung genießen.

Fitnessstudio

Aber bitte Ihr gewohntes Programm etwas reduzieren. Auf Aerobickurse mit geringer Belastung (Bodenprogramm) brauchen Sie nicht zu verzichten.

Gymnastik

Gezielte Gymnastik ist in jedem Fall gut. Deshalb sollten Sie auch regelmäßig an den gymnastischen Übungen eines Schwangerschaftsvorbereitungskurses teilnehmen. Darüber hinaus können Sie sich aber auch zu Hause ein regelmäßiges Gymnastikprogramm in Ihren Alltag einbauen. Das beugt nicht nur Gelenk- und Wirbelsäulenbeschwerden vor, sondern hält auch Ihre Figur in Form.

Verwenden Sie zur Hautpflege keine chemischen Substanzen, womit häufig Intimsprays, Schaumbäder und parfümierte Lotions angereichert sind. Klares Wasser und Pflegemittel auf natürlicher Basis reizen die Haut nicht, auch wenn Sie öfter duschen, weil Sie stärker schwitzen.

Achten Sie auf sich. Sie spüren nämlich sofort, wenn sich Ihr Körper gegen irgendetwas wehrt. Beachten Sie Unlustgefühle, Erschöpfung und wenn es im Unterbauch zieht oder im Rücken. Dann ruhen Sie sich aus, auch wenn der Haushalt mal nicht so perfekt ist.

Entspannung

Versuchen Sie die Zeit, in der das Baby in Ihrem Bauch wächst und gedeiht, wirklich zu genießen und sich gezielt zu entspannen – auch wenn Sie vielleicht manchmal das Gefühl haben, dass Ihnen manches über den Kopf wächst und Sie sich so viel vorgenommen haben, was Sie noch schnell vor der Geburt erledigen möchten. Dazu helfen spezielle Techniken wie autogenes Training oder Qi Gong, die einfach zu erlernen und sehr wirkungsvoll sind. Verwöhnen Sie sich auch öfter mal selbst, z. B. indem Sie ein wohltuendes Bad nehmen, ein schönes Buch lesen oder ruhige Musik hören. Das gibt nicht nur Ihnen selbst Ruhe und Gelassenheit, sondern fördert auch die seelische Ausgeglichenheit des Babys. Halten Sie Zwiesprache mit Ihrem Kind, und versuchen Sie ihm durch ihre Gedanken und Gefühle so viel Liebe und Geborgenheit wie möglich zu vermitteln. Wissenschaftler aus der pränatalen Forschung (pränatal = vor der Geburt) haben herausgefunden, dass dies der seelischen Entwicklung eines Babys nachhaltig zugute kommt und auch später sein Vertrauen in die Welt und in die eigenen Fähigkeiten stärkt.

Die Feldenkrais-Methode

Wenn Sie Probleme mit dem Rücken haben oder wenn Ihnen die Gelenke wehtun, können Sie sich an einen Feldenkrais-Therapeuten wenden. Wenn diese Körperarbeit in der Gruppe stattfindet, führen Sie die angeleiteten Bewegungen aus, wobei sie auf die Empfindungen und Wahrnehmungen dabei achten. Die Bewegungen geschehen ohne Anstrengung, und diese Erfahrung können Sie mit der Zeit in den Alltag übernehmen.

Auch wenn die Schwangerschaft keine Zeit des Müßiggangs ist, sind Pausen für Besinnung und Entspannung besonders wichtig – für die Mutter genauso wie für das Kind.

Die Geburt: das große Ereignis

Die Geburt eines Kindes ist ein Erlebnis, das für jede Frau unvergessen bleiben wird. Und die Geburt ist ein Stück weit immer noch ein Rätsel. Trotz intensiver Forschung weiß man nämlich noch nicht genau, welche Mechanismen den Geburtsvorgang letztendlich ins Rollen bringen: Ist es das Kind, das mit der Aussendung bestimmter Hormone den Anstoß gibt? Oder kommt der »Befehl« von Seiten des mütterlichen Organismus? Fest steht jedoch, dass eine Geburt gewaltige Anstrengungen mit sich bringt und ungeheure Kräfte abverlangt, sowohl der Mutter als auch dem Kind. Und wenn die ersten Kontraktionen der Gebärmutter einsetzen – seit Urzeiten »Wehen« genannt – dann kann die werdende Mutter auch auf einmal Angst bekommen: Angst, von der Wucht der Geschehnisse überrollt zu werden, und Angst, den Belastungen nicht standhalten zu können. Doch kann ein Gedanke ihr in diesem Moment Vertrauen, Sicherheit und Zuversicht zurückgeben: Seit Menschengedenken bringen Frauen Kinder auf die Welt, und binnen weniger Stunden wird auch sie selbst die großartige Erfahrung gemacht haben, ein lebendiges kleines Wesen im Arm zu halten, das noch kurz vorher ihrem eigenen Leib angehörte.

Immer mehr Mütter und in der Zwischenzeit auch immer mehr Väter erinnern sich an die Geburt als eines der einschneidendsten, aufregendsten und glücklichsten Momente ihres Lebens. Das Wesen jedoch, für das dieser Tag lebenswichtig ist, das ist das Kind – Ihr Kind, auf das Sie sich neun Monate lang gefreut haben.

Vorbereitung in der Klinik

Falls Sie zu der Mehrheit der Frauen gehören, die sich für eine Klinikgeburt entscheiden, werden Sie dort gleich von der Hebamme in Empfang genommen und untersucht, damit sie sich ein Bild machen kann, wie weit die Geburt schon fortgeschritten ist.

Auf der geburtshilflichen Abteilung in der Nähe des Kreißsaals – der in vielen Krankenhäusern auch »Geburtszimmer« heißt – werden folgende Untersuchungen durchgeführt: Die Hebamme ertastet, ob und wie weit der Muttermund schon geöffnet ist und hört die Herztöne des Kindes ab. Für kurze Zeit, etwa 20 Minuten, werden die Herztöne dann zusammen mit der Wehentätigkeit aufgezeichnet. Diese Untersuchung heißt Cardiotokogramm (CTG) und gibt sowohl dem Arzt als auch der Hebamme die Möglichkeit, sich über das Befinden des Kindes ein Bild zu machen.

In vielen Kliniken wird Ihnen die Möglichkeit gegeben, sich in einem warmen Bad zu entspannen. Vielleicht können Sie auch noch ein wenig herumspazieren, bevor Sie im Entbindungszimmer bleiben. Je nach dem Befinden der Mutter, ihrer Fähigkeit, gut mit den Wehen mitzuarbeiten und den Schmerz zu tolerieren, sowie der medizinischen Situation – Herztöne und Lage des Babys, Anatomie des Geburtskanals etc. – werden im Allgemeinen folgende Entbindungsmethoden angewandt:

Die Anstrengungen einer
Geburt sind so groß, dass
Denken und Empfinden
einer Mutter signalisieren,
es nicht zu schaffen. Doch
der Körper ist von der Natur
her auf diesen Vorgang vorbereitet und wird es überstehen. Der Beistand vom
Vater ist in dieser Phase sehr
tröstlich und beruhigend.

► Die natürliche Geburt: Hier wird auf Schmerzmittel weitgehend verzichtet. Während der Wehen arbeiten Sie in einer bestimmten Atemtechnik mit, die Sie in der Schwangerschaftsgymnastik gelernt haben. Reicht das nicht aus, um den Schmerzen die Stärke zu nehmen, können Sie immer noch um Medikamente bitten.

► Die unterstützte Geburt: Dabei werden Medikamente verabreicht, die den Geburtsablauf unterstützen.

► Die programmierte Geburt: Hier wird der Geburtstermin festgelegt und die Geburt mit Medikamenten eingeleitet. Das geschieht hauptsächlich in Risikofälle, oder wenn das Kind schon länger »überfällig« ist. Eine programmierte Geburt wird nur unter bestimmten Voraussetzungen und nur mit Ihrer Einwilligung vorgenommen.

► Bei jeder Geburt im Krankenhaus werden die Herztöne des Kindes und die Wehen der Mutter elektronisch überwacht. (... schwächer wird, muss schnell reagiert werden. Meistens erfolgt dann ein Kaiserschnitt. !Textdatei!)

► Der Kaiserschnitt: Ein geplanter Kaiserschnitt wird vorgenommen, wenn die Plazenta so tief sitzt, dass sie vom Kopf des Kindes verletzt werden kann, wenn das Becken für eine normale Entbindung zu klein ist und wenn das Baby sich in Steißlage befindet.

Die Hebamme begleitet Sie

Früher überwachte die Hebamme Herztöne und Wehen, indem sie den Bauch abtastete und mit dem Hörrohr in Abständen die Wehen überprüfte. Heute steht ihr dafür fast immer ein elektronisches Überwachungsgerät zur Verfügung. Die Hebamme hat dadurch mehr Zeit, sich um Sie zu kümmern und Ihnen beizustehen.

Sie haben aber nicht nur während der Geburt, sondern auch vorher und nachher Anspruch auf Hebammenhilfe, die Ihnen beispielsweise zeigt, wie richtiges Stillen geht. Dafür können Sie auch eine freiberufliche Hebamme in Anspruch nehmen. Die Krankenkassen zahlen zwölf Stunden Geburtsvorbereitung durch eine Hebamme Ihrer Wahl. Und sie übernehmen auch die Kosten für Hausbesuche bis zum zehnten Tag nach der Entbindung. An vielen Kliniken arbeiten freiberufliche Hebammen als Beleghebammen.

Erkundigen Sie sich frühzeitig, wie dies an der Klinik gehandhabt wird, wo Sie entbinden wollen. Wenn Sie Glück haben, können Sie sich von derselben Hebamme während Schwangerschaft, Geburt und Wochenbett betreuen lassen. Sie können sich dann schon früh aneinander gewöhnen und müssen später nicht wechseln.

Während der Eröffnungswehen kümmert sich natürlich auch ein Arzt um Sie. Er lässt sich von der Hebamme berichten und informiert sich selbst über den Gang der Geburt. Beide werden Sie ermutigen, Ihnen zu einer bequemen Lage verhelfen und notfalls ein Beruhigungsmittel geben. Auf der Seite, ein Bein angewinkelt, sind die Wehen für viele Frauen am besten zu ertragen.

Die Eröffnungsphase

In der ersten Phase der Geburt, der so genannten Eröffnungszeit, erweitert sich der untere Teil der Gebärmutter mit dem Muttermund (Gebärmutterhals) so weit, dass das Baby mit dem Kopf hindurch kann. Diese Periode beginnt oft damit, dass ein wenig blutiger Schleim aus der Scheide tritt, und natürlich mit den Wehen. Manchmal spürt man schon Tage oder Wochen vorher ein Ziehen im Kreuz oder ein Härterwerden des Bauches. Das sind die »Vorwehen«, die aber nur kurz und unregelmäßig auftreten. Richtige Wehen sind regelmäßig. Sie entstehen durch das Zusammenziehen der Gebärmuttermuskeln. Dabei entwickelt sich jede Wehe nach einem genauen Schema: Sie steigt einer Welle gleich bis zu ihrem Gipfelpunkt an und flaut dann wieder ab. Je nachdem, wie weit die Geburt fortgeschritten ist, dauert solch eine Welle zwischen einer viertel und einer halben Minute. Dazwischen bekommen Sie Gelegenheit, sich zu erholen. Die Gebärmutter braucht Zeit, um den Muskelfasern in den Wehenpausen wieder frischen Sauerstoff für die nächste Anstrengung zuzuführen. Die Wehen kommen anfangs nur stündlich und dann in immer kürzeren Abständen. Sie können die Anspannung der Gebärmuttermuskeln spüren, wenn Sie die Hand auf die Bauchdecke legen.

Die Eröffnungszeit kann sechs bis zwölf Stunden dauern, aber auch länger, besonders beim ersten Kind. Das ist völlig normal und kein Grund zum Erschrecken. Man zählt die Wehen erst, wenn sie wirklich regelmäßig kommen, auch wenn dazwischen große Pausen liegen.

Die Austreibungsphase

Die zweite Phase nennt man die Austreibungszeit. Sie beginnt, wenn der Muttermund vollständig geöffnet ist. Sie spüren diese neue Art von Wehen durch den unwiderstehlichen Zwang zum Mitpressen. Nach der langen Eröffnungszeit, in der Sie passiv bleiben mussten, werden Sie froh sein, nun etwas tun zu können, damit das Baby endlich kommt. Denn mit jeder Wehe tritt das Kind einen Schritt weiter in die Welt.

Bei der Schwangerschaftsgymnastik haben Sie Atemübungen gelernt, die Ihnen und dem Kind jetzt helfen. Ihre Hebamme wird die Kommandos geben und Ihnen genau sagen, was Sie tun sollen: tief Luft holen, Atem anhalten, die Bauchmuskeln anspannen und gleichmäßig und intensiv nach unten pressen.

Die Pausen zwischen diesen Presswehen sollten Sie dazu nutzen, sich richtig zu entspannen, so, wie Sie es im Kurs gelernt haben. Allmählich merken Sie, wie der Druck immer weiter zunimmt, wie der Kopf des Babys langsam aus der Scheide hervortritt. Wenn der kindliche Kopf mit seinem größten Umfang durchtritt, nennt man dies das »Durchschneiden« des Kopfes. Für das Baby der anstrengendste Teil des Geborenwerdens. Wenn der Kopf austritt, helfen Arzt oder Hebamme vorsichtig mit. Sie werden Sie dann wahrscheinlich bitten, nicht mehr mitzupressen, sondern zu »hecheln«, damit der Kopf nicht zu schnell kommt. Auch diese Art der Atmung, mit geöffnetem Mund kurz und flach ein- und auszuatmen, haben Sie ja gelernt. Und dann ist es geschafft – nur noch eine große Presswehe, und das Kind rutscht fast von allein heraus.

Das Baby kommt mit dem Kopf zuerst durch den Gebärmutterhals, denn er ist schmaler als der Beckengürtel. Die Hohlräume zwischen seinen Schädelknochen, die Fontanellen, können sich auch noch zusammenschieben, damit der Kopf kleiner wird. Dies ist am besten möglich, wenn der Kopf mit dem Gesicht zur Wirbelsäule der Mutter liegt. Diese Stellung hat das Kind vor Beginn der Geburt in der Regel schon eingenommen.

Wenn die Geburt beginnt, will das Baby geboren werden, egal wie es der Mutter dabei geht. Das ist ein Gesetz der Natur. Die schmerzhaften Wehen und das Dehnen des Gewebes sind nur dazu da, dass das Kind in der Welt ankommt. Vielleicht hilft einer Mutter, sich vorzustellen, welchen Weg ihr Kind gerade nimmt und auch, was es dabei fühlt.

Wann muss ein Dammschnitt sein?

Wenn sich das Baby den engen Weg durch die Scheide bahnt, wird das umliegende Gewebe, vor allem der Bereich zwischen Scheide und After starken Belastungen ausgesetzt. Manchmal ist die Dehnung so heftig, dass es in diesem Dammbereich zu Einrissen kommt. Durch den »Dammschutz« versucht die Hebamme, ein Einreißen zu verhindern. Dabei legt sie eine Hand ganz fest auf den Damm, mit der anderen Hand versucht sie, das Köpfchen zu führen und die Geschwindigkeit des Durchtritts zu kontrollieren. Wenn erkennbar wird, dass der Damm den Belastungen nicht standhält, oder wenn die Geburt – z. B. wegen abfallender Herztöne des Babys – schnell zu Ende gebracht werden soll, entscheiden sich die Geburtshelfer meist für einen Dammschnitt. Hierzu wird mit dem Skalpell die Geburtsöffnung künstlich geweitet, der Schnitt anschließend mit einer Naht versorgt.

Während der Geburt werden Sie kaum etwas von dem Schnitt spüren, da die Schmerzempfindung in diesem Bereich stark gedrosselt ist und der Arzt zusätzlich noch lokale Betäubungsmittel anwenden kann. Später dann – im Wochenbett – kann die Naht jedoch unangenehm brennen und stechen, das Sitzen, und – was besonders »gemein« ist – das Lachen erschweren. Milde Schmerzzäpfchen, Sitzbäder und Spülungen mit Kamillelösung helfen jedoch, die Beschwerden zu lindern.

Glücklich und entspannt danach

Jetzt, wo die große Kraftanstrengung vorüber ist, können Sie sich ausruhen und ganz dem Gefühl hingeben, dass Ihr Baby auf der Welt ist. Jetzt müssen sich noch die Eihäute und die Plazenta langsam von der Gebärmutterwand lösen. Durch ein paar ganz schwache Wehen geht dann auch die Nachgeburt ab.

Das Neugeborene muss sich in der ersten Zeit nach der Geburt an die Gegebenheiten außerhalb der Gebärmutter anpassen, d. h. es wird mit Schwerkraft, Licht und Dunkelheit, Wärme und Kälte, Hunger und Durst konfrontiert. Und es muss vor allem atmen lernen. Der Sauerstoff, den das Baby vorher ganz selbstverständlich über die Nabelschnur bekam, hat jetzt über die Lungen zu kommen. Dafür muss sich der Blutkreislauf in Sekundenschnelle umstellen und selbstständig funktionieren. Damit sich die Lungenbläschen entfalten können, sind einige kräftige Atemzüge nötig. Nicht unbedingt ein Schrei! Oft genügen schon die vielen Reize der Außenwelt, damit das kleine Menschlein tief Luft holt.

Damit ist schon das Wichtigste geschafft. Soweit nötig, wird noch die Nase von Schleim und Fruchtwasserresten befreit und dann die Nabelschnur durchtrennt. Viele Geburtshelfer warten heute damit länger als früher, weil so die Umstellung fürs Baby langsamer und schonender erfolgt. Anschließend wird das Neugeborene gemessen, gewogen und gebadet. Dabei darf meist der Vater schon mithelfen. Eine gute Gelegenheit für ihn, sich mit dem neuen Erdenbürger anzufreunden.

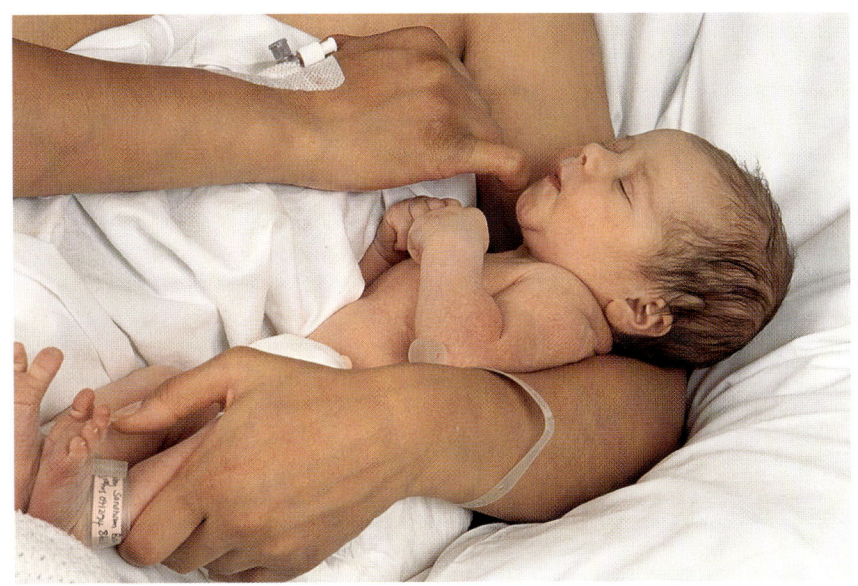

Unmittelbar nach der Geburt werden die ersten medizinischen Untersuchungen vorgenommen, um mögliche Entwicklungsbeeinträchtigungen auszuschließen.

Die erste Untersuchung

Nun steht noch der »Apgar«-Test auf dem Programm. Hier steht A für Atmung, P für Puls, G für Grundtonus, A für Aussehen und R für Reflexe. Eine Minute sowie fünf und zehn Minuten nach der Geburt gibt es erste Noten fürs Baby. Nach einem Punktesystem, Höchstzahl 10, werden Vitalität, Atmung, Herztätigkeit, Hautbeschaffenheit, Muskeln und Reaktionen bewertet. Darüber hinaus wird heute in vielen Krankenhäusern ein zusätzlicher Test durchgeführt: Aus der Nabelschnurarterie entnimmt man – für das Baby völlig schmerzlos – eine geringe Menge Blut und bestimmt damit den pH-Wert, also den Säuregehalt des Blutes. Niedrige Werte zeigen eine Sauerstoffunterversorgung an, die man durch diesen Test schnellstmöglich erkennen und behandeln kann. Hier tut Eile not, weil eine mangelhafte Sauerstoffversorgung zu bleibenden körperlichen und geistigen Schäden führen kann.

Anschließend bekommen Sie Ihr Baby in den Arm oder auf den Bauch gelegt. Sie haben dann ausgiebig Zeit, es zu streicheln und zu liebkosen. Dieses erste Kennenlernen ist für Sie beide von großer seelischer Bedeutung. Deshalb genieren Sie sich nicht, dem Kind Ihr ganzes Glück zu zeigen, auch wenn es Sie angeblich noch nicht versteht und auch wenn das Klinikpersonal in der Nähe ist.

Sie können Ihr Baby auch schon an die Brust anlegen. Zwar kommt noch keine richtige Milch, aber die Milchbildung wird damit kräftig angeregt. Und die Vormilch, das so genannte Kolostrum, hat einen besonders hohen Gehalt an mütterlichen Schutzstoffen.

Sicher sind Sie jetzt von der langen Geburtsarbeit erschöpft. Aber Sie werden auch stolz und glücklich sein. Und die Schmerzen, ohne die eine Entbindung nicht möglich ist, sind schon fast vergessen, wenn Sie Ihr Baby im Arm halten.

Manche Neugeborene wissen von Anfang an, wie das Saugen geht. Sie müssen es nicht lernen. Im Gegenteil saugen sie an allem, was ihnen unter die Finger kommt. Es kann sein, dass sie schon im Mutterleib heftig an den Fingern gelutscht haben. Dann klappt das Stillen sofort.

Rooming-in: inniges Zusammensein

In den meisten Krankenhäusern ist es heute üblich, dass die Mutter die Zeit nach der Geburt mit ihrem Baby gemeinsam im Zimmer verbringt. In vielen Kliniken ist dieses Rooming-in so ausgedehnt, dass das Baby auch über Nacht bei der Mutter bleiben darf. Je nach Befinden und Bedürfnis der Mutter kann das Baby aber auch nur tagsüber bei ihr sein, und nachts kommt es auf die Säuglingsstation, damit die Mutter durchschlafen kann.

Rooming-in hilft der Mutter, ihr Baby in aller Ruhe kennen zu lernen und dadurch schon sehr früh eine feste Beziehung zum Kind aufzubauen. Und sie lernt unter Anleitung der Schwestern alles, was mit der Pflege des Babys zusammenhängt. Oft klappt es dadurch auch mit dem Stillen besser.

Manche Mutter kann sich allerdings besser von der Geburt erholen, wenn ihr Baby nicht so häufig da ist. Ein Grund ist z. B., dass zu Hause ein großer Haushalt und eine Anzahl weiterer Geschwisterkinder auf sie warten. Falls Sie daher auf das Rooming-in verzichten wollen, sind Sie deshalb noch lange keine »Rabenmutter«. Ihr Baby wird Ihnen ja fünfmal am Tag zum Stillen gebracht. Auch so können Sie einen guten Kontakt zu Ihrem Kind herstellen. Entscheiden Sie deshalb ganz frei, was Sie lieber möchten.

Babyblues

Sicher haben Sie sich in der Schwangerschaft schon öfter mal vorgestellt, wie Sie Ihr Kind später voller Stolz der Verwandtschaft präsentieren. Jetzt kann es aber sein, dass Ihnen gar nicht so großartig zumute ist. Im Gegenteil – Sie fühlen sich schlapp und überfordert, und manchmal ist Ihnen regelrecht zum Heulen.

Das geht fast allen Müttern vorübergehend so, denn die seelische und körperliche Umstellung nach der Geburt ist gar nicht so einfach zu verkraften. Jede zweite frisch gebackene Mutter wird vom Babyblues übermannt und hat eine Zeit lang mit Tränen und Traurigsein zu kämpfen. Im Allgemeinen verfliegen die trüben Gedanken aber schon nach wenigen Tagen, und es kehren Zuversicht, Freude und Fröhlichkeit zurück. Da die »Heultage« eine ganz verbreitete und normale seelische Reaktion auf das Geburtserlebnis darstellen, brauchen Sie sich wegen der Tränen und der Traurigkeit also nicht zu schämen. Am schnellsten überwinden Sie diese Phase, wenn Sie zu innerer Ruhe und Ausgeglichenheit finden können. Auch wenn Ihnen Ihr Kind noch so wichtig ist, gönnen Sie sich also ruhig immer mal wieder ein bisschen Zeit für sich selbst.

Für alle Beteiligten ist die erste Zeit nach der Geburt verwirrend. Mutter und Kind müssen sich von den Strapazen erholen – die eine hat noch mit der Hormonumstellung zu kämpfen, das andere muss leben lernen. Und der Vater weiß noch nicht so recht, was von ihm erwartet wird. Kümmert er sich um das Baby, fühlt sich die Mutter vielleicht vernachlässigt, ist er um sie bemüht, sieht es so aus, als wäre er nicht am Kind interessiert. Erwarten Sie nicht zu viel von sich.

Stillen: Nahrung und Liebe

In den ersten vier bis sechs Monaten ist Muttermilch die ideale Säuglingsnahrung. Der Energie- und Nährstoffgehalt der Milch ist perfekt auf die Ernährungsbedürfnisse eines Babys abgestimmt, und die außerdem darin enthaltenen Abwehrstoffe stärken sein Immunsystem. Doch Muttermilch ist nicht nur Nahrung für den Körper, sondern auch für die Seele des Babys. Über das Trinken an der mütterlichen Brust erfährt ein Kind Nähe, Geborgenheit und Vertrauen, ein Gefühlserlebnis, das die emotionale Entwicklung in seinem Leben sehr prägen wird.

Neben den vielen Vorteilen für Wachstum und Entwicklung profitiert Ihr Baby noch aus anderer Sicht vom Stillen: Durch die besonders energieaufwändigen Saugbewegungen beim Trinken an der Mutterbrust wird nämlich sein kleiner Kiefer sehr gekräftigt – beste Voraussetzungen für gut geformte, gesunde Zähne. Doch auch Sie selbst haben einen großen Nutzen: Beim Stillen schüttet der weibliche Organismus ein Hormon vermehrt aus, das die Rückbildung der Gebärmutter fördert und insgesamt für eine Straffung des Gewebes sorgt. So haben Sie die beste Chance, dass sie bald wieder Ihr ursprüngliches Körpergewicht erreichen werden und Ihre Figur wieder schön in Form ist.

Muttermilch

Die Natur hat es so eingerichtet, dass der mütterliche Organismus immer genau die Menge an Milch produziert, die dem Bedarf des Kindes für die körperliche Entwicklung entspricht. Dabei hat sie auch genau die Nährstoffzusammensetzung, die der Säugling gut verträgt. So ist sie z. B. weniger eiweiß- und mineralstoffreich als Kuhmilch, enthält dafür aber einen höheren Anteil an Kohlenhydraten. Hieraus wird auch ersichtlich, warum reine, unverdünnte Kuhmilch »Gift« für einen wenige Wochen alten Säugling wäre und dieser mit massiven Verdauungsstörungen reagieren würde.

Nun sind die Regulationsvorgänge bei der Bildung der Muttermilch so fein abgestimmt, dass sich deren Zusammensetzung nicht nur von Woche zu Woche ändert, um dem steigenden Energiebedarf des Babys gerecht zu werden, sondern sogar schon von Mahlzeit zu Mahlzeit und innerhalb eines Stillvorgangs selbst: So löscht das Baby seinen Durst mit der klaren und wässrigen Milch beim Antrinken. Die Nachmilch dagegen ist weiß, dickflüssig und fettreich, so dass sie aufgrund ihres Energiegehaltes den Hunger des Säuglings stillt. Sobald das Baby dann satt ist, hört es auf zu trinken, und dieser Regelmechanismus sorgt zum einen dafür, dass der kleine Mensch genügend Nahrung erhält, und schützt andererseits davor, dass er überfüttert wird und sich zu einem Pummelchen entwickelt.

Ersatzmilch

Industriell oder selbst hergestellte Säuglingsmilchnahrung kann die Muttermilch nur teilweise ersetzen. Zwar vermag man die Nährstoffzusammensetzung weitgehend an die Muttermilch anzupassen, also zu adaptieren, und damit Wachstum und Gedeihen sicherzustellen. Doch sind z. B. die körpereigenen Abwehrstoffe, die sich in der Muttermilch anreichern, unnachahmlich. Sie schützen das Baby vor Infektionen und helfen auch, Allergien vorzubeugen. Außerdem hat Muttermilch den unschätzbaren Vorteil, immer zur rechten Zeit, in der richtigen Temperatur und – bei entsprechender Hygiene – keimfrei zur Verfügung zu stehen. Und das nicht nur zu Hause, sondern auch unterwegs, Tag und Nacht.

Wenn nach der Geburt die Muttermilch einschießt, kann das über Nacht so heftig sein, dass die Brüste groß, hart und heiß werden und auch schmerzen. In ein oder zwei Tagen hat sich der Hormonhaushalt so weit stabilisiert, dass die Schwellung wieder verschwindet. Zum Stillen sollten Sie Ihre Brüste zur Entspannung in warmem Wasser baden und von ein wenig Milch befreien.

45

Mit Riesen- schritten durchs erste Jahr

Schon in kürzester Zeit entwickeln sich kleine Erdenbürger zu richtigen Persönlichkeiten, indem sie mit rasanter Geschwindigkeit die Grundlagen für alle menschlichen Fertigkeiten lernen. Das beginnt mit der ersten Reaktion auf Licht einige Wochen nach der Geburt und endet beim Versuch, Aufmerksamkeit zu erlangen, am Ende des ersten Jahres – von unbewussten Reflexen zur vorsätzlichen Handlung, um die Umgebung zu beeinflussen. Begleitet wird dieser Lernprozess von ständigen Premieren, die von den glücklichen Eltern gebührend bejubelt werden: das erste Lächeln, die ersten Worte, die ersten Schritte. In kaum einem anderen Lebensabschnitt lernt das Kind mehr als in diesem ersten entscheidenden Jahr.

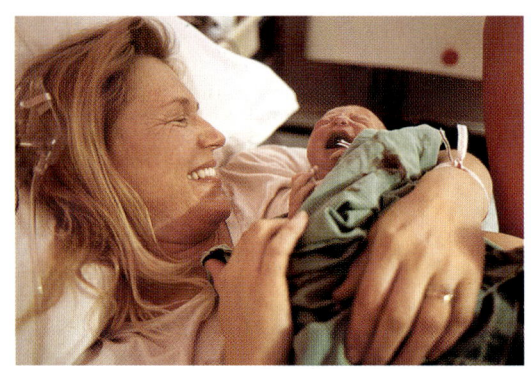

Wachen Sinnes die Welt entdecken

Schon im Mutterleib trainieren Ungeborene das Hören, Tasten, Fühlen und den Gleichgewichtssinn. Wenn sie dann auf die Welt kommen, sind ihre Sinne hellwach, und sie zeigen bereits erstaunliche Fähigkeiten, alles um sich herum zu erfassen und zu verarbeiten. Neugeborene können ihre Umwelt erkennen, Geräusche, Klänge und Gerüche aufnehmen, ja sogar Mimik imitieren. Sie können Gesicht, Stimme und Geruch der eigenen Mutter sehr genau von anderen Personen unterscheiden. Außerdem haben entwicklungspsychologische Tests gezeigt, dass auch das Gedächtnis der Neuankömmlinge bereits aktiv ist und Erinnerungen aus der vorgeburtlichen Zeit abrufen kann. In einer Studie bekamen Neugeborene verschiedene Geschichten vorgespielt. Tatsächlich waren Babys bei jenen Texten viel aufmerksamer, die sie schon während der Schwangerschaft öfter zu hören bekamen, z. B. indem sie die Mutter regelmäßig laut vorgetragen hatte. Mit Sicherheit ist dies ein eindeutiges Zeichen dafür, dass sich die Kleinen die Texte gemerkt hatten.

Natürlich hängt das Verhalten eines Neugeborenen stark von seinem Reifezustand ab, also ob zu früh oder zu spät geboren wurde und wie die Geburt letztlich verlaufen ist. Gerade bei schwierigen Geburten braucht das Baby noch etwas Zeit, um sich von diesem Stress zu erholen, und kann erst dann aktiv Kontakt zur Umwelt aufnehmen.

Babys können mehr, als wir ahnen

Von Anfang an können Babys ihre Wahrnehmungen nach »das kenne ich« und »das kenne ich nicht« strukturieren. Hört es beispielsweise einen Ton öfter, verliert es zunehmend das Interesse. Es erkennt den Klang wieder und ist dann gelangweilt.

Mit diesen Erkenntnissen ist eine Theorie aus den Zeiten unserer Großmütter von den »dummen« ersten drei Lebensmonaten eines Babys, in denen es nur passiv herumliegen, schreien, trinken und in die Windeln machen kann, gründlich widerlegt. Die Kleinen verfügen nicht nur über differenzierte Möglichkeiten der Wahrnehmung und des Ausdrucks, sondern können sogar schon feine unterschiedliche Gefühlsschwingungen, z. B. Ernst, Trauer oder Freude und Ausgelassenheit, erspüren. Und die Babys wissen aus der Zeit im Mutterleib ziemlich genau, welches emotionale Umfeld ihnen gut tut und welches sie belastet. Je mehr liebevolle Zuwendung ein Baby bekommt, je ausgeglichener, wärmer und fürsorglicher seine Umgebung ist, desto günstiger wirkt sich dies auf seine geistige, körperliche und seelische Entwicklung aus. Psychologen haben herausgefunden, dass Kinder, die in einer positiven Gefühlswelt aufwachsen, später in der Regel ausgeglichener, selbstbewusster, kontaktfreudiger und kreativer sind als Kinder, die schon in einer frühen Lebensphase hohen emotionalen Stress oder gar Gefühle von Ablehnung, Kälte und Gleichgültigkeit erleben.

100 Milliarden Nerven bilden ein Netzwerk

Papas Grimassen, Mamas sanft massierende Hände, der bunte Wandbehang, die Rassel, das Mobile: Für Babys ist alles ungeheuer spannend und aufregend. Denn jede Bewegung, jeder Farbklecks, jedes Geräusch trägt zu seiner Entwicklung bei und ermöglicht ihm, ein Stück mehr von der Welt zu erfahren. Die Sinnesreize, die über Haut, Augen und Ohren zum Gehirn des Babys wandern, entfachen dort ein wahres Feuerwerk an Nervenaktivität. Die Stimulation von außen setzt eine Lawine chemischer und elektrischer Impulse in Gang, die das gigantische Netzwerk von weit über 100 Milliarden Gehirnzellen und den dazugehörigen Nervenbahnen mit großem Tempo durchziehen. Durch diese Impulse werden die Nerven in einen Erregungszustand versetzt: Sie schütten spezielle Botenstoffe aus, so genannte Neurotransmitter, die zum einen dafür sorgen, dass die Verknüpfung neuer Nervenverbindungen gefördert, zum anderen bestehende Verschaltungen gefestigt werden. Das Gehirn wird durch Sinneseindrücke quasi geformt und strukturiert, es bildet spezielle Fähigkeiten heraus. Je jünger ein Kind ist, umso rascher werden die neuronalen Strukturen geknüpft. Der Höhepunkt der Nervenvernetzung scheint ungefähr mit einem halben Jahr erreicht. Gegen Ende des ersten Lebensjahres ist bereits ein Großteil der neuronalen Vernetzung abgeschlossen.

Wenn ein Baby auf die Welt kommt, enthält sein Gehirn bereits alle Nervenzellen, die ein Mensch braucht. Ihre Zahl nimmt nicht mehr zu, aber sie werden länger und verzweigen sich, wenn das Baby Eindrücke gewinnt und Gewohnheiten ausbildet. Am Ende des ersten Lebensjahres hat sich die Gehirnmasse verdoppelt!

Lallen und Brabbeln: Babys erste Sprechübungen

Das Sprechtraining von Babys beginnt gleich nach der Geburt mit dem ersten Schrei. Durch Schreien, Saugen und Nuckeln lernen Kinder nämlich, die Muskulatur des Mundes zu beherrschen und die Bewegungen von Kiefer, Lippen und Zunge zu koordinieren. Außerdem werden Sie sehr bald etwa fünf verschiedene Arten des Schreiens unterscheiden können: Schmerz, Hunger, Langeweile, Unbehagen, Spannung.

Die Ammensprache ist international

In allen Ländern und Kulturen ist die erste Unterhaltung zwischen Eltern und ihrem Baby gleich. Sie sprechen in einer Art Singsang in hoher Tonlage, wiederholen einzelne Silben und Worte immer wieder und artikulieren sehr langsam und deutlich. Das Baby hört aufmerksam, mit weit geöffneten Augen zu, und schon wenige Wochen nach der Geburt gibt es ähnliche Laute von sich. Eltern und Kind ahmen sich gegenseitig nach und drücken so ihre Zuneigung aus. Gegen Ende des ersten Lebensjahres haben dann die meisten Babys gelernt, einfache Laute zu Doppellauten zusammenzufügen. So wird aus »MA« beispielsweise ein »MA-MA«, und das ist dann das erste richtige Wort.

Bereits die ersten noch un-artikulierten Lalllaute des Babys vermitteln wichtige Botschaften über das Wohlbefinden des kleinen Erdenbürgers.

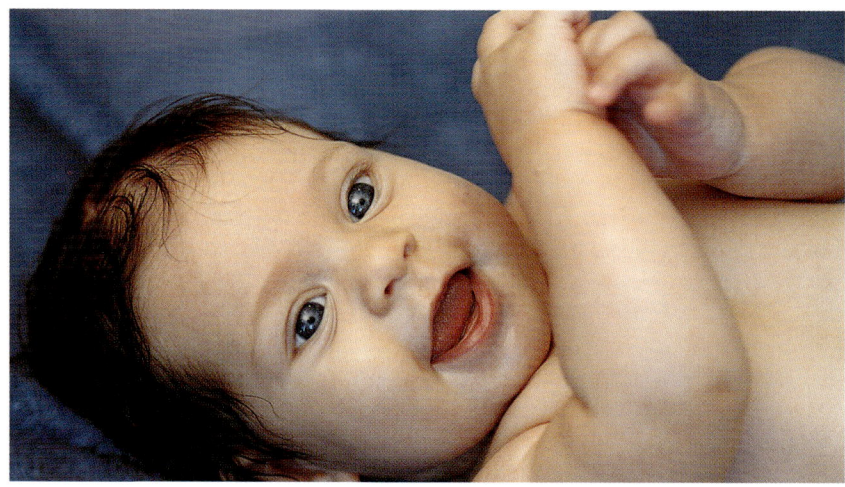

Die Lallphase

Das Baby hat nach ungefähr vier Wochen schon so viel Übung, dass es mit den Lippen, dem Gaumen und der Zunge Laute formen kann. Es brabbelt, gurrt und quietscht und kann mit diesen Tönen und Geräuschen auch schon kleine Botschaften mitteilen, z. B. »ich fühle mich pudelwohl«, »jetzt ist mir nach Spielen zumute« oder »ich möchte gerne weiter getragen werden«.

Eltern können diese frühe Sprache ihres Kindes meist sehr gut verstehen und genau erkennen, welche Bedürfnisse und Wünsche es gerade hat. Fast alle Eltern lassen sich auch gerne auf diese Art der Kommunikation ein und sprechen ihr Baby mit exakt den gleichen Lauten an. Damit fördern sie – meist ganz unbewusst – die Sprachentwicklung des Kindes und helfen ihm, seine Fertigkeiten immer weiter zu verfeinern.

Nach dem sechsten Lebensmonat beginnt die zweite Lallphase. Die Laute sind inzwischen noch differenzierter geworden, und das Baby kann nun schon gezielt bestimmte Dinge mit bestimmten Lauten bezeichnen. Auch eine verfeinerte Sprachmodulation beherrscht das Baby nun: Es kann laut oder leise sprechen, die Stimme heben oder senken, Laute dehnen oder in einen Singsang verpacken.

Die intellektuellen Leistungen eines Kindes beim Sprechenlernen sind immens. Es muss aus dem Redefluss, den es hört, einzelne Lautkomplexe herausfiltern und auf ähnliche Laute hin untersuchen. Gleichzeitig muss der Zusammenhang mit Handlung erkannt werden, also »essen« hat mit kauen, schlucken und den Löffel halten zu tun.

Vom Strampeln zum Laufen: Babys erste Bewegungsübungen

Die Ausbildung der motorischen Fähigkeiten hat in der frühkindlichen Entwicklung eine herausragende Bedeutung. Von Anfang an macht ein Baby Bewegungen mit dem Mund und dem Körper, denn es möchte schauen, zuhören und auf Zuwendungen reagieren. Alles ist darauf ausgerichtet, dass es sich aus eigener Kraft aufrichten und am Ende laufen kann, und mit unerschöpflicher Energie werden die Bewegungen dazu andauernd geübt.

Strampeln – Freiheit für Arme und Beine

Die ersten Übungen zum Training von Muskeln und Gehirn unternimmt das Baby mit Strampeln. Durch die zunächst noch ungerichteten Bewegungen von Ärmchen und Beinchen lernt es, seinen Körper zu entdecken und zu kontrollieren. Das Baby erlebt das Strampeln als sehr genussvoll und drückt die Freude darüber durch Lachen oder ein vergnügtes Quietschen aus. Man sollte den Kleinen deshalb auch so viel Bewegungsfreiheit wie möglich lassen – sie nicht durch zu feste Windelpakete oder eng anliegende Strampelanzüge einengen, damit sie ihren motorischen Drang ungehindert ausleben können.

Greifen – Spiel der Finger

Die Bewegungen werden immer koordinierter. Etwa ab dem dritten Lebensmonat kann das Baby – wenn auch noch etwas unsicher – nach Gegenständen greifen. In den folgenden Wochen wird dann aus dem undifferenzierten »Grabschen« eine fein abgestimmte Bewegung der Finger, und das Baby vermag den so genannten Zangengriff anzuwenden: Es fasst nach Objekten, indem es den Daumen den übrigen Fingern gegenüberstellt.

Krabbeln – nun wird das Baby mobil

Im Laufe des zweiten Lebenshalbjahres werden Babys zunehmend mobil. Durch die intensiven Strampelübungen haben sie eine gute Koordination der Arm- und Beinbewegungen gelernt. Außerdem sind Kopf- und Rumpfbewegungen jetzt so ausgereift, dass sie sich z. B. ohne Mühe vom Rücken auf den Bauch – und umgekehrt – drehen können. Auf allen vieren gehen sie nun auf Entdeckungsreise. Das Krabbeln nimmt eine zentrale Bedeutung in der Entwicklung von Kindern ein, denn es fördert – wie Wissenschaftler herausgefunden haben – die Ausbildung intellektueller und emotionaler Fähigkeiten in hohem Maße. Für die Eltern ist diese Mobilität ihres Sprösslings natürlich auch mit sehr viel Unruhe verbunden. Nun haben sie ständig aufzupassen, dass der Krabbler nicht in Gefahrenbereiche wie etwa Treppenabsätze gelangt, und sie müssen alles, was nicht in Kinderhände gehört, aus tief gelegenen Kommodenschubladen, Schrankfächern etc. verbannen und in höher gelegene Bereiche umräumen. Wegen der großen Vorteile für die Entwicklung sollten die Eltern ihrem Kind aber viel Gelegenheit zum Krabbeln geben und es mit kleinen Lockspielen – z. B. Ballwerfen – zu dieser Art der Fortbewegung motivieren, auch wenn sie immer »hinterher« sein müssen.

Die Füße eines Babys sind von Fettgewebe ausgefüllt und beim Laufen gut gepolstert. Im zweiten Lebensjahr verliert sich das. Auch der leichte Knickfuß verändert sich etwa im siebten Jahr. Mit dem Laufen fängt Ihr Sprößling an, seinen »eigenen Weg« zu gehen.

Laufen – von der Horizontalen in die Vertikale

Der Meilenstein schlechthin ist der erste selbstständige Schritt des Babys. Von den Eltern wird er meist schon längere Zeit vorher mit Spannung erwartet, und wenn das Kleine dann erstmals ein paar wackelige Schritte macht, ohne festgehalten werden zu müssen, ist das für sie ein großartiges Erlebnis. Meist vollzieht sich das Laufenlernen um den zwölften Lebensmonat und leitet im Übergang vom ersten auf das zweite Lebensjahr einen neuen Entwicklungsabschnitt ein: Aus dem Baby wird ein Kleinkind.

Liebe und Zuwendung machen Ihr Baby klug

Um Erfahrungen zu machen, braucht jeder Mensch ein soziales Umfeld, Beziehungen zu anderen Menschen und zur Umwelt. Wache Säuglinge suchen diesen Kontakt von Anfang an. Dabei bevorzugen sie menschliche Gesichter, hören gerne menschliche Stimmen und ahmen alles mit Begeisterung nach.

Eltern können ihrem Nachwuchs gar nicht genug liebevolle Aufmerksamkeit zukommen lassen. Je mehr Anregungen das Kleine (natürlich seinem Alter gemäß) erhält, je intensiver die Sinnesreize, die es durch Tasten, Spüren, Schmecken, Riechen und Hören bekommt, desto dichter und leistungsfähiger wird das Neuronennetz in seinem Köpfchen einmal sein und desto mehr Spaß wird es im Leben haben. Im Umgang mit ihrem Baby machen die meisten Eltern instinktiv genau das Richtige – sie sind »intuitive Lehrmeister«, wie die Entwicklungspsychologen sagen. Beispielsweise, indem sie ihr Kind ungefähr 20 Zentimeter von sich entfernt halten, wenn sie mit ihm sprechen – das ist die ideale Entfernung für Babys Augen, um alle Bewegungen im Gesicht gut erfassen zu können. Oder indem sie langsam und betont in einer für Babys Ohren optimalen Stimmlage sprechen und Worte häufig wiederholen – beste Voraussetzungen für Sprachverständnis und Sprechenlernen.

Sich spiegeln dürfen stärkt das Selbstbewusstsein

Wenn Sie Ihrem Baby zeigen, dass Sie seine Bedürfnisse erkennen und darauf reagieren, ist dies eine Ermutigung, sich im Laufe der nächsten Jahre immer mehr Fertigkeiten anzueignen, um die Welt nach den eigenen Wünschen gestalten zu können. Wird ein Baby dagegen missachtet, lässt man es beispielsweise schreien, ohne zu antworten, wird es resignieren. Es fühlt sich nicht wahrgenommen und ist in gewisser Weise ja auch tatsächlich nicht vorhanden. Und damit steht der Wunsch, sich maßgeblich am Leben beteiligen zu können, fürs Erste auf tönernen Füßen.

Abenteuer Alltag

Aber auch die vielen kleinen Gegebenheiten des täglichen Lebens tragen zur geistigen Reifung bei: Gegenstände, die das Baby betrachten und »begreifen« kann, Gerüche, die durch den Raum wehen, Töne aus der CD-Anlage, das Klingeln des Telefons, das Bewegungsspiel des Mobiles. Vorausgesetzt, Eltern lassen ihre Kinder möglichst früh diese Erfahrungen aus ihrer Umgebung machen und nehmen sich viel Zeit, ihnen alles zu erklären und anschaulich nahe zu bringen.

Nehmen Sie Ihr Baby doch einmal mit auf eine Reise durch ihre Wohnung. Tragen Sie es auf dem Arm, lassen Sie es auf den Lichtschalter drücken, die Blätter einer Zimmerpflanze befühlen, ein Bild ausführlich betrachten. Zeigen Sie ihm, was alles im Kühlschrank steht und wie kalt die Luft im Innern ist, wie aus dem Wasserhahn Wasser und aus dem Lautsprecher Musik kommt. Geben Sie ihm ein paar Töpfe und einen Holzlöffel, und lassen sie es Schlagzeug spielen. Oder singen Sie einfach ein Lied, und tanzen Sie mit ihm durch den Raum. Sie werden sehen, wie Ihr Kind mit allen Sinnen dabei ist!

Die richtige Umgebung fürs Kind

Für eine gesunde Entwicklung brauchen Kinder ein Zuhause, in dem sie sich wohl fühlen und das ihnen Raum fürs Spielen, Lernen und Gestalten bietet. Es ist nicht unbedingt nötig, dass ein Baby gleich von Anfang an in einem eigenen Zimmer untergebracht ist. Auch in einer kleinen Wohnung lässt sich mit geschickter Planung – durch Paravents, Regalwände oder Schiebetüren – ein Babybereich abteilen, der Platz für ein Bettchen, eine Wickelkommode und Spielzeug bietet.

Der Bewegungsdrang nimmt zu

Allerdings ändern sich die Bedürfnisse eines Kindes mit zunehmendem Alter, und daran sollte auch seine Wohnumgebung angepasst werden. Schon im zweiten Lebenshalbjahr sind die Kleinen so mobil, dass sie in der ganzen Wohnung auf Erkundungsreise gehen. Gut ist es dann, in verschiedenen Bereichen, z.B. in der Küche oder im Esszimmer, kleine Spielecken einzurichten, die dem Kind das Gefühl geben, einen eigenen Raum zu besitzen, und trotzdem die Gewissheit vermitteln, in Ruf- und Sichtweite der Erwachsenen zu sein. Sehr nützlich kann hier auch ein Laufstall sein, den Sie zu einem kleinen Reich für Ihr Kind gestalten und – wenn er auf Rollen steht – immer in den Raum fahren können, in dem Sie sich selbst gerade aufhalten. Es gibt Kinder, die es richtig genießen, im Laufstall zu spielen, mit den Kuscheltieren zu schmusen oder sogar ein Schläfchen zu machen. Andere hingegen fühlen sich eingeengt und quengeln so lange, bis sie wieder herausgehoben werden. Loten Sie aus, zu welchem Typ Ihr Kind gehört, und versuchen Sie, die Umgebung seinen Bedürfnissen anzupassen. Dabei ist es natürlich ganz wichtig, darauf zu achten, dass Ihre Wohnung in puncto Sicherheit optimal auf das Kind eingestellt ist: Platzieren Sie beispielsweise Wertvolles oder Zerbrechliches in höhere Regale oder Schubladen, so dass es für die Hände Ihres Kindes nicht mehr erreichbar ist, oder räumen Sie die Gegenstände vorübergehend ganz weg. Sie ersparen sich damit viel Ärger und müssen die Bewegungsfreiheit oder den Entdeckerdrang Ihres Kleinkindes nicht ständig durch Verbote einschränken. Denn Kinder wollen ihr Zuhause selbstständig erforschen und erobern.

Spielraum für die Phantasie

Wenn Sie Möbel und andere Einrichtungsgegenstände für Ihr Kind anschaffen, dann sollten Sie beim Kauf auf Funktionalität, Sicherheit und – ganz wichtig – Schadstoffarmut achten. Aber die Kinderzimmereinrichtung sollte auch so beschaffen sein, dass sie der Phantasie Ihres Kindes Platz lässt. Das eigene Bett z.B. ist für Kinder nicht nur ein Ort zum Schlafen, sondern auch zum Spielen, Kuscheln und Herumtollen. Es wird in ihrer Phantasie zur Höhle oder zum Trampolin. Kindermöbel sollten darum einfach, robust und zugleich verwandlungsfähig sein, so dass sie dem Spieltrieb des Kindes gerecht werden. Es gibt Hochstühle, die zu Sitz- und Spielmöbeln umgebaut werden können, Tische und Stühle zum Mitwachsen. Einfache Kisten fürs Spielzeug, Regale und Schränke,

Die Fortbewegung zu erlernen, ist nicht so ganz einfach. Bis etwa zum neunten Monat übt ein Kind unverdrossen die richtige Krabbelstellung, und wer genau hinsieht, erkennt, dass die Aufmerksamkeit nach vorne gerichtet ist. Klappt es dann mit der Bewegung, geht es erstmal rückwärts. Die Koordination ist noch unausgewogen. So ähnlich ist es mit dem Stehen. Hat ein Kind das Stehen kennengelernt, wird es sich an allen Möbeln hochziehen. Aber wie funktioniert das Sich-wieder-Hinsetzen? Da ist noch Hilfe nötig.

Bis zum fünften Lebensmonat hat die Beweglichkeit des Babys ein Niveau erreicht, das erste Sitz- und sogar Stehversuche erlaubt. Arm- und Bauchmuskeln werden durch »Gymnastik« gestärkt.

Damit das Bett ein angenehmer Aufenthaltsort wird, wird es mit positiven Erlebnissen verbunden. Bekommt das Kind einen Brief oder eine Karte, liegen sie auf dem Bett. Erhält es eine neue Hose, wird sie auf dem Bett anprobiert. Schöne Fotos oder eine kleine Botschaft von Ihnen – natürlich erfreuliche – werden ebenfalls auf das Nachtkästchen oder Bett gelegt.

die später angebaut werden können, machen die Einrichtung flexibel und geben die Möglichkeit, sie immer wieder ein wenig zu verändern.

Etwa ab dem dritten Lebensjahr wird das eigene Zimmer, in das sich die Kleinen allein oder mit Freunden zurückziehen können, wirklich wichtig. Kinder ab diesem Alter entwickeln nämlich ihre eigene Intimsphäre und möchten diese respektiert wissen. Müssen sich Geschwister ein Zimmer teilen, achten Sie darauf, dass jedes seinen eigenen Raum darin zum Spielen, Malen und später für die Schulaufgaben hat. Diesen persönlichen Bereich sollten die Kleinen schon ab dem Kindergartenalter selbst mitgestalten dürfen. Wenn der Platz knapp ist, hilft manchmal eine Neuaufteilung der Räume weiter. Viele Eltern tauschen beim zweiten Kind das fast immer größere Elternschlafzimmer mit dem Kinderzimmer. Vielleicht lässt sich auch im tagsüber wenig genutzten Elternschlafzimmer ein ruhiger Arbeitsplatz für das ältere Kind einrichten.

Tragen: mehr als nur Transport

Neun Monate lang war ein Ungeborenes gewohnt, überall dabei zu sein – sicher eingehüllt im Mutterleib. Deshalb fühlt sich ein Baby auch nach der Geburt besonders sicher und geborgen, wenn es an der Brust der Mutter gestillt wird, auf dem Arm getragen wird oder auf dem Bauch von Vater oder Mutter einschlafen kann.

Eine besonders beliebte Position ist die aufrechte Stellung vor der Brust, so dass der Kopf an die Schulter gelehnt ist. Aus dieser Perspektive hat das Baby über den Rücken des Tragenden einen guten Rundblick und kann viel von seiner Umgebung wahrnehmen. Für das Kind entspannend ist es auch, wenn es auf dem Unterarm von Vater oder Mutter liegt mit dem Gesicht zur Ellenbeuge. Die Hand greift zwischen die Beine und hält den Po fest.

Auch in einem Tragesack hat das Baby nahen Kontakt zu den Eltern. Dort sitzt es wie ein kleines Känguru im Beutel, warm und geschützt. Es wird bei jeder Bewegung sanft hin und her geschaukelt, kann mit wachen Augen neue Eindrücke aufnehmen oder in Ruhe ein Nickerchen machen. Doch auch für die Mutter oder den Vater bietet der Tragesack große Vorteile, denn die Hände sind immer frei, um beispielsweise Haushaltsarbeiten zu verrichten, zu telefonieren, beim Einkaufen Lebensmittel einzupacken oder noch ein weiteres Kind an der Hand zu führen.

Ein Tragetuch ermöglicht ebenfalls eine größere Flexibilität bei demjenigen, der das Baby trägt, erleichtert Haus- und Gartenarbeiten und macht den Stadtbummel bequemer. Bei vielen Naturvölkern werden die Kinder nur in solchen Tüchern transportiert. Im Unterschied zum Tragesack kann das Tragetuch etwas vielseitiger verwendet werden. Während im Tragesack nur die Möglichkeit besteht, das Baby entweder auf den Rücken oder vor die Brust zu schnallen, kann man im Tragetuch das Kind auf die Hüfte binden. Das Kind reitet sozusagen auf der Hüfte und hat durch das Tuch einen festen Halt. Diese Form des Tragens ist für die meisten Mütter sehr angenehm und entlastet auch die Wirbelsäule. Kinderärzte empfehlen diesen Hüftsitz sogar, weil er einer Fehlentwicklung der kindlichen Hüfte (Dysplasie) vorbeugt.

Wann sind körpernahe Transportmittel geeignet?

Ab welchem Alter dürfen die körpernahen Transportmittel eingesetzt werden? Das Baby-Tragetuch ermöglicht, Babys schon in einem Alter von wenigen Wochen sicher am Körper zu tragen. Die Vorstellung einiger Tragetuch-Gegner, die Wirbelsäule des Babys würde gestaucht oder es bekäme zu wenig Luft, ist nicht richtig. Im Tragebeutel sollte das Baby erst transportiert werden, wenn es etwas älter ist, krabbelt und die ersten Sitzversuche unternimmt. Achten Sie aber auf gute Qualität: Die Öffnungen für die Beine müssen so weit auseinander sein, dass die Kinder auch wirklich in der gesunden »Spreiz-Anhockstellung« getragen werden können und nicht die gesteckten Beinchen durchhängen. Größere Kinder, die bereits laufen können, sind auf Wandertouren und Ausflügen in einem stabilen Tragegestell gut untergebracht. Dieses leichte Metallgestell mit Stoffbezug wird – wie ein großer Rucksack – auf den Rücken geschnallt. Bitte beachten Sie: Die Rückentrage muß beim Anheben und Absetzen stabil sein und darf nicht seitlich bzw. nach vorne oder hinten wegkippen. Die Tragehilfen benötigen Schultergute, die das Kind daran hindern, plötzlich auszusteigen. Die Kopfstütze muß so hoch und breit sein, dass sie den Kopf des Kindes abstützt und der Sitz sollte ausreichend gepolstert und in der Höhe verstellbar sein.

Wieviel Bewegungsfreiheit im Auto?

Auch wenn es natürlich wünschenswert ist, dass ein Kind Bewegungsfreiheit hat, im Auto muss es unbedingt entsprechend gesichert sein. Und zwar auch für noch so kurze Strecken. Die Hälfte der Mitfahrunfälle ereignet sich nämlich innerhalb von Ortschaften auf kurzen, scheinbar gefahrlosen Strecken, bei ge-

Wenn Sie einen Tragebeutel kaufen, können Sie zwischen verschiedenen Ausführungen wählen. Nehmen Sie auf alle Fälle Ihr Baby mit, und probieren Sie die Handhabung im Geschäft aus. Sie sollten keine Probleme haben, das Kind alleine in den Beutel zu setzen und wieder herauszunehmen. Die Träger sollten außerdem verstellbar sein, damit beide Elternteile damit zurechtkommen.

In Deutschland gilt für Kinder unter zwölf Jahren, die kleiner als 150 Zentimeter sind, ebenso eine Sicherungspflicht wie für Erwachsene. Auf allen Sitzen in Kraftfahrzeugen sind Sicherheitsgurte vorgeschrieben. Kinder dürfen nur mitgenommen werden, wenn Rückhalteeinrichtungen für Kinder benutzt werden, die amtlich genehmigt und für das Kind geeignet sind.

ringer Geschwindigkeit. Testversuche haben gezeigt, daß ein nicht gesichertes Kind bei einer Geschwindigkeit von ca. 30 km/h rasend schnell von der Rückbank gegen das Armaturenbrett oder die Windschutzscheibe geschleudert wird. Heutzutage fahren Kinder fast täglich im Auto mit, das richtige Anschnallen des Kindes sollte daher genauso selbstverständlich sein wie das eigene.

Seit 1989 dürfen im Handel Kinderrückhalteeinrichtungen nur noch angeboten werden, die den europäischen Sicherheitsbestimmungen entsprechen.

Mit Kindern unterwegs – Kurztipps

► Das Kind – auch auf kurzen Strecken – nur gesichert im Auto mitnehmen!
► Das vorgesehene Kinderschutzsystem sollte bis zum 12. Geburtstag Ihres Kindes geprüft und mit dem ECE-Prüfzeichen versehen sein!
► Bei eingebautem Beifahrer-Airbag kein rückwärtsgesichertes Kinderschutzsystem verwenden!
► Gurten Sie Ihr Kind wie sich selbst konsequent und richtig an!
► Achten Sie beim Kauf auf die Gewichtsklasse Ihres Kindes!
► Das Kind sollten Sie beim Kauf mitnehmen. Es sollte den Sitz ausprobieren und mit auswählen dürfen!
► Beim Kauf sollten Sie prüfen, ob der Sitz einfach und sicher installiert werden kann. Bedienungsanleitung beachten! Der Sitz sollte auch in anderen Fahrzeugen verwendet werden können!

Freiräume fürs Klettern, Spielen und Toben

Kinder haben einen ganz natürlichen Bewegungsdrang, den sie besonders gut beim Spielen im Freien ausleben können. Schön, wenn die äußere Umgebung diesem kindlichen Urbedürfnis gerecht wird und alles da ist, was Kinderherzen höher schlagen lässt: z. B. Wiesen zum Rennen, Bäume zum Klettern, Wege zum Fahrradfahren, Sandkästen zum Buddeln. Vor allem Familien, die in der Stadt leben, haben oft leider nicht das Glück, ihren Kindern solch optimale Bedingungen zu schaffen. Spielplätze sind rar, die Straßen zumeist verkehrsreich, und Grünflächen finden sich oft nur in einem weiter entfernt gelegenen Stadtpark oder gleich draußen vor der Stadt. Wenn Sie also die Möglichkeit haben, Ihren Wohnort frei auszuwählen, sollten Sie wohl überlegen, ob Sie mit einem Kind auf dem Land oder auch in einem kleineren Vorort nicht besser aufgehoben sind. Wichtig ist auf alle Fälle, dass Ihr Kind möglichst jeden Tag raus an die frische Luft kommt und dass es für ein oder zwei Stunden nach Herzenslust herumtollen kann. Vielleicht können Sie sich mit anderen Müttern oder Vätern zusammenschließen und gemeinsam in den Park oder auf den Spielplatz gehen? Zusammen mit Kameraden und Freunden macht Spielen gleich doppelt so viel Freude; die Kinder können um die Wette rennen, Fangen oder Fußball spielen oder zusammen im Sandkasten eine große Burg bauen. Das gemeinsame Spiel macht sie nicht nur ausgeglichener und zufriedener, sondern stärkt zusätzlich ihre sozialen Fertigkeiten, also die Bereitschaft, mit anderen etwas zu unternehmen, Teamgeist zu entwickeln, Fairness zu zeigen, aber auch die Grenzen anderer zu tolerieren.

Meilensteine der Entwicklung

Der Weg vom Neugeborenen zum Kleinkind ist tatsächlich wunderbar. Denn es lernt in den ersten beiden Jahren ungefähr so viel wie von seinem dritten Jahr bis zum Universitätsabschluss. Aus einem Neugeborenen, das überwiegend mit Reflexen reagiert, wird ein kleiner Mensch, der mit seinem Körper umgehen kann, seine Umwelt erforscht und sich mitteilen kann.

Die Welt »begreifen« lernen

Im Laufe des ersten Jahres lernt ein Kind in jedem Bereich ständig etwas dazu. Das betrifft sowohl die Motorik als auch die Wahrnehmung und die Artikulationsfähigkeit. Darunter fallen sowohl seine Sprechversuche als auch seine Fähigkeit, in zunehmendem Maße auf Reize von außen körperlich und emotional differenziert zu reagieren und damit mitzuteilen, ob es sie akzeptiert oder nicht. Die Altersangaben sind nur ungefähre Anhaltspunkte. Wenn Ihr Kind einige Fertigkeiten etwas später beherrscht, besteht überhaupt kein Grund zur Sorge. Und lassen Sie sich vor allem nicht in ein eventuell auftretendes absurdes Konkurrenzdenken mit anderen Müttern ein.

1. Monat: Sich wohl fühlen

Bewegungen: Das Neugeborene kann sein Köpfchen aus der Mittellage zu beiden Seiten drehen. Es strampelt kräftig, macht schon kleine Kriechbewegungen. Gegen Ende des ersten Monats vermag es sein Köpfchen schon ein paar Sekunden lang zu halten. Wenn man das Baby unter der Achsel festhält und auf eine Unterlage stellt, macht es deutliche Schreitbewegungen. Die Hände hat es anfangs meist zum Fäustchen geschlossen, das es immer häufiger öffnet.
Wahrnehmung: Das Neugeborene reagiert auf Licht und Geräusche; es runzelt die Stirn, blinzelt, strampelt und schreit aber auch, wenn die Sinnesreize zu stark sind. Gegen Ende des ersten Monats kann es schon eine (rote) Rassel fixieren, die man ihm in einem Abstand von ca. 20 Zentimeter vors Gesicht hält.
Sprechen: Die Sprechübungen des Babys beginnen mit Schreien. Zunächst ist das noch relativ ungerichtet; schon nach kurzer Zeit lässt sich aber ein Unterschied bemerken: Bei Hunger und Missempfinden ist das Schreien meist sehr laut und heftig, bei Müdigkeit etwas leiser und klagender.
Verhalten: Das Baby zeigt unmissverständlich seine Gefühle: Wenn es sich beim Stillen in Mutters Arm wohl fühlt, schmiegt es sich zärtlich an und genießt die Harmonie und Geborgenheit. Ist ihm dagegen kalt oder hat es z. B. Bauchweh, merkt das jede Mutter sofort: Das Baby schreit und strampelt und beruhigt sich erst wieder, wenn der missliche Zustand beseitigt ist.

Wenn Sie Ihr Kind hochnehmen, tun Sie das nicht zu abrupt. Es könnte sonst erschrecken. Stützen Sie mit Ihrem Unterarm den Rücken und das Köpfchen des Babys, und halten Sie es mit der anderen Hand fest. So wird die Wirbelsäule optimal gestützt. Bis zum vierten Monat muss das Köpfchen beim Tragen gehalten werden.

2. Monat: Erste Kontakte

Bewegungen: Das Baby kann nun schon den Kopf aus der Bauchlage mindestens um 45 Grad heben und mindestens zehn Sekunden lang halten. Der Laufreflex der ersten Wochen klingt nun langsam ab; wenn man das Baby auf eine Unterlage stellt, hat es die Beinchen gebeugt. Die Hände sind nun leicht geöffnet und bleiben immer länger in dieser Position.

Wahrnehmung: Das Baby reagiert immer differenzierter auf Geräusche und Töne. Lässt man in der Nähe des Babys eine Glocke ertönen, hält es einen Augenblick inne und lauscht dem Klang.

Sprechen: Das Baby äußert erste Vokallaute, die wie »a« und »ä« klingen. Besonders häufig »spricht« es so nach dem Aufwachen oder vor dem Einschlafen.

Verhalten: Ein großartiger Moment im zweiten Monat ist das erste zarte Lächeln des Babys! Es schaut sich das Gesicht von Mama und Papa aufmerksam an und genießt es offensichtlich, wenn sie ihm Liebe und Zuwendung schenken.

3. Monat: Gezielte Aktivitäten

Frische Luft ist ein wichtiger Beitrag zur gesunden Entwicklung Ihres Babys. In der Regel können Sie es etwa drei bis vier Wochen nach der Geburt erst mal an das offene Fenster und später auf den Balkon oder in den Garten stellen. Zu Beginn genügt eine halbe Stunde, später zwei bis drei Stunden. Käppchen und Hautschutz nicht vergessen!

Bewegungen: Aus der Bauchlage kann das Baby den Kopf mindestens eine Minute lang hochhalten. Auch wenn man das Baby zum Sitzen hochzieht, fällt der Kopf nicht mehr nach hinten, sondern kann von dem Kleinen schon kurz gehalten werden. Mit Unterstützung kann das Baby ca. eine Minute lang aufrecht sitzen, der Rücken ist dabei allerdings noch ganz rund. Gibt man dem Säugling eine Rassel in die Hand, kann es diese nun fest umschließen und versucht sie zu bewegen oder zum Mund zu führen.

Wahrnehmung: Einem großen bunten Gegenstand kann das Baby nun schon mit den Augen folgen. Auch den Kopf dreht es ein klein wenig mit.

Sprechen: Das Kind äußert Kehllaute wie »e-che« und »rrr«-Laute, die wie Gurgeln oder Gurren klingen.

Verhalten: Jetzt zeigt das Baby das »soziale Lächeln«, das sich als deutlicher Ausdruck von Freude und Zufriedenheit über das ganze Gesichtchen ausbreitet.

4. Monat: Die Welt macht Spaß

Bewegungen: Das Baby »schwimmt« nun, indem es aus der Bauchlage heraus Ärmchen und Beinchen von der Unterlage hebt und mit ihnen rudert. Zieht man es zum Sitzen hoch, hält es den Kopf nun sehr gut fest und kann auch den Rücken strecken. Das Kind beginnt mit den Händen zu spielen, es betastet seine Fingerchen und führt sie zum Mund. Auch Spielzeug wird auf diese Weise »untersucht«.

Wahrnehmung: Das Baby betrachtet das Spielzeug in seiner Hand sehr aufmerksam und beschäftigt sich nun schon ausgiebig mit Dingen, die über seinem Bettchen hängen.

Sprechen: Das Baby juchzt nun voller Vergnügen und bildet Laute wie »m«, »b« oder »w«, indem es Luft durch die geschlossenen Lippen hindurchpresst.

Verhalten: Das Kleine lacht laut und fröhlich, wenn es geneckt wird, und genießt es, wenn man sich mit ihm beschäftigt.

5. Monat: Üben, üben, üben

Bewegungen: Das Kind rollt sich vom Bauch auf den Rücken, es kann sich dabei schon geschickt mit einem Arm abstützen. Beim Hochziehen zum Sitzen hilft es kräftig mit und hält den Kopf ganz fest. Wenn man das Baby aufstellt, kann es kurzfristig sein eigenes Körpergewicht halten und sich auf den Beinchen selbst abstützen. Es führt die Hände zum Spielzeug, das sich über ihm befindet, und versucht es zu fassen.

Wahrnehmung: Das Baby kann Gegenstände nun lang anhaltend und aufmerksam fixieren. Es reagiert auf feine Geräusche und Töne wie z.B. das Ticken einer Uhr.

Sprechen: Das Baby übt weiterhin die bereits erlernten Laute und äußert sie in immer neuen Variationen.

Verhalten: Das Kind kann nun schon an Mimik und Tonfall der Eltern unterschiedliche Stimmungen erfassen und registrieren, ob die Mutter beispielsweise gestresst mit ihm spricht oder freundlich und liebevoll.

6. Monat: Thema mit Variationen

Bewegungen: Das Baby stützt sich fest auf die gestreckten Ärmchen und hat die Hände dabei geöffnet. Den Kopf hält es aufrecht und dreht ihn zur Seite. Es kann sich noch nicht ganz alleine zum Sitzen aufrichten, aber immerhin schon kurzzeitig aufrecht halten. Es greift ganz gezielt nach Spielzeug und nimmt es fest in die Hand. Es wechselt das Spielzeug zwischen den Händen.

Wahrnehmung: Das Baby wendet den Kopf deutlich in Richtung einer Geräuschquelle, z.B. dem Rascheln von Papier oder Klingeln eines Glöckchens.

Sprechen: Der Säugling reiht Silben wie »ge« oder »da« kettenartig aneinander. Es kann seine Sprache nun schon in Tonlage und Rhythmik modulieren.

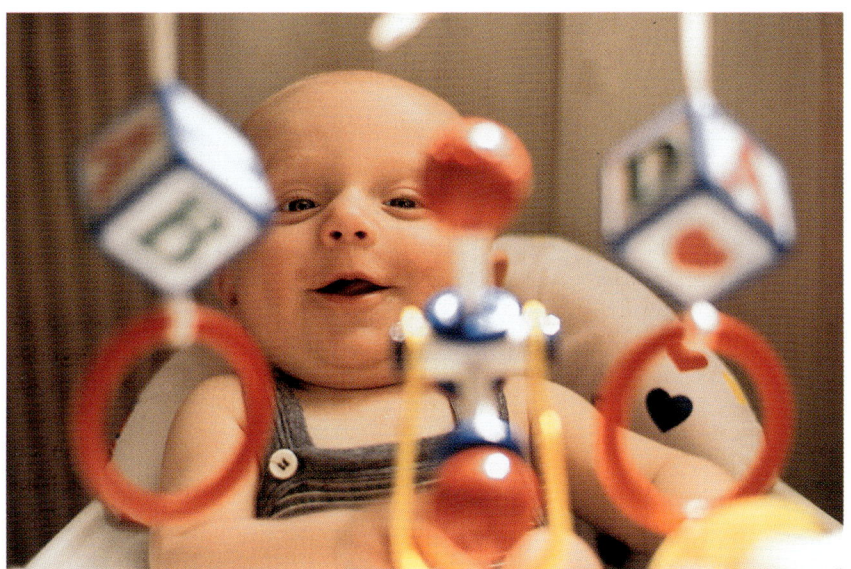

Wenn Sie Ihr Kind jetzt wickeln, lassen Sie es nicht alleine. Babys können sich schon so schnell umdrehen, dass sie vielleicht vom Wickeltisch fallen.

Das Baby nimmt jetzt seine Umwelt schon recht aktiv wahr. Es kann Farben und Formen unterscheiden und gezielt mit den Händen zugreifen.

Die Zeit des »Fremdelns« beginnt

Gegen Ende des ersten Lebensjahres kommt zur Trennungsangst von der Mutter auch die Angst vor Fremden. Das Kind ist schockiert darüber, was Fremde mit ihm anstellen – es anfassen oder auf den Arm nehmen. Im Grunde eine durchaus nachvollziehbare Reaktion. Jeder Mensch möchte schließlich den anderen erst ein wenig kennen lernen, bevor er Liebesbeweise physischer Art akzeptieren kann.

Verhalten: Das Kind unterscheidet nun immer genauer zwischen einzelnen Personen, reagiert auf vertraute Menschen seiner Umgebung oft besonders freundlich, auf fremde dagegen zurückhaltender. Es geht immer differenzierter mit seinen »Sympathiebekundungen« um.

7. Monat: Die Hände kommen ins Spiel

Das Baby kennt seinen Namen und reagiert, wenn es ihn hört. Es liebt es, sich im Spiegel zu betrachten, und beginnt, mit Hingabe alles zu imitieren, was Sie ihm vormachen.

Bewegungen: Das Kind dreht sich aktiv vom Rücken auf den Bauch, indem es geschickt Hüften und Schultern bewegt, und erwirbt somit eine wichtige Voraussetzung für das Sitzen und Krabbeln. Es spielt mit seinen Füßchen und schafft es sogar, sie zum Mund zu führen. Wird es auf eine Unterlage gestellt und unter der Achsel gehalten, macht es hüpfende und federnde Bewegungen und trainiert so fürs Laufen. Es greift nun mit beiden Händen gleichzeitig und hält Gegenstände, indem es den Daumen den anderen Fingern gegenüberstellt (opponiert).

Wahrnehmung: Das Kleine entwickelt nun zunehmende Neugierde und beobachtet sehr angeregt, was sich alles in seiner Umgebung tut.

Jetzt erweckt das eigene Spiegelbild das lebhafte Interesse des Babys. Es kann sich gar nicht davon trennen.

Sprechen: Das Baby »erzählt« sich selbst und seiner Familie richtige kleine Geschichten, indem es brabbelt, gurrt, die verschiedensten Laute aneinander reiht und dabei Lautstärke und Tonfall wechselt.

Verhalten: Fröhliche Spiele, z. B. Versteckspiel hinter einem Kissen oder Tuch, sind für das Baby nun das Höchste. Es macht mit Freude mit und entwickelt auch schon selbst Initiative für ein kleines Spiel.

8. Monat: Vom Liegen zum Sitzen

Bewegungen: Das Kind dreht sich um die eigene Achse, zieht sich selbst zum Sitzen hoch und kann schon mehrere Sekunden alleine sitzen. Es dreht und wendet Spielzeug in seinen Händchen und lässt es von der Handfläche zu den Fingerspitzen gleiten.

Wahrnehmung: Aufmerksamkeit und Konzentration nehmen stetig zu, das Baby betrachtet die Gegenstände um sich herum sehr genau.

Sprechen: Das Baby ist sehr aufmerksam, wenn es etwas erzählt bekommt, und »plaudert« selbst sehr viel. Es kann Stimmlage und Lautstärke immer weiter verfeinern und beherrscht jetzt sogar schon das Flüstern.

Verhalten: Im achten Monat fangen viele Babys an zu fremdeln. Sie reagieren ängstlich und zurückhaltend auf andere Menschen und wehren Kontakte mit ihnen manchmal durch heftiges Schreien und Weinen ab. Diese Phase geht aber meist nach einigen Monaten vorüber.

Geregelte Tagesabläufe weiß das Kind zu schätzen. Es liebt ritualisierte Abläufe z. B. beim Essen, Waschen und Zubettgehen. Das gibt ihm Sicherheit. Außerdem zeigt es, dass es einen eigenen Willen hat, und sträubt sich, wenn ihm etwas nicht passt.

9. Monat: Der Aktionskreis wird größer

Bewegungen: Das Kind wird langsam mobil; es beginnt zu robben und sich so Zugang zu anderen Bereichen zu verschaffen. Es sitzt nun mindestens eine Minute lang frei und steht für ca. eine halbe Minute, wenn es an den Händen festgehalten wird. Gegenstände, die es in der Hand hält, lässt es absichtlich fallen.

Wahrnehmung: Das Kind konzentriert sich jetzt ganz gebannt auf leise Töne und Geräusche. Das Ticken einer Uhr oder das leise Summen eines Elektrogerätes kann nun seine Aufmerksamkeit für längere Zeit fesseln.

Sprechen: Erstmals bildet das Kind deutliche Doppelsilben: »ba-ba«, »dei-dei«, »ma-ma« – und damit auch schon ein erstes richtiges Wort.

Verhalten: Das Baby entdeckt seine Liebe fürs Versteckspielen und für sein eigenes Spiegelbild, das es konzentriert und ausdauernd betrachtet.

10. Monat: Die Fertigkeiten nehmen zu

Bewegungen: Nun ist die Zeit fürs Krabbeln gekommen, auch wenn die Bewegungen noch ein klein wenig unkoordiniert sind. Das Kleine kann sich von der Rückenlage alleine aufsetzen und stehen, wenn es sich festhält. Kleine Gegenstände wie Murmeln und ein Stück Papier fasst es mit dem »Pinzettengriff«, d. h. mit den Fingerspitzen von Daumen und Zeigefinger.

Wahrnehmung: Das Kind untersucht die räumlichen Beziehungen, indem es beispielsweise Spielzeug absichtlich wegwirft und schaut, wo es landet, bzw. hört, welchen Krach das macht. Außerdem interessiert es sich für Details, z. B. die Augen der Puppe oder auch die Löcher der Steckdose(!).

Sprechen: Das Kind ahmt einzelne Silben nach und entwickelt nun auch zunehmend ein Sprachverständnis: Es kommt beispielsweise Aufforderungen nach, eine bestimmte Person oder einen Gegenstand im Raum zu suchen.

Verhalten: Lob und Bestätigung sind für das Kleine jetzt besonders wichtig: Es freut sich, seinen Eltern zu zeigen, was es schon alles kann.

11. Monat: Ein neuer »Standpunkt«

Bewegungen: Das Krabbeln wird jetzt immer sicherer, die Bewegungen sind schon gut aufeinander abgestimmt. Auch beim Sitzen kann das Kind gut das Gleichgewicht halten, es benötigt keine Unterstützung mehr. Indem es sich an den Möbeln selbstständig hochzieht, kommt das Baby in den Stand. Für das Ergreifen von Gegenständen wendet es den »Zangengriff« an, d. h., es beugt Zeigefinger und Daumen und formt sie so zu einer Zange.

Wahrnehmung: Das Kind schult seine Merkfähigkeit. Es kann sich kurzzeitig an Dinge erinnern, die man beispielsweise vor seinen Augen versteckt hat. Es kann sich weiter entfernte Dinge heranholen, indem es »Instrumente« einsetzt. Beispielsweise fasst es an der Schnur, um die Ente heranzuziehen, oder holt den Ball mit einem Stöckchen unter dem Tisch hervor.

Sprechen: Das Kind ordnet bestimmte Silben sinnvoll zu, bezeichnet ein Auto beispielsweise als »brrr-brr« oder sagt »am-am«, wenn es etwas zu essen haben möchte.

Verhalten: Das Kind folgt den Fragen oder Anweisungen seiner Eltern und führt selbstständig kleine »Aufträge« aus. Es isst selbstständig aus der Hand, lernt, aus der Tasse zu trinken und mit dem Kinderbesteck umzugehen. Es hat seinen eigenen Willen und zeigt ihn auch fortwährend, indem es sich weigert, etwas zu tun, andere mit Späßen auffordert zu lachen, oder weint, damit es etwas erreicht.

Ein Kind weiß noch nicht, dass Vater oder Mutter wieder zurückkommen, denn es hat keinen Zeitbegriff. In dem Maße, in dem die Eltern für das Kind der Mittelpunkt der Welt sind und ihm Wohlbehagen vermitteln, in dem Maße schmerzt der – auch kurzzeitige – Verlust.

12. Monat: Die ersten Schritte

Bewegungen: Das Baby ist beim Krabbeln nun richtig flink und behände. Es sitzt und steht sicher. Jetzt beginnt einer großer neuer Abschnitt in der Entwicklung, denn das Kind lernt laufen! Zunächst braucht es dabei noch Hilfe, wenn man es allein lässt, verliert es das Gleichgewicht und fällt auf den Hosenboden. Doch nach und nach gewinnt es zunehmend Sicherheit; bald wird es die ersten Schritte alleine gehen können.

Wahrnehmung: Das Kind entwickelt jetzt einen Sinn fürs Experimentieren und lässt beispielsweise gerne kleine Gegenstände durch enge Öffnungen fallen.

Sprechen: Der Wortschatz an zunächst typischen Kinderwörtern wie z. B. »wau-wau« erweitert sich fast täglich. Außerdem zeigt das Kind ein immer differenzierteres Sprachverständnis. Man kann sich schon richtig mit ihm unterhalten.

Verhalten: Das Kind lernt, Dinge zu geben und zu nehmen, und reicht beispielsweise Papa oder Mama einen Gegenstand, wenn es dazu ermuntert wird. Es spielt gerne Bewegungsspiele wie »Fang-mich« und freut sich, wenn es dabei erfolgreich ist.

Und wie geht es Ihnen?

Egal, ob Sie eine Schwangerschaft gezielt angestrebt haben, ob Ihr Kind heiß ersehnt und erwünscht oder eher außerplanmäßig gekommen ist, Ihr Leben hat sich von Grund auf verändert. Neben den alltäglichen Problemen wie keine Nacht durchschlafen, keine beruflichen Kontakte mehr, einkaufen müssen mit Kinderwagen usw. tauchen auch Ängste und Zweifel auf. Bin ich den Anforderungen gewachsen? Habe ich die Unterstützung meines Partners? Werde ich eine gute Mutter sein? Wenn Sie im Strudel Ihrer Gefühle unterzugehen drohen, nehmen Sie sich, wenn irgend möglich, eine kurze Auszeit, um sich die Probleme bewusst zu machen. Wenn Sie dann darüber sprechen, am besten mit dem Partner, ist die Wahrscheinlichkeit, zu einer Lösung zu kommen, groß. Vermeiden Sie es vor allem, sich selbst Vorwürfe zu machen, und sprechen Sie über vielleicht auftretende Versagensängste mit einem vertrauten Menschen.

Und was geschieht im zweiten Jahr?

Ihr Kind hat in den vergangenen Monaten fleißig geübt und eine Reihe wichtiger Fähigkeiten erworben. Es kann krabbeln, sitzen, stehen, fast schon laufen, es bewegt sich selbstständig und kann »handliche« Lebensmittel, wie z. B. Kekse, schon selbst essen. Im Verhältnis zu den 25 Zentimetern, die Ihr Kind im ersten Jahr gewachsen ist, werden es im zweiten und dritten Jahr »nur« noch zehn Zentimeter sein. Es wird langsam von der Babynahrung auf Erwachsenenkost umsteigen mit allen Vorlieben und Abneigungen gegen bestimmte Speisen. Je nach Körperbau wird die Nahrungsmenge unterschiedlich sein. Zierliche, kleine Kinder brauchen weniger als robuste, große.

Mit achtzehn Monaten kann Ihr Kind gut laufen und beginnt, aufrecht Treppen hinaufzusteigen. Klettern auf Stühle und Sofas ist der Hit, und kleine Stürze gehen glimpflich ab. Gegen Ende des zweiten Jahres kennen sich Kinder auch schon in der Wohnung aus. Sie wissen, wo das Bad oder die Küche ist. Einfache Zusammenhänge können erkannt werden. So begreifen sie, dass ein Spaziergang angesagt ist, wenn die Mutter mit der Jacke kommt, oder dass man die Türe aufmacht, wenn es an ihr klingelt.

Langsam beginnt das Trotzalter. Das Kind erkennt, dass es eine von der Mutter getrennte Persönlichkeit ist, die einen eigenen Willen und eigene Wünsche hat, die es auch durchsetzen möchte. Häufig klappt das noch nicht, zum Teil auch, weil die Fertigkeiten dazu fehlen. Das löst wütende Ausbrüche aus. Reagieren Sie gelassen auf diese ersten Trotzversuche, setzen Sie aber von Anfang an Grenzen, und machen Sie unmissverständlich klar, dass Sie eine Überschreitung nicht dulden werden.

Verabschieden Sie sich am besten ganz schnell von dem Mythos der perfekten Eltern. Dies hat nur ein immer während schlechtes Gewissen zur Folge. Und jede Unstimmigkeit wird zur Katastrophe. Viel besser ist es, sich klarzumachen, dass die Basis für eine gute Eltern-Kind-Beziehung nichts als die Liebe ist.

Vom Baby zum Kleinkind

Wer mehrere Kinder hat, weiß es: Nicht eines gleicht dem anderen, jedes ist eine Persönlichkeit für sich. Äußert sich dies im Säuglingsalter noch vergleichsweise harmlos, ändern sich im Laufe der ersten Jahre die Dimensionen gravierend. Trotzreaktionen, die das Familienleben komplett lahm legen können, gehören dazu, genauso wie die oft nervenaufreibende Weigerung, ins Bett zu gehen. Dieses Bedürfnis, sich am Treiben in der Welt zu beteiligen, ist jedoch auch die wichtigste Triebfeder, um jene Fertigkeiten zu erlernen, die eine immer größere Unabhängigkeit ermöglichen: Sprechen, Motorik und die Auseinandersetzung mit anderen. Auch das Sauberwerden gehört dazu. Rückfälle und Misserfolge begleiten diese Schritte zwangsläufig und können nur durch Ermutigung und Unterstützung bewältigt werden.

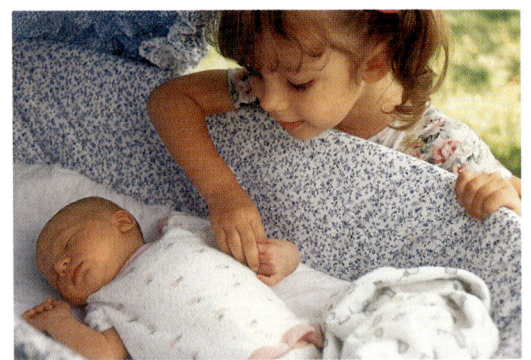

Eine liebenswerte Persönlichkeit

Wann ein Kind beginnt, sich seiner selbst bewusst zu werden, ist noch nicht ganz geklärt. Die Phase des »Fremdelns« sind jedenfalls frühe Spuren davon, denn das Kind unterscheidet zwischen »ihm bekannt und vertraut« und »ihm unbekannt«. Der Bezugspunkt zur Einschätzung der Lage ist das Kind selbst.

In den letzten Jahrzehnten hat es sich vollkommen verändert, wie neugeborene Kinder eingeschätzt werden. So dachte man früher, dieses winzige Menschlein sei bar jeder Fähigkeit zu sehen, zu riechen, zu schmecken oder etwas wahrzunehmen. Man sah sie als reflexgesteuerte Wesen, die nur an der Befriedigung ihrer Bedürfnisse interessiert sind, indem sie ihren Hunger stillen und Spannungen abbauen wollen. Heute weiß man aufgrund von Beobachtungen, dass ein Baby nicht nur mit einem hoch entwickelten Reaktionssystem auf die Welt kommt, sondern sich sofort in seiner individuellen Gestalt in jeder Hinsicht präsentiert. Ja, was die Wahrnehmung angeht, vermuten Wissenschaftler, dass Babys Sinnesreize direkter und globaler aufnehmen als Erwachsene und sie entsprechend ihres Temperamentes auch verarbeiten. So gibt es Säuglinge, die sofort vehement und lautstark auf ihre Umgebung reagieren, und solche, die sich die Dinge um sich herum erst einmal in Ruhe ansehen und dann ihre Bedürfnisse äußern.

Schon Neugeborene sind, kaum haben sie das Licht der Welt erblickt, kleine Persönlichkeiten. Kein Baby gleicht dem anderen, und die Säuglingsschwestern auf den Wochenstationen können oft schon bei den wenige Stunden alten Winzlingen genau unterscheiden, ob sie beispielsweise eher ein »zartes Pflänzchen« vor sich haben, das ängstlich und schüchtern reagiert, einen kleinen »Draufgänger«, der mit viel Temperament und Energie die Welt erobern möchte, oder eines der »pflegeleichten« Kinder, das mit Gleichmut und Gelassenheit die Dinge um sich herum geschehen lässt. In den Wochen und Monaten nach der Geburt bildet sich das individuelle, unverwechselbare Wesen eines Kindes immer weiter heraus und zeigt seine Einzigartigkeit bis in jedes Detail: in der Art, wie es lacht oder sich bewegt, welche Einschlafgewohnheiten es hat, wie es isst oder spielt, welche Vorlieben und Neigungen es entwickelt oder wie es auf andere Menschen reagiert.

Sind das wirklich Geschwister?

Eltern, die schon mehrere Kinder haben, berichten immer wieder erstaunt, wie unterschiedlich die Geschwister sich entwickelt haben und wie wenig sie sich vom Wesen her gleichen: »Unser Kleiner ist so ungeheuer lebhaft und wild; seine große Schwester war dagegen ein ganz stilles Wässerchen, das nie Probleme gemacht hat.« Oder: »Unser Großer ging immer so gerne in den Kindergarten, je mehr um ihn herum los war, desto besser. Sein Brüderchen ist ganz anders; er will immer bei Mama sein und am liebsten nur allein mit seinen Bauklötzen spielen.« So ähnlich klingen die Aussagen von Eltern, wenn sie versuchen, bei ihren Kindern »den gemeinsamen Nenner« zu finden – oft gibt es diesen aber gar nicht.

Das Kind so nehmen, wie es ist

Psychologen sind sich einig, dass man Kinder so nehmen sollte, wie sie sind, und nicht versuchen sollte, sie zu verändern und zu verbiegen. Das ist das Beste, was Eltern für ihre Sprösslinge tun können. Denn so haben die Kleinen optimale Voraussetzungen, in ihrer Persönlichkeit zu reifen und ganz individuelle Stärken, Begabungen und Talente zu entwickeln. Manchmal fällt das Eltern vielleicht nicht ganz so leicht, denn sie haben ein bestimmtes Bild im Kopf, eine Vorstellung, wie ihr Kind zu sein hat.

Bewertungen verunsichern

Versuchen Sie sich von Vorstellungen, wie Ihr Kind zu sein hat, zu lösen, und betrachten Sie es einfach einmal ganz »wertfrei«. Auf diese Weise werden Sie bestimmte zahlreiche Charakterzüge und Wesensmerkmale entdecken, die besonders sympathisch sind, und die Persönlichkeitsentwicklung Ihres Kindes stärken. Sicher trägt das auch dazu bei, dass sich so mancher Konflikt zwischen Ihnen und Ihrem Kind quasi von selbst erledigt. Ein junger Vater beispielsweise hatte immer die Vorstellung, dass sein kleiner Sohn genauso sportiv, unerschrocken und abenteuerlustig sein sollte wie er selbst. Der Kleine war aber eher ängstlich und zurückhaltend; und je mehr der Papa seine »Weinerlichkeit« kritisierte, desto schlimmer wurde es. Erst als der Vater seinen Sohn ganz in Ruhe ließ, wurde dessen Ängstlichkeit weniger. Schließlich entwickelte der Kleine sogar selbst die Initiative, mit dem Papa eine Radtour oder Wanderung unternehmen zu wollen.

Auch das Bedürfnis, sich rückzuversichern, sollte von den Eltern ernst genommen und positiv beantwortet werden. Ein Kind braucht beispielsweise Körper- oder Blickkontakt, um bestätigt zu bekommen, dass es ein Erlebnis richtig wahrnimmt und deutet. Erfährt es dabei Ablehnung oder einen vernichtenden Blick, beginnt es zu zögern und wird passiv. Kommt eine Aufmunterung, setzt es die »Forschungsreise« fort.

Zeigen Sie Ihrem Baby, dass Sie seine Aktionen toll finden. Lachen Sie anerkennend, zeigen Sie sich über seine Witzchen amüsiert und an seinen Geschichten interessiert, fördern Sie sein Selbstbewusstsein.

Respektieren Sie Ihr Kind als eigene Persönlichkeit

Kinder sind zwar keine »kleinen Erwachsenen«, trotzdem sollte man ihre Wünsche genauso ernst nehmen wie die der Großen. Die Bedürfnisse der Erwachsenen sind im Rahmen ihrer Welt von Bedeutung. Dasselbe gilt aber auch für die Welt der Kinder.

Versuchen Sie sich in Ihr Kind hineinzuversetzen, achten Sie auf seine Gefühle, und gehen Sie sorgsam mit ihnen um. Auch Kinderseelen können sehr verletzt werden, wenn man einfach so über sie hinweggeht und gar nicht wahrnimmt, was in ihnen vorgeht. Schenken Sie Ihrem Kind Vertrauen und viel liebevolle Zuwendung. Damit können Sie es glücklich machen, und das ist für Sie selbst doch das schönste Geschenk.

Mein Kind lernt sprechen

Im ersten Lebensjahr hat sich Ihr Baby schon auf das Sprechen vorbereitet und dazu einige wichtige Übungen gemacht. So ist z. B. das typische Brabbeln und Lallen eines Babys, aber auch sein Schreien, ein gutes Training für das spätere Sprechen. Nach dem ersten Lebensjahr geht es mit dem Erlernen der Muttersprache zügig voran. Das Kind bildet zunächst Einwortsätze, mit etwa 18 Monaten beherrscht es oft schon Zweiwortsätze. Nach und nach wächst sein Wortschatz, das Sprachverständnis bildet sich immer weiter heraus, die Grammatikregeln werden zunehmend beachtet. Viele Kinder haben ein großes Vergnügen, mit der Sprache zu »experimentieren«, indem sie beispielsweise Wörter oder nur einzelne Silben immer wiederholen, in verschiedenen Tonlagen und Lautstärken aussprechen oder vielleicht auch zu einem scheinbar sinnlosen »Wortsalat« zusammenmixen. Diese Wort- und Silbenspiele sind sehr vorteilhaft, da sie die Sprachentwicklung des Kindes in hohem Maße fördern. Sie sollten deshalb Ihr Kind ruhig zu diesem kreativen Umgang mit Sprache ermutigen – auch wenn es Ihnen vielleicht manchmal etwas skurril vorkommt. Auf der anderen Seite müssen Sie jedoch auch nicht beunruhigt sein, wenn Ihr Kind zunächst noch etwas »wortkarg« und mit dem Sprechen vielleicht noch nicht so weit ist wie ein anderes gleichaltriges Kind. Wie in allen Bereichen der Entwicklung gibt es auch hier individuelle Unterschiede, und fast alle Kinder holen eine kleine Entwicklungsverzögerung meist schnell wieder auf.

So fördern Sie die Sprachentwicklung

Lassen Sie Ihr Kind in Sprache baden, kleiden Sie jede Aktion in Wörter, dann ist der Anreiz, selbst sprechen zu lernen, groß. Schon gegen Ende des ersten Jahres verstehen Kinder Wörter, und mit eineinhalb haben fast alle schon mal »Mama« und »Papa« gesagt.

Wann ein Kind das erste Wort spricht, entscheidet es selbst, da hilft kein Druck und kein Zwang. Mit einer deutlichen Aussprache erleichtern Sie ihm jedoch die Nachahmung. Im zweiten und dritten Lebensjahr erweitert sich der Sprachschatz eines Kindes bis auf über 1000 Wörter. Mit der Bildung von Sätzen können sie schon mit einem Repertoire von wenigen Wörtern beginnen. Anfangs werden Hauptwörter aneinander gereiht. Erst gegen Ende des zweiten Lebensjahres kommen grammatikalisch richtig aufgebaute Sätze aus drei Wörtern hinzu. Für die Sprachentwicklung von Kindern ist eine intensive Kommunikation in der Familie das A und O. Leider besteht aber in unserer von Leistungsdruck, Hektik und Reizüberflutung beherrschten Gesellschaft eine zunehmende »Sprachlosigkeit«, und das wirkt sich auch äußerst negativ auf die Kinder aus. Statt mit ihnen zu reden, auf ihre Bedürfnisse einzugehen, ihre Kreativität und Phantasie, beispielsweise durch das Erzählen von Geschichten, zu fördern, werden die Kleinen vor dem Fernseher oder Videospiel »geparkt«. Eine Kommunikation zwischen den Familienmitgliedern findet nicht mehr statt. Ärzte, Psychologen und Erzieher stellen deshalb auch eine drastische Zunahme von Sprachauffälligkeiten bei Kindergarten- und Schulkindern fest.

Damit Ihr Kind leichter sprechen lernt

Für die Sprachentwicklung Ihres Sohnes oder Ihrer Tochter können Eltern viel tun.

► Nehmen Sie sich Zeit für Ihr Kind!

► Schenken Sie seinen Bedürfnissen und Wünschen Aufmerksamkeit.

► Sprechen Sie langsam und deutlich mit ihm.

► Schauen Sie Ihr Kind beim Sprechen möglichst immer an (vieles lernt es nämlich, indem es Ihnen buchstäblich die Worte von den Lippen abliest).

► Bilden Sie kurze, klare Sätze (am besten mit nur drei oder vier Wörtern).

► Verwenden Sie einfache Wörter, die Ihr Kind schon kennt. Bauen Sie erst nach und nach neue Wörter ein, die es dann in seinen Sprachschatz aufnehmen kann.

► Wiederholen Sie das, was Ihr Kind sagt. Korrigieren Sie dabei Fehler, und formulieren Sie den Satz zusammen mit Ihrem Kind neu.

► Ergänzen Sie unvollständige Sätze.

► Loben Sie Ihr Kind, wenn es etwas richtig gesagt hat, und lassen Sie es Ihre Freude darüber spüren, dass es sich so gut weiterentwickelt.

► Sorgen Sie für regelmäßige »Mußestunden«, in denen Sie Ihrem Kind in ruhiger, entspannter Atmosphäre vorlesen, eine Geschichte erzählen oder gar mit ihm zusammen eine entwickeln.

Kinder brauchen Märchen

Psychologen und Pädagogen sind sich einig, dass kaum ein anderes Erziehungselement die seelische und geistige Entwicklung von Kindern so fördert wie die Erzählstunde bei Eltern, Großeltern, Tante oder Onkel. Und das in vielerlei Hinsicht:

Es entsteht ein intensiver Kontakt: Das Kind erfährt durch das Erzählen oder Vorlesen Wärme, Zuwendung, Aufmerksamkeit.

Die Phantasie wird angeregt: Im Kopf formt es die Zwerge, Elfen, Seefahrer, Teufel, Hexen und Prinzessinnen zu Bildern und nimmt sie mit auf eine Gedankenreise. Oft wird der kleine Zuhörer so gepackt, dass er selbst gedanklich in die Rollen seiner Helden und Heldinnen schlüpft und deren Abenteuer erlebt, als sei er direkt dabei.

Die Konzentration wird geschult: Das Kind lernt, zuzuhören und sich auf die Worte eines anderen Menschen einzulassen. In unserer Zeit der Reizüberflutung, Hektik und Neigung zu oberflächlicher Ablenkung ist es wichtiger denn je, diese Fähigkeit zu schulen.

Sprechen und Sprachverständnis werden gefördert: Geschichten vermitteln, vor allem wenn sie lebhaft und anschaulich erzählt werden, einen differenzierten Umgang mit Sprache.

Märchen stärken die Seele und machen Mut: Die Geschichten zeigen dem Kind Richtlinien, Normen und Werte auf. Rotkäppchen verlässt trotz der Warnung der Mutter den rechten Weg und wird vom Wolf gefressen. Hätte es der Mutter gehorcht, wäre dies nicht passiert. Auch Schneewittchen lässt sich in ihrer naiven Vertrauensseligkeit dreimal von den vergifteten Geschenken der bösen

Fachleuten zufolge können Kinder anhand von Märchen ihre Erlebnisse besonders gut verarbeiten, weil die Welt der Märchen der kindlichen Psyche vertraut ist. Kinder kennen die Fabelwesen aus ihrer Phantasie und aus Tagträumen.

Schwiegermutter verführen, obwohl die sieben Zwerge ihr die Gefahr aufgezeigt hatten. Das Kind lernt über die Verfehlungen der Märchengestalten, was gut und böse, richtig und falsch ist und wie man sich in der Welt verhalten muss.

Wenn man Erwachsene fragt, können sich alle an mindestens drei Märchen erinnern, die sie durch die Kindheit begleitet haben.

Märchen unterstützen das Selbstvertrauen: Bis zum glücklichen Ende müssen die Helden meist zahlreiche Bewährungsproben und Härtetests bestehen, Unerschrockenheit und Tapferkeit bekunden und keine Mühe scheuen, um ans Ziel ihrer Wünsche zu gelangen. In schwierigen Lebenssituationen kann das Kind auf die Märchenvorbilder zurückgreifen und aus ihren Geschichten Kraft für die eigene Problembewältigung ziehen. Unbewusst lernen sie auf diese Weise, dass man zum Happyend kommen kann, wenn man nicht vorschnell aufgibt.

Märchen bieten Trost: Wenn Kinder Kummer haben, sich allein gelassen oder überfordert fühlen, haben sie oft wenig Gelegenheit, diesen Kummer loszuwerden, vor allem wenn er ihnen von Vertrauenspersonen wie Eltern oder Freunden bereitet wurde. Märchenwesen – ein armes Waisenkind, ein einsamer Prinz, ein Bettler in Lumpen – bieten hier Identifikationsmöglichkeiten. Durch den Vergleich der Schicksale werden die eigenen Probleme tröstlich gemildert. Und das Kind bekommt durch die Märchenstruktur vermittelt, dass sich die Sorgen fast immer auflösen und am Ende gerade für die Geplagten und Gepeinigten schließlich alles gut wird.

Durch das Vorlesen wird nicht nur die Entwicklung des Gehörs gefördert; auch die Sprachentwicklung wird dadurch sehr günstig beeinflusst.

Die Sprachentwicklung in den ersten fünf Jahren

► Schreiperiode: bis zur sechsten Woche. Ab der dritten Lebenswoche ist das Baby in der Lage, Lust und Unlust damit auszudrücken.

► 1. Lallperiode: Ab der sechsten Woche bis zum sechsten Monat mit Gurrlauten. Diese Phase ist nicht von akustischen Inputs abhängig, sie umfasst sämtliche Laute der menschlichen Sprache und ist auf der ganzen Welt fast gleich.

► 2. Lallperiode: Ab dem sechsten bis ca. zum neunten Lebensmonat. Das Baby ahmt eigene und fremde Laute nach.

► Sprachverständnis: Ab dem neunten Lebensmonat entwickelt sich das Sprachverständnis, das Kind kann Lautäußerungen bestimmten Gesten und Situationen zuordnen.

► Satzbildung: Mit dem ersten Lebensjahr kann das Kind Einwortsätze bilden. Der Wortschatz wird langsam komplexer. Ungefähr mit eineinhalb Jahren beherrscht es dann Zweiwortsätze. Daraus bildet es nach und nach Sätze in logischer Reihenfolge, mit drei Jahren komplexere Sätze mit teilweise bereits korrekter Grammatik.

► Wortschatz: Der Wortschatz umfasst mit dem zweiten Geburtstag etwa 100, mit dem dritten Geburtstag ungefähr 1000 Wörter.

► Aussprache: Ungefähr mit dem fünften Lebensjahr können Kinder normalerweise die meisten Laute richtig aussprechen.

► Fast alle Kinder haben bis zum vierten Lebensjahr Probleme, bestimmte Laute oder Silben zu kombinieren.

► Konsonanten wie K oder G werden oft ausgelassen oder einfach ersetzt. R, S, Sz oder Ch sind meist problematisch.

► Während des Wachstums verändern sich Kiefer- und Zahnstellungen. Das kann auch eine Ursache für Aussprachefehler sein.

► Achtung: Die wenigsten Erwachsenen sind sich über ihre eigenen Aussprachefehler bewusst. Kinder übernehmen sie.

► Zwischen dem dritten und fünften Lebensjahr beginnen Kinder manchmal zu stottern. Dies wird auch »nichtflüssiges Sprechen« genannt. Oft geschieht es, wenn ein Kind sehr aufgeregt ist. Mit Ruhe hilft man ihm am besten. »Richtiges« Stottern beginnt erst nach dem fünften Lebensjahr.

► Falls Sie den Eindruck haben, es gibt eine Verzögerung bei der Sprachentwicklung, kann das auch am Hörvermögen liegen. Vom Arzt abklären lassen.

► Sprachverzögerungen können auch damit zusammenhängen, dass Eltern ihrem Kind »die Worte aus dem Mund nehmen«. Kinder haben dann keine Motivation, selbst zu sprechen.

Kinder lernen sprechen aus der Notwendigkeit heraus, sich verständlich zu machen. Daher kann es schon vorkommen, dass Zweitgeborene später damit anfangen, weil ihnen das ältere Geschwister die Kommunikation mit den Erwachsenen abnimmt. Auch Zwillinge halten sich eher zurück.

Der richtige Umgang mit Trotzphasen

Wütend trommelt der dreijährige Jonas mit den Fäusten auf den Fußboden und schmeißt seine Spielzeugautos in die Ecke – das alles nur, weil Mama den versprochenen Kauf der Autogarage auf den nächsten Tag verschieben möchte. Jede Mutter und jeder Vater eines Kleinkindes kennt solche Trotzreaktionen. Sie treten gehäuft zwischen dem zweiten und vierten Lebensjahr auf – und dann oft ganz unvermittelt. Deshalb treffen sie die ahnungs- und hilflosen Eltern oft wie der Blitz aus heiterem Himmel.

Wo sind die Grenzen?

Wutanfälle haben immer etwas mit der Unmöglichkeit zu tun, etwas bewirken zu können. Entweder steht das Verbot der Eltern im Wege, oder die eigenen Fähigkeiten sind noch nicht so weit ausgebildet, dass sie eingesetzt werden könnten, um ein Ziel zu erreichen. Da ist man noch zu klein, zu ungeschickt, oder es fehlen einem die Wörter.

Aber die Trotzphase ist nichts Ungewöhnliches. Genauso wie beispielsweise das Fremdeln – das sich besonders häufig zwischen dem achten und zwölften Lebensmonat zeigt – gehört Trotz zur gesunden Entwicklung eines Kindes. In dieser Phase lotet das Kind erstmals seine Grenzen aus und versucht, den eigenen Willen gegen den seiner Eltern zu stellen. So gesehen hat die Trotzphase eine wichtige Bedeutung für die Persönlichkeitsentwicklung des Kindes, da sie ihm ermöglicht, eigene Stärke zu demonstrieren und Autonomie zu erlangen – wichtige Voraussetzungen für die spätere Durchsetzungsfähigkeit und Selbstbehauptung. Auch den Eltern fällt es vielleicht vor diesem Hintergrund leichter, die Trotzreaktionen ihrer Kinder zu akzeptieren und mit einer gewissen pädagogischen Ruhe und Gelassenheit zu begegnen. Je nach eigenem Temperament, aber auch nach erlernten Verhaltensmechanismen in der Familie reagiert jedes Kind in anderer Weise trotzig. Die einen bekommen Zornesausbrüche und Wutanfälle, die anderen weinen und jammern, wieder andere ziehen sich einfach zurück und meiden den Kontakt zu den Eltern oder Geschwistern.

So kommen Sie gelassener durch diese schwierige Phase

Ruhe bewahren
Lassen Sie sich von dem Ausbruch Ihres Kindes nicht in Angst und Schrecken versetzen. Das Kind merkt nämlich, dass es Sie mit seinem »Terror« verunsichern kann (vor allem in der Öffentlichkeit, wo Ihnen der Anfall des Kindes anderen gegenüber peinlich ist), und reagiert vielleicht noch vehementer. Besser ist es, mit dem Kind in ruhigem, sachlichem Ton zu reden, es aufzufordern, »nun mal aufzuhören und sich zu beruhigen«. Wenn das nicht hilft, das Kind sich austoben lassen und abwarten, bis es wieder normal reagiert. Geben Sie ihm ruhig »Aggressionsventile« wie Kissen oder Gummibälle, auf die es boxen und so seine Wut ablassen kann – das hilft garantiert.

Konsequent bleiben

Wenn Ihr Kind trotzig reagiert, weil Sie ihm etwas verboten haben (z. B. die Schokolade oder Gummibärchen fünf Minuten vor dem Mittagessen), sollten Sie auf keinen Fall »umfallen« – so sehr Ihnen das Theater auf die Nerven geht und Sie am liebsten um des Hausfriedens willen nachgeben wollen. Ihr Kind merkt nämlich, dass es nur laut genug schreien muss, um Sie weich zu bekommen und alles zu kriegen, was es will. Das ist gefährlich, weil es seinen Trotz so gezielt als »Waffe« gegen Sie einsetzen kann und Sie es in Zukunft mit der Erziehung immer schwerer haben werden.

Zuwendung zeigen

Vor allem wenn der Trotzanfall vorüber ist, benötigen die meisten Kinder besonders viel Trost und Zuspruch. Sie wollen die Sicherheit haben, dass das elterliche Vertrauen weiterhin besteht und die Beziehung nicht gelitten hat.

Die Situation erklären

Kinder lassen sich oft erstaunlich schnell wieder beruhigen, indem die Eltern ihnen die Hintergründe eines bestimmten Ge- oder Verbots begreiflich machen. Wenn Sie beispielsweise Ihrem Kind erklären, dass Sie ihm jetzt nicht die Filzstifte kaufen möchten, weil es zu Hause sowieso schon zwei Packungen davon hat, es aber bei der nächsten passenden Gelegenheit stattdessen eine Kinderknete bekommt, wird es sich bestimmt einsichtig zeigen und sich schon auf das Geschenk freuen. Auch Kompromisslösungen helfen oft, den Frieden wiederherzustellen: Ist der Vanillejoghurt beispielsweise gerade vom kleinen Bruder ausgelöffelt worden, machen Sie Ihrem aufständischen Zwerg doch einfach ein Marmeladebrot oder einen Bananenquark schmackhaft. Oder wenn Ihr Kind unbedingt »jetzt und sofort« auf den Spielplatz möchte, bieten Sie ihm an, ein schönes Spiel im Haus mit ihm zu spielen oder etwas vorzulesen.

Das Kind ablenken

So hartnäckig sich die Kleinen einbilden können, unbedingt etwas haben zu wollen, so schnell lassen sie sich oft auch gleich wieder von etwas anderem fesseln. Nutzen Sie diese Neugierde und den Entdeckungsdrang Ihres Kindes, indem Sie sein Interesse einfach auf etwas anderes lenken. Erklären Sie ihm im Supermarkt beispielsweise die vielen Gemüse- und Obstsorten, suchen Sie mit ihm zusammen die Waren aus, und führen Sie es auf diese Weise unbemerkt an dem Regal mit den Schokoladen und Bonbons vorbei.

Trotz aushalten

Jedes Kind muss lernen, wann sein Protest angemessen ist und wann nicht. Auch wenn es dabei manchmal recht laut und aggressiv zugeht. Wenn Eltern nun allzu überfürsorglich oder ängstlich reagieren, nehmen sie dem Kind die Möglichkeit dieses Entwicklungsschrittes.
Im Gegenteil: Wenn ein Kind keinerlei Aggressionen zeigt und sich nicht gegen elterliche Anordnungen auflehnt, ist das eher merkwürdig.

Das Trotzalter dauert bei Kindern unterschiedlich lang. Einige beginnen damit noch vor Ende des ersten Lebensjahres, andere erst mit eineinhalb Jahren, steigern sich heftig und gehen dann in einen gemäßigten Trotz über. Viele Kinder scheinen selbst regelrecht erleichtert, wenn das Trotzalter vorüber ist.

Wie Kinder die Welt erobern

In den ersten zwölf Monaten hat das Gehirn Ihres Kindes sozusagen die Basisarbeit geleistet, um die verschiedenen motorischen Fähigkeiten zu erlernen. Das Baby ist dabei mit Riesenschritten vorangekommen. Es kann sich jetzt drehen, aus liegender oder sitzender Position aufrichten, fest auf beiden Beinen stehen und die ersten – vielleicht anfangs noch etwas unsicheren – Schritte tun. In den folgenden Jahren der Kleinkindzeit geht es nun darum, diese Fähigkeiten immer weiter zu verfeinern und zu vervollkommnen und dadurch immer mehr Sicherheit zu gewinnen. Vieles lernen Kinder dabei quasi von selbst, beispielsweise, wenn sie herumspringen und toben und so ihren Bewegungsdrang ausleben. Aber auch durch den differenzierten Umgang mit verschiedenen Gegenständen und Geräten, durch die Benutzung von Messer, Gabel und Löffel beim Essen, durch Bastelarbeiten, Handwerken oder Zeichnen, werden Bewegungen trainiert und das feinmotorische Zusammenspiel von Nerven und Muskeln geschult.

Ein bisschen Nervenkitzel gehört dazu

Ein gesundes Kind muss von den Eltern gar nicht erst ermuntert werden, es wird von seiner eigenen Neugierde angetrieben, seine Umgebung zu erkunden und all das Neue und Spannende um sich herum kennen zu lernen. Es hat Freude daran, sein Können ständig zu erproben und weiterzuentwickeln. Die Aktionen beim Klettern, Balancieren, Turnen und Springen sind dann auch manchmal ziemlich tollkühn, akrobatisch und waghalsig – und versetzen die Eltern in Angst und Schrecken. Meist haben die Kinder aber einen Schutzengel, und selbst ein Sturz mit dem Roller oder Fahrrad verläuft in der Regel glimpflich und ohne größere Blessuren. Da das ständige Training der motorischen Fähigkeiten und das Ausloten der eigenen Grenzen für die kindliche Entwicklung so große Vorteile hat, sollten Eltern den Bewegungsdrang ihrer Kinder nicht durch übergroße Vorsicht bremsen. Natürlich ist es wichtig, dem Kind Gefahren aufzuzeigen und klarzumachen, dass es bestimmte Dinge – wie etwa Ballspielen auf einer Verkehrsstraße oder Klettern auf wackeligen Leitern – nicht tun darf. In Watte packen sollten Eltern ihr Kind jedoch nicht; damit nehmen sie ihm nicht nur den Spaß, sondern erziehen es auch zur Ängstlichkeit.

Am besten ist es, wenn Eltern ihre Wohnung abgehen und auf realistische Gefahren hin überprüfen. Dazu gehören:

- ► Fenster – abschließbare Fenstergriffe und Kindersicherungen
- ► Küchenherde – Schutzplatte vor dem Kochfeld
- ► Strom – Verriegelungsplättchen mit Drehmechanismus, Einsätze und Abdeckkappen
- ► Haushaltschemikalien – Türen der Aufbewahrungsschränke sichern

Wenn Sie Ihrem Kind etwas verbieten, muss das entweder objektiv begründbar sein, wie z. B. das Spielen mit einem scharfen Messer, oder es muss der eigenen Stimmungslage entsprechen. Wer versucht, seinen Zorn mit einem möglichst liebevollen Gespräch zu überdecken, wird wenig Erfolg haben. Bleiben Sie authentisch, dann sind Sie überzeugend.

Spielen ist für die Entwicklung wichtig

Spielen ist Lernen. Spielen fördert nicht nur die intellektuelle Entwicklung von Kindern – ihre Kreativität, Phantasie, Geschicklichkeit –, sondern auch ihr Sozialverhalten. Im Spiel mit Geschwistern und Kameraden erfahren die Kleinen den Zusammenhang von Geben und Nehmen, sie lernen die Wünsche, Bedürfnisse und Grenzen der anderen zu respektieren, sie sammeln Erfahrungen und gewinnen Einsichten. »Ein Kind, das nicht gespielt hat, wird nie erwachsen«, lautet ein altes Sprichwort. Tatsächlich erprobt ein Menschenkind genauso wie jedes Tierjunge im Spiel all das, was es später im Erwachsenenalter benötigt, um mit anderen angemessen umgehen zu können.

Die zehn wichtigsten Spielregeln

Weil das Spielen für Kinder so ungeheuer wichtig ist und sein gesamtes weiteres Leben prägt, sollten Eltern wissen, wie sie das Spielverhalten ihres Kindes positiv beeinflussen können.

Beherzigen Sie das Motto: weniger ist mehr

Die Kinderzimmer von heute quellen oft über vor lauter Spielzeug. Die Kleinen können das viele Spielzeug oft gar nicht mehr wertschätzen und auch nicht sinnvoll einsetzen. Sie »verzetteln« sich und erwerben nicht die Fähigkeit, sich auf eine Sache zu konzentrieren. Geben Sie Ihrem Kind also lieber ein Spielzeug in die Hand statt zu viele Dinge gleichzeitig.

Lassen Sie Ihr Kind Spielzeug selbst kreieren

Motivieren Sie Ihr Kind, aus einfachen Materialien, beispielsweise einem Pappkarton, einer Zwirnrolle, ein paar Steinen, Muscheln oder Ähnlichem, sein eigenes Spielzeug zu »bauen«. Sie werden über die Ergebnisse erstaunt sein, denn Kinder entwickeln dabei oft eine ungeheure Phantasie und zeigen große Begabung. Heben Sie also im Haushalt die vielen Dinge auf, die als »Grundstoff« dienen können, oder sammeln Sie auf einem Spaziergang (oder im Urlaub) mit Ihrem Kind zusammen geeignete Materialien.

Schaffen Sie Raum für das Spiel Ihres Kindes

Am besten ist es für Ihr Kind, wenn es ein eigenes Kinderzimmer hat, in dem es sich mit seinen Spielsachen nach Lust und Laune ausbreiten kann. Wenn in Ihrer Wohnung nicht so viel Platz ist, sollten Sie Ihrem Kind aber zumindest eine Spielecke einrichten, in der es seine Türme aus Bauklötzchen oder seine Eisenbahn ungestört aufbauen kann.

Die Kehrseite des kindlichen Spiels sind die meist unvermeidlichen Konflikte um die Ordnung. Wenn Sie sich dessen bewusst sind, dass Kinder im Grunde ihren Eltern gefallen und sich sozial verhalten wollen, ist es Ihnen wahrscheinlich eher möglich, Ihre Kinder zu ermutigen und ihnen zu helfen, das immer wieder auftretende Chaos zu beseitigen.

Noch ist der Wortschatz relativ gering, doch können sich auch die Kleinen durch Laute und Gebärden verständlich machen. Interessant ist es, dass andere Kinder sie meist besser verstehen als die Erwachsenen.

Stören Sie Ihr Kind nicht beim Spielen

Natürlich muss Ihr Kind sich an bestimmte Zeiten, z.B. fürs Essen, Nachhauskommen oder Zubettgehen, halten und mit dem Spielen aufhören, wenn es so weit ist. Wenn Ihr Kind aber ganz konzentriert in ein Spiel versunken ist, beispielsweise ein Bild malt oder etwas bastelt, sollten Sie ihm nach Möglichkeit die Zeit geben, das Werk noch fertig zu stellen. Sie können ihm ja zwischendurch einen Hinweis geben und z.B. sagen, dass es in etwa einer Viertelstunde aufhören muss. So kann sich Ihr Kind darauf einstellen und lernen, sich die Zeit selbst einzuteilen.

Achten Sie auf maßvolle Ordnung

Erklären Sie Ihrem Kind, dass es nach dem Spielen kein Chaos hinterlassen darf, und gewöhnen Sie es ans Aufräumen (auch im Kinderzimmer!). Allerdings sollte das Einräumen der Spielsachen und Bücher nicht in einen Ordnungswahn ausarten, und Sie sollten sich nicht allzusehr daran stören, wenn mal das eine oder andere auf dem Boden liegen bleibt.

Mit Sicherheit haben auch Sie Sachen, an denen Ihr Herz hängt. Da gibt es den Wäscheständer aus der ersten Wohngemeinschaft oder die Badeschuhe aus dem Urlaub in Südfrankreich. Und wenn Sie manchmal aus einiger Distanz draufschauen, ist Ihnen schon klar, dass diese Dinge eigentlich nicht mehr »salonfähig« sind. Aber Sie würden sie niemals wegwerfen. Genauso geht es Ihrem Kind.

Respektieren Sie das Eigentum Ihres Kindes

Das abgewetzte Stoffbärchen, das demontierte Auto ohne Räder und Türen, die alten, halb abgebrochenen Wachsmalkreiden – manche Dinge sind für die Kleinen heilig, auch wenn wir Erwachsene das gar nicht nachvollziehen können und die kaputten Spielsachen am liebsten in den Müllkorb befördern möchten. Tun Sie das bitte nicht, denn das wäre ein Übergriff in die »Privatsphäre« Ihres Kindes. Mit seinen Spielsachen lernt es nämlich, seinen eigenen kleinen Besitz zu verwalten und selbst einzuschätzen, was ihm die einzelnen Dinge wert sind. Auch das ist wichtig für die Persönlichkeitsentwicklung und die später so bedeutenden Fähigkeiten von Selbstbehauptung und Eigenverantwortung.

Mischen Sie sich nicht ins Spiel ein

Manche Eltern machen den Fehler, ihre Kinder auch beim Spielen verbessern zu wollen und zu sagen »bau den Turm doch nicht so hoch« oder »mal die Sonne doch gelb und nicht grün«. Diese Einmischung fördert das Spielverhalten meist nicht, sondern bremst eher die Kreativität und Motivation der Kleinen. Wenn Ihr Kind Sie bittet, ihm zu helfen, weil es mit irgendetwas nicht so ganz zurechtkommt, oder mit ihm zusammen zu spielen, sollten Sie seinem Wunsch selbstverständlich nachkommen. Ist es aber ganz versunken in sein Spiel, sollten Sie Ihr Kind dabei nicht stören.

Achten Sie auf ausreichende Spielzeit

Selbst die Kleinen sind heute oft bereits einem Leistungs- und Freizeitstress ausgesetzt – besuchen Gymnastik- und Musikkurse, haben schon in der Grundschule ein straffes Lernpensum und sind mit ihren reisefreudigen Eltern dauernd unterwegs. Für hingebungsvolles Spiel bleibt da oft wenig Zeit. Da Kinder beim Spiel aber nicht nur lernen, sich intensiv und konzentriert mit etwas zu beschäftigen, sondern sich auch entspannen können, und den Kopf dabei so richtig leer machen und entlasten, sollten Sie darauf achten, dass Ihr Kind möglichst jeden Tag ausreichend Zeit zum Spielen bekommt.

Loben Sie Ihr Kind

Jedes Kind präsentiert stolz die Werke, die es im Spiel geschaffen hat – ein farbenfrohes Bild, eine Knetfigur, eine Burg aus Plastik- oder Holzbausteinen. Zeigen Sie Ihrem Kind Ihre Freude über seine Kreationen, und sagen Sie ihm, »wie toll es das gemacht hat«. Das ist die beste Motivation und stärkt das Selbstbewusstsein Ihres Kindes.

Fördern Sie das Spiel mit anderen Kindern

Kinder mit Geschwistern – vorausgesetzt, der Altersunterschied ist nicht zu groß – haben gegenüber Einzelkindern den Vorteil, dass ihnen immer ein Spielpartner zur Verfügung steht. Doch auch Einzelkinder sollten möglichst häufig die Möglichkeit haben, in der Gruppe mit anderen zu spielen. Organisieren Sie zusammen mit Familien in der Nachbarschaft eine Spielgruppe, oder melden Sie Ihr Kind bald in einem Kindergarten an.

Besonders viel Spielzeug ist meistens nicht nötig. Kinder wollen spielen und tun das mit nahezu allen Dingen ihrer Umgebung. Dabei lernen sie sich ganz nebenbei selbst kennen und entwickeln lebenspraktische Fertigkeiten. Natürlich brauchen sie dazu ein Umfeld, das sie ermutigt und in dem sie sich vertrauensvoll ausprobieren dürfen. Für uns Erwachsene sollte alles, was ein Kind spielerisch produziert, nur unter dem Gesichtspunkt der Phantasie gesehen und nicht bewertet werden.

Wilde Tiere hinter Wäscheklammern

Das kindliche Spiel zeichnet sich dadurch aus, dass es zweckfrei ist, sich also entfalten darf, ohne Rücksicht auf das Ergebnis. Genauso entdeckt das Kind alltägliche Gegenstände, losgelöst von seiner zweckgebundenen Funktion, als Bestandteile seines kreativen Handelns. Sie werden staunen, wenn mit Ihren Wäscheklammern ein Zaun für Löwen und Tiger gebaut wird. Lassen Sie sich doch einfach anregen, die Dinge einmal von einer ganz anderen Seite zu sehen – sie gewinnen an Poesie.

Die Sache mit dem Sauberwerden

Stolz berichtet die junge Mutter der Nachbarin, dass ihre kleine Tochter Katharina »schon mit knapp eineinhalb Jahren aufs Töpfchen gegangen ist.« Die andere Mama kommentiert diesen »Erfolg« mit einem verlegenen Schweigen. Ihr Söhnchen Oskar ist nämlich schon bald drei Jahre alt und scheint keinerlei Eile zu haben, sich seiner Windeln zu entledigen.

Bitte nicht mit Druck

Gleichgültig, ob Sie mit dem Töpfchengehen früher oder später beginnen, es wird bei jedem Kind etwa bis zum dritten Lebensjahr dauern, bis es durchgängig sauber ist. Am besten Sie führen das Töpfchen ein, indem Sie dem Kind erklären, wozu es da ist, und lassen es in einer Ecke des Spielzimmers stehen. So kann sich das Kind damit vertraut machen.

Die Frage, wann der richtige Zeitpunkt für Topf oder Toilette gekommen ist, beschäftigte schon Generationen von Kleinkindfamilien und bringt auch heute noch die Gemüter einiger Eltern, Entwicklungspsychologen und Erzieher in Wallung. Dabei zeichnet sich aber ein eindeutiger Trend zu mehr Gelassenheit und Lockerheit ab. Während noch in den fünfziger und sechziger Jahren die Sauberkeitserziehung sehr streng gehandhabt wurde – Mütter setzten ihre Kinder oft schon vor dem ersten Geburtstag auf den Topf –, gehen Eltern heute mit dem Thema sehr viel liberaler um. Und das ist auch gut so. Denn neuere Erkenntnisse aus der Entwicklungspsychologie belegen, dass es keinen Sinn macht, auf ein Kind zeitlichen Druck auszuüben und dass die Motivation zum Sauberwerden von ihm selbst ausgehen muss.

Jedes Kind wird irgendwann »sauber«

Zwar kann es durchaus passieren, dass schon der Einjährige sein Geschäft ins Töpfchen erledigt, wenn die Mutter ihn draufgesetzt hat. Dabei handelt es sich aber oft mehr um einen Zufall als um einen echten Erfolg. Der kann sich nämlich erst einstellen, wenn ein Kind wirklich »reif« für den Abschied von der Windel ist. D.h., es muss bestimmte körperliche und geistige Entwicklungsprozesse durchlaufen haben:

Können Blasen- und Darmschließmuskeln kontrolliert werden?
Das Kontrollzentrum für die Schließmuskelfunktionen im Gehirn entwickelt sich erst im Laufe des zweiten Lebensjahres zu voller Funktionsfähigkeit. Bis dahin läuft die Entleerung reflektorisch ab. Erst wenn das Kind den Stuhl- oder Harndrang bewusst wahrnimmt, kann es aufs Töpfchen oder zur Toilette gehen.

Kann das Kind seine Bedürfnisse artikulieren?
Meist braucht es anfangs ja noch die Unterstützung seiner Eltern oder Geschwister und muss daher sagen können, wann sich ein »Geschäft anmeldet«.

Hat das Kind eine Vorstellung von Zeit?

Es muss den Unterschied zwischen »ganz dringend« und »noch nicht so eilig« lernen, um abschätzen zu können, wann es zur Toilette geht.

Ein wichtiger Schritt zur Unabhängigkeit

Solange ein Kind noch wenig Bewusstsein darüber hat, dass es »etwas produzieren« kann, was von ihm unabhängig ist, wird es den Zusammenhang zwischen den eigenen Ausscheidungen und sich selbst nicht wahrnehmen. Der Vorgang bleibt automatisch. Es spürt nicht, dass es gerade in die Windel macht oder dass die Windel voll ist. Ist es nackt und entleert es die Blase, wird es sich um die Pfütze gar nicht weiter kümmern. Erst wenn ein Kind versteht, dass es die Fähigkeit zur Einflussnahme hat, wird sein Interesse am Gang zum Töpfchen erwachen. Es hat dann mehrere Gründe, dies zu lernen: Ihr Kind imitiert Sie, weil es Sie liebt und bewundert in allem, was Sie tun; es wird es als Leistung empfinden, etwas hervorgebracht zu haben, wofür es von Ihnen gelobt wird; und Ihr Kind will groß und selbstständig werden. Es möchte nicht mehr auf das Wickeln und Saubermachen durch andere angewiesen sein.

Wann ein Kind so weit ist, hängt sehr von seiner individuellen Entwicklung ab. Auf jeden Fall besteht fürs Trockenwerden ein ziemlich großes Zeitfenster. Die meisten Kinder werden zwischen dem 18. und 30. Lebensmonat sauber. Doch auch wenn danach noch öfter mal eine Windel gebraucht wird, ist das kein Grund zur Besorgnis. Eltern sollten wissen, dass es individuelle Unterschiede gibt und dass deshalb keine Eile geboten ist. Früher oder später kommen die Kinder selbst darauf, dass die nasse Windel am Po und die Gerüche eigentlich ziemlich unangenehm sind und dass es ja viel besser ist, sein Geschäft wie die größeren Geschwister oder die Eltern zu verrichten.

Ein Töpfchen zu benutzen, ist für ein Kind erst dann möglich, wenn es spürt, dass es kurz davor ist, etwas auszuscheiden, und nicht, während es dies tut oder danach. Helfen Sie ihm, wenn Sie die Anzeichen dafür wahrnehmen, indem Sie den Topf bereitstellen.

Nicht immer klappt das mit dem Sauberwerden gleich auf Anhieb. Wenn es deshalb Kummer gibt, sollte man immer trösten und niemals strafen.

Mit Spaß und Neugierde in einen neuen Lebensabschnitt

Nutzen Sie die Gelegenheit, und unterstützen Sie Ihr Kind in dieser Entwicklungsphase. Machen Sie aus dem Toilettengang kein Geheimnis, und zeigen Sie keinen Ekel. Kinder sind neugierig und möchten auch genau wissen, was es mit ihren Ausscheidungen auf sich hat. Diese Neugierde ist wichtig, da sie Grundlage für Lernen und Begreifen bietet.

Töpfchen oder Toilette?

Kinder werden die Vorgänge auf der Toilette genauso bezeichnen wie Sie und dies auch jahrelang beibehalten. Wenn Sie ordinäre Ausdrücke vermeiden wollen, könnten Sie natürlich die medizinischen Fachausdrücke benützen, was aber so gar nicht kindgemäß ist. Aber genauso wie Sie es kaum vermeiden können, dass Ihr Kind Schimpfwörter mit nach Hause bringt, können Sie etwas dagegen tun, dass es die Fäkalsprache ausprobiert. Das gibt sich wieder.

Bieten Sie ihm beides an – Töpfchen oder Toilette, anfangs am besten mit einem speziellen Kunststoffaufsatz für den kleinen Po. Ihr Kind soll selbst entscheiden, was ihm angenehmer ist. Das Töpfchen darf nicht kippen und sollte leicht zu reinigen sein. Knaben brauchen vorne einen Spritzschutz. Ausschlaggebend ist, auf welchem Topf Ihr Kind am bequemsten sitzt.

Gerne mögen Kinder auch einen »Töpfchenstuhl«. Sie können sich ohne Hilfe draufsetzen und auch wieder aufstehen. Der Topf wird dann herausgenommen und entleert. Angenehm ist auch, dass der Rücken gestützt wird. Natürlich taugt er nicht für die Reise – die Anschaffung eines Topfs ist also unumgänglich.

Pipimachen macht Spaß

Wenn ältere Geschwister da sind, fällt das Sauberwerden oft besonders leicht. Die Großen sind Vorbilder, sie vermitteln intuitiv richtig und ohne Scham, wie das mit der Toilette funktioniert. Der spielerische Umgang ist dabei ebenfalls hilfreich, z. B. das »Wettweitpinkeln« kleiner Jungen. Auch wenn Ihr Kind den sauberen Topf zweckentfremdet und für allerlei Spielereien benutzt, sollten Sie es nicht davon abhalten. Es ist ein Zeichen, dass dieses Utensil dem Kind Spaß bereitet und nicht als Druckmittel empfunden wird.

So klappt es mit dem Gang aufs Klo

Natürlich spielen auch ganz praktische Dinge beim Sauberwerden eine Rolle. Will Ihr Kind beispielsweise schon ganz selbstständig aufs Klo gehen, sollte es keine Latzhosen tragen, die schwer aufzuknöpfen sind. Prima klappt das mit dem Sauberwerden meist im Sommer. Die Kleinen haben untenrum nur wenig an oder sind vielleicht ganz nackig. Dann besteht natürlich kaum Gefahr, dass was »in die Hose geht«.

Wichtig ist auch, dass Ihr Kind nicht lange warten muss, wenn es den Drang zum Klo spürt. Nehmen Sie ein Töpfchen mit, wenn Sie länger unterwegs sind, und prägen Sie sich die öffentlichen Toiletten in Ihrer Umgebung ein. Mit Sicherheit gibt es auch Situationen, die für einen Toilettengang nun ganz ungeeignet sind: mitten im Gespräch mit Freunden, im Kaufhaus, wenn Sie in der Umkleidekabine gerade die zehnte Hose probieren, oder fünf Minuten nachdem Sie ins Auto gestiegen und losgefahren sind. Verlieren Sie nicht die Geduld. Sie haben Ihr Kind schließlich dazu angehalten, dass es nicht mehr in die Hose macht.

Wenn Kinder nicht ins Bett wollen

»Ich will nicht ins Bett!« Wie viele Mütter und Väter plagen sich mit strapaziösen Einschlafritualen, Geschrei und durchwachten Nächten. Wie oft lassen sich gestresste Eltern jeden Abend das gleiche Zeremoniell abnötigen, bringen ihren nervenden Sprösslingen die Nuckelflasche mit lauwarmer Milch, ziehen die Spieluhr auf, schaukeln und wiegen sie in ihren Bettchen, tragen sie auf dem Arm im Zimmer umher oder packen sie sogar ins Auto und fahren mit ihnen solange »ums Karree«, bis sie endlich in den ersehnten Schlummer sinken …

Ein- und Durchschlafstörungen zählen zu den häufigsten Problemen, mit denen Kleinkindeltern konfrontiert sind. Gehäuft treten diese Störungen bei Kindern zwischen sechs Monaten und zwei Jahren auf. Doch beobachtet man Schlafstörungen durchaus auch bei Schulkindern, beispielsweise durch Schulstress, Lernängste oder Konflikte mit Lehrern, oder bei Babys, z.B. im Rahmen von Dreimonatskoliken. Die Zubettgehprobleme zerren an den Nerven und sind ein großer Stress für die ganze Familie. Die Beziehung des Elternpaares zueinander sowie zu seinen Kindern wird dadurch oft erheblich belastet.

Sie sind nicht allein. Gut 50 Prozent aller Kinder gehen abends nicht freiwillig ins Bett, und es ist ein Mythos, dass alles gut geht, wenn man nur freundlich und bestimmt ist. Tatsache ist, dass in den meisten Familien das Zubettgehen immer mit Theater verbunden ist, dass Kinder gehätschelt und wieder aus dem Bett geholt, gefüttert, ins Elternbett gelegt, gepudert und gescholten werden, bis endlich Ruhe ist.

So erleichtern Sie Ihrem Kind das Ein- und Durchschlafen

Was sollen Eltern tun, wenn ihre Racker wieder jeden Versuch, sie in die Kissen zu bringen, vereiteln? Wie können Sie verhindern, dass jeder Abend zur nervlichen Zerreißprobe wird, wie den Frieden in der Familie wiederherstellen?

Mit Zwang erreicht man nichts
Zunächst müssen Sie wissen, dass es natürlich keinen Sinn hat, die Kleinen ins Bett zu zwingen. Jeder Druck, der auf sie ausgeübt wird, bewirkt nämlich eher das Gegenteil – nämlich dass sie sich aufregen, nörgeln und heulen und dann erst recht nicht mehr schlafen gehen wollen.

Wann wird das Kind müde?
Je älter Kleinkinder werden, desto bewusster nehmen sie ihre Umgebung wahr. Sie lernen, dass es viel Aufregendes zu entdecken gibt. Dies führt jedoch häufig dazu, kein Ende finden zu können, auch wenn die Müdigkeit sie eigentlich schon übermannt. Wer kennt sie nicht, diese Bitte »nur noch ein bisschen aufbleiben …« oder die Weigerung »ich will nicht ins Bett!«. Die Eltern sehen aber, dass das Kind oft schon völlig überdreht ist. Versuchen Sie, diese Phase rechtzeitig zu erkennen und Ihrem Kind sanft, aber mit Nachdruck klarzumachen, dass es sich jetzt aufs Zubettgehen vorbereiten muss.

Noch schläft es unbeschwert in einen neuen Lebenstag hinein. Wenn es Eltern gelingt, den Tagesablauf harmonisch zu gestalten, wird es auch am Abend zufrieden und glücklich einschlafen.

Ein sanfter Übergang vom Tag zur Nacht beruhigt

Eine weitere wichtige Regel ist, den Tag nicht abrupt zu beenden und plötzlich zu sagen: »Jetzt ist Schluss, ab ins Bett!«, sondern den Übergang von den Aktivitäten des Tages zur Nachtruhe langsam einzuleiten. In den frühen Abendstunden sollten die Kinder also nicht mehr herumtoben und – wenn überhaupt – nur noch ruhigen Spielen nachgehen. Man kann es sich auch zur Gewohnheit machen, den Kleinen nach dem Abendessen noch etwas vorzulesen und so eine entspannte, friedliche Atmosphäre zu erzeugen.

Sinnvolle Zubettgehrituale helfen

Wenn die Phase des Zubettgehens von bestimmten Ritualen begleitet wird, die jeden Abend eingehalten werden, kann dies dem Kind ebenfalls eine Hilfe sein. Beispielsweise stimmt die feste Reihenfolge des abendlichen Badens, Waschens und Zähneputzens das Kind langsam auf die Schlafenszeit ein. Für die meisten Kinder ist ein Kuscheltier im Bett wichtig, es erzeugt Gemütlichkeit und kann über die »Trennung« von den Eltern hinwegtrösten. Manche Kinder zeigen auch Verhaltensweisen, die der Schlafvorbereitung dienen: Haarezwirbeln, Streicheln der eigenen Wange oder Zusammendrücken eines Schmusetuches. Diese Handlungen scheinen eine gleichförmige Erregung im Gehirn zu erzeugen, die offensichtlich einschlaffördernd wirkt. Deshalb sollten Sie solche Angewohnheiten Ihres Kindes keinesfalls unterdrücken.

Damit Kinder die Trennung nicht als Verlassenwerden empfinden, sollten Sie sich ganz klar verabschieden und das Kinderzimmer verlassen. Weint Ihr Kind heftig, gehen Sie zurück, zeigen ihm, dass Sie da sind, und verabschieden sich wieder. Diesen Vorgang am besten so lange wiederholen, bis sich Ihr Kind beruhigt hat.

Vermitteln Sie Geborgenheit und Schutz

Geben Sie Ihrem Kind die Sicherheit, dass es sich nicht allein gelassen fühlen muss, auch wenn es allein im Bettchen liegt. Dies können Sie durch kleine Gesten oder Symbole zeigen, wie beispielsweise die Tür einen Spalt geöffnet halten, eine Nachttischlampe brennen lassen, im Nebenzimmer einlullende Geräusche verursachen wie leises Sprechen oder sanfte Musik. Außerdem muss das Kind das Gefühl haben, dass die Eltern jederzeit da sind, wenn es sie braucht, und niemals die Gefahr besteht, dass niemand in der Wohnung sein könnte. Diese Gewissheit vermittelt nämlich ein Gefühl von Schutz und absoluter Geborgenheit. Und mit dem Urvertrauen, das dadurch entsteht, kann ein Kind ohne Angst schlafen gehen.

Wenn Ihr Kind schlecht träumt

Vorwiegend in der zweiten Nachthälfte werden im Traum die Erlebnisse des Tages verarbeitet, und wenn die Phantasien des Kindes überfordert werden oder zu viel Belastendes aufgetreten ist, kann sich das in Angstträumen niederschlagen. Auch mit Stress oder Ärger, z. B. Konflikte zwischen den Eltern, werden Kinderseelen manchmal nicht anders fertig, als sie in die Traumphasen der Nacht einzuarbeiten und durch die Bedrohung von Geister-, Drachen- oder Teufelsgestalten erschreckt aufzuwachen. Oft können auch nachts andere Phänomene auftreten, beispielsweise das Reden von wirren Dingen oder Zähneknirschen. Auch wenn Kinder durch einen Alptraum oder ihr eigenes Plappern kurz aus dem Schlaf geschreckt werden und sogar manchmal leise weinen oder wimmern, schlafen sie doch meist schnell wieder ein und können sich am nächsten Tag an nichts mehr erinnern. Viele Eltern tendieren jedoch dazu, ihr Kind aufzuwecken, um es zu trösten oder weil sie sehen wollen, ob ihm etwas fehlt. Das Kind ist dann aber meist so irritiert, dass es nicht mehr in den Schlaf zurückfindet und dann erst richtig zu weinen beginnt. Am besten greifen Sie so wenig wie möglich ein. Setzen Sie sich einfach ans Bett Ihres Kindes, und beruhigen Sie es allenfalls mit leisen, monotonen Wortwiederholungen, wie z. B. »Es ist alles gut, schlaf schön.«

Auch wenn es Ihnen vielleicht schwer fällt: Hat Ihr Kind verstärkt Alpträume, dann halten Sie eine Zeit lang einen ganz streng geregelten Tagesablauf ein. Das gibt dem Kind Sicherheit.

Zu dritt im Bett?

Für viele Eltern ist es ein Problem, dass die Kinder ständig nachts zu ihnen ins Elternbett gekrochen kommen. Es ist eigentlich verständlich, dass ein Kind sich auf der Suche nach Nähe und Wärme zu den Eltern kuschelt. Wenn Ihr Bett groß genug ist und Sie selbst damit keine Probleme haben, gibt es keinen Grund, diese Gewohnheit zu ändern. Irgendwann hört das Kind von selbst damit auf. Stört es jedoch mindestens einen Elternteil, sollten Sie eine Lösung suchen. Manchmal hilft es schon, wenn man das Kind mit seinem eigenen Bettzeug neben sich legt.

»Falsche« Rituale deprogrammieren

Wenn ein Kind seit dem Babyalter »gelernt« hat, Schlafengehen immer beispielsweise mit Trinken aus der Nuckelflasche oder mit Schaukeln zu verbinden, ist es ihm gar nicht zu verübeln, dass es diese erlernte Kombination von Schlafen mit dem entsprechenden Ritual nun immer braucht und von den Eltern abverlangt. Außerdem, so sagen Psychologen, ist es auch ganz normal, wenn ein Kind in der Nacht fünf- bis siebenmal aufwacht und dann überprüft, ob die »gewohnte« Schlafumgebung vorhanden ist. Ist es die Babyflasche, wird es nach ihr verlangen, ist es ein Schnuller, fordert es diesen. Das Kind muss nun umlernen, sich von seinen Gewohnheiten trennen und zunächst üben, alleine im Bett einzuschlafen. Das kann anfangs mit großem Zeter und Mordio einhergehen und erfordert von den Eltern ungeheure Konsequenz. Doch es ist wichtig, standhaft zu bleiben. So sieht die Strategie aus:

► Bringen Sie Ihr Kind zu Bett, streicheln Sie es vielleicht noch eine Weile, erklären Sie ihm, dass es keine Angst haben muss, sagen Sie ihm dann Gute Nacht, und gehen Sie aus dem Zimmer.
► Wenn es zu weinen beginnt – und das tut es sicher –, sollten Sie nach einem festgelegten Zeitplan (z. B. alle fünf oder zehn Minuten) immer wieder zu ihm gehen, es beruhigen und ihm versichern, dass es nicht alleine ist, doch dann das Zimmer wirklich wieder verlassen.
► Diese Prozedur kann bis zu 20-mal vor jedem Einschlafen sowie auch während der Nacht so ablaufen und muss ein bis zwei Wochen lang durchgehalten werden. Aber in über 90 Prozent der Fälle führt diese Schlaftherapie zum Erfolg, und Sie werden mit ruhigen Nächten belohnt.

Wie viel Schlaf braucht ein Kind?

Erster bis sechster Lebensmonat

Forschungen zufolge liegt die durchschnittliche Schlafmenge von Babys bei 13 Stunden. Allerdings gibt es dabei Schwankungen von 9 bis 18 Stunden. Schläft ein Baby viel, wird es in Relation auch weiterhin viel schlafen, auch wenn die Anzahl der Stunden Schlaf mit zunehmendem Alter sinkt.

Säuglinge verbringen in den ersten Wochen ihres Lebens die meiste Zeit mit Schlafen. Etwa 16 bis 20 Stunden Schlaf brauchen sie täglich, und nur ca. vier bis acht Stunden sind sie wach. Die Schlafzeiten verteilen sich ziemlich gleichmäßig auf Tag und Nacht und werden ungefähr alle vier Stunden von kurzen Wachphasen unterbrochen. Das Baby verspürt nämlich ein Hungergefühl, wodurch es aufgeweckt wird. Für frischgebackene Eltern ist dies eine gewaltige Umstellung, denn ihr eigener Schlafrhythmus kommt völlig durcheinander. Doch sie können sich damit trösten, dass diese Situation im Normalfall nur wenige Wochen anhält und das Kind allmählich lernt, nachts durchzuschlafen. Außerdem können sich stillende Mütter die Situation dadurch erleichtern, dass sie ihr Kind neben sich schlafen lassen. Wenn das Baby in der Nacht dann aufwacht, müssen sie nicht aufstehen, sondern brauchen es nur anzulegen, und nach dem Trinken kann es dann gesättigt wieder einschlafen.

Sechster bis zwölfter Lebensmonat

Ganz langsam gewöhnt sich das Baby an einen Tag-Nacht-Rhythmus. Ab etwa dem sechsten Lebensmonat schläft ein Kind nur noch durchschnittlich ca. 14 Stunden, davon nur noch knappe zwei Stunden am Tag. Langsam lernt es also, dass sich die Aktivität des Tages von der in der Nacht unterscheidet und dass nachts Ruhe und Schlafenszeit ist. Bedenken Sie aber bitte, dass Lernprozesse bei jedem Kind unterschiedlich lange dauern und Sie deshalb nicht die Geduld verlieren dürfen, wenn die Umstellung auf den neuen Rhythmus doch nicht so schnell gehen sollte.

Erstes bis zweites Lebensjahr

Nach dem ersten Lebensjahr nimmt die Länge des Nachtschlafs noch weiter zu, die Zahl der Tagesschläfchen dagegen ab. Der Tag-Nacht-Rhythmus verfestigt sich, die Kinder schlafen jetzt ca. zwölf Stunden in der Nacht und etwa eine Stunde am Tag, meistens um die Mittagszeit.

Zweites bis viertes Lebensjahr

Der Nachtschlaf beträgt jetzt durchschnittlich elf Stunden, tagsüber schlafen Kinder oft nur noch ca. eine halbe bis dreiviertel Stunde.

Viertes bis neuntes Lebensjahr

Die meisten Kinder schlafen jetzt nur noch in der Nachtzeit ca. zehn bis elf Stunden, tagsüber nicht mehr. Sie sollten Ihr Kind jetzt nicht mehr zum Mittagsschlaf drängen.

Das können die Ursachen von Schlafstörungen sein

► Gestörter Schlafrhythmus: D.h., die Kinder wachen häufig in der Nacht auf und sind putzmunter. Das geschieht entweder ohne jede Ursache oder durch Störungen von außen. Entweder sind Lärmquellen verantwortlich, die in der Stille der Nacht lauter sind als tagsüber, oder das Kind spürt, wenn Besucher kommen und gehen. Auch ein wunder Po, an den scharfer Urin kommt, stört den Schlaf. Besonders leicht wacht ein Kind auf, wenn es friert. Aber auch innere Störungen, hervorgerufen durch Ängste und Stress, sind für Schlafstörungen verantwortlich.

► Gestörte Schlafgewohnheiten: Die Kinder brauchen bestimmte Rituale und können nicht ohne die Hilfe der Eltern einschlafen. Falsche Schlafgewohnheiten kommen am häufigsten vor. Meist handelt es sich dabei um ein anerzogenes Verhalten, sprich, die Kinder haben durch ihre Eltern ein bestimmtes Schlafmuster »gelernt«: z.B. immer nach dem Stillen an der Brust oder beim Nuckeln am Fläschchen einzuschlafen. Oder nur, wenn das Kind im Elternbett liegt oder ein Elternteil ganz nahe bei ihm ist, es streichelt, tröstet, schaukelt.

► Gesundheitliche Störungen: Sie kommen ebenfalls als mögliche Ursache für Schlafstörungen in Betracht. Allerdings sind sie im Vergleich zu falschen Schlafgewohnheiten oder einem falschen Schlafrhythmus eher selten. Trotzdem ist es wichtig, das Kind dem Kinderarzt vorzustellen, um Krankheiten auszuschließen, z.B. Ohrentzündungen, die sehr schmerzhaft sein und deshalb den Schlaf beeinträchtigen können.

Das ist keine Schlafstörung!

Es gibt von Anfang an Frühaufsteher unter den Babys. Wenn es genug geschlafen hat, ist es wach. Am besten, Sie stehen gleich auf, wenn es schreit, und nehmen sich Zeit, um es zu wickeln und zu füttern. Machen Sie etwas Licht, und geben Sie Ihrem Kind etwas zu spielen. Vielleicht leistet auch ein älteres Geschwister, das auch schon wach ist, dem Baby Gesellschaft.

Gerade, wenn kein Erwachsener in der Nähe ist, der vielleicht ein Kind bevorzugt, wodurch es dann zu Eifersüchteleien kommt, können die Geschwister unvoreingenommen Kontakt aufnehmen. Auf diese Weise entsteht in den frühen Morgenstunden wahre Geschwisterliebe.

Der regelmäßige Besuch beim Arzt

Eltern, die gerade ein gesundes Kind bekommen haben, werden sich über den neuen Erdenbürger freuen, die neue Gemeinsamkeit erst einmal genießen und sorglos in die Zukunft blicken. Doch schon gleich nach der Geburt wird eine

Untersuchung vorgenommen, die in regelmäßigen Abständen wiederholt werden sollte. Zweck dieser Untersuchungen ist die Früherkennung von Krankheiten und Störungen, die die Entwicklung eines Kindes gefährden können. Die Früherkennung ist Voraussetzung für eine erfolgreiche Behandlung. Wer sich vor Augen hält, dass die Entwicklung in den ersten fünf Lebensjahren entscheidend für die spätere körperliche und seelische Gesundheit des Kindes ist, wird mit Sicherheit die Gelegenheit nutzen, sein Kind regelmäßig gründlich untersuchen zu lassen.

Eltern dürfen ruhig viel fragen

Was genau bei den einzelnen Untersuchungen gemacht wird, können Sie in den kostenlosen Broschüren der Bundeszentrale für gesundheitliche Aufklärung nachlesen, die bei vielen Frauen- und Kinderärzten ausliegen, oder direkt dort anfordern. In der Regel überprüft der Arzt, ob die Entwicklung des Kindes altersgerecht verläuft. Nur so lassen sich Verzögerungen oder Störungen der Entwicklung rechtzeitig feststellen und behandeln, bevor möglicherweise schwere oder nicht behebbare Folgeschäden auftreten.

Notieren Sie Ihre Fragen und, bringen Sie den Zettel zu den Arztbesuchen mit. So vergessen Sie nichts, und alle anstehenden Probleme können besprochen werden. Scheuen Sie sich nicht, auch vermeintlich »dumme« Fragen zu stellen. So etwas gibt es nicht! Der Arzt Ihres Vertrauens wird Ihnen gerne helfen. Manchmal ist mit einigen Worten ein Problem aus der Welt geschafft, und Sie müssen sich nicht unnötig Sorgen machen. Fragen Sie lieber einmal zu viel als einmal zu wenig.

Kinder kommen schließlich nicht mit einer Gebrauchsanweisung zur Welt! Ihr Kind ist etwas Einzigartiges, und Ihre Fragen sind wichtig und berechtigt.

Das gelbe Heft

Kurz nach der Geburt haben Sie ein gelbes Untersuchungsheft bekommen, das Sie und Ihr Kind nun in den kommenden Jahren bei den Besuchen bei Ihrem Kinder- und Jugendarzt begleiten wird. Das ist das Vorsorgeheft Ihres Kindes. In dem Heft werden alle auffälligen Befunde Ihres Kindes vermerkt, aber auch, wenn alles in Ordnung ist. Außerdem trägt der Arzt die Ergebnisse der Testverfahren ein und kann mit verschiedenen Kennziffern die noch notwendigen Untersuchungen kennzeichnen. Nehmen Sie sich einmal etwas Zeit, und schauen Sie sich dieses Vorsorgeheft genau durch.

► Auf der linken Seite findet sich eine Rubrik »erfragte Befunde«. Ihre Beobachtungen sind für den untersuchenden Arzt sehr wichtig! Machen Sie sich eventuell zu Hause dazu Notizen.

► Außerdem werden Gewicht, Größe und Kopfumfang bei jeder »U« festgehalten. Im Faltumschlag am Ende des gelben Heftes sind die Kurven für die Körpermaße. Dort werden sie eingetragen und geben Aufschluss darüber, wie gut Ihr Kind gedeiht.

Untersuchungen zur Früherkennung von Erkrankungen im Kindesalter (Screening-Tests)

1. Mekoniumtest	Mukoviszidose
2. Guthrie-Test	Phenylketonurie, Galaktosämie
3. TSH-Test	Schilddrüsenfehlfunktion
4. CK-Test	Muskeldystrophie – nur bei Jungen (wird nicht überall durchgeführt)

Welche Tests sind nach der Geburt nötig?

Seit es die Früherkennungsmaßnahmen gibt, haben sich die Tests auf Seite 88 unten als Routinetestverfahren bei allen Neugeborenen inzwischen weitgehend durchgesetzt.

Damit sollen frühzeitig schwer wiegende Erkrankungen erkannt und behandelt werden, so dass Ihre Kinder die Chance haben, sich trotz einer Stoffwechselkrankheit normal zu entwickeln.

An einem Beispiel wollen wir das erläutern: Angenommen, die Schilddrüse produziert nicht genügend Hormone oder ist gar nicht vorhanden. Dieses Organ liegt normalerweise am Hals vor dem Kehlkopf. Fehlbildungen oder Unterfunktionen der Schilddrüse stellen die häufigste angeborene hormonelle Störung des Neugeborenen dar. Ihr Kind würde sich körperlich und vor allem auch geistig nicht normal entwickeln können. Es entstünden u. a. Kleinwuchs und Schwachsinn. Erkennt man aber durch das Testverfahren frühzeitig eine Fehlfunktion, so wird das Kind mit Schilddrüsenhormonen behandelt und entwickelt sich völlig normal. Natürlich sind dann immer regelmäßige Kontrollen notwendig.

Lassen Sie diesen Bluttest, der in der Regel am fünften Lebenstag zusammen mit dem Guthrie-Test durchgeführt wird, auf jeden Fall machen, auch wenn es schmerzt, daß Ihr Kind gepikst wird!

Wichtige Impfungen gegen Infektionskrankheiten

Wenn man sich vorstellt, dass vor 150 Jahren noch die Hälfte aller Kinder bis zum zehnten Lebensjahr an Krankheiten wie Tuberkulose und Keuchhusten oder Kinderlähmung verstarb, sind die Errungenschaften der medizinischen Forschung ein wirklicher Segen. Kinderkrankheiten haben damit größtenteils ihren Schrecken verloren. Hinzu kommt natürlich auch das zunehmende Verschwinden von Mangelerscheinungen, beispielsweise durch Unterernährung, zumindest in den Industrieländern.

So wirken Impfungen

Beobachtungen haben gezeigt, dass Menschen nach einer überstandenen Infektionskrankheit dagegen immun waren, d. h., sie haben Abwehrstoffe gegen diese Krankheit entwickelt. Die Impfstoffe enthalten Krankheitserreger, die entweder in ihren krankheitserregenden Eigenschaften herabgesetzt sind (Lebendimpfstoffe) oder in abgetöteter Form eingesetzt werden (Totimpfstoffe). Diese Krankheitserreger haben genau wie die natürlichen die Aufgabe, im Körper eine Immunität (Schutz gegen bestimmte Krankheiten) zu erzeugen. Damit dieser Schutz wirkungsvoll ist, müssen mehrere Impfungen in bestimmten Abständen wiederholt werden. Ein Impfkalender gibt Ihnen Auskunft über den richtigen Zeitpunkt der Impfung. Zusätzlich besprechen Sie diese Termine am besten mit Ihrem Arzt.

Wie wichtig die Polio-Schutzimpfung, also die Impfung gegen Kinderlähmung ist, erkannte man daran, dass ein Jahr nach Durchführung der Impfung diese grausame Krankheit so gut wie verschwunden war. Versäumen Sie deshalb nie den Impftermin.

Neun kostenlose Untersuchungen

Die Früherkennung von Entwicklungsstörungen hilft nicht nur dem Kind, sondern auch den Eltern, es besser zu verstehen und ihm die Hilfe geben zu können, die es braucht.

Die U1: Ihr Kind ist soeben auf die Welt gekommen

Die Neugeborenen-Erstuntersuchung nimmt der Geburtshelfer direkt nach der Geburt vor. Geburtshelfer ist entweder die Hebamme oder der Frauenarzt, bei Risikogeburten der Kinderarzt. Schreit Ihr Kind kräftig? Ist »alles« dran? Schlägt das Herz regelmäßig und kräftig? Reagiert es richtig? Das sind die wichtigen Fragen, die direkt nach der Geburt beantwortet werden.

Diese Untersuchungen und auch der im Folgenden beschriebene APGAR-Test können so durchgeführt werden, dass das innige Zusammensein mit den Eltern gleich nach der Geburt nicht übermäßig gestört ist. Denn in den ersten Stunden des Kennenlernens prägt sich das Bild der Eltern tief ins Gedächtnis des Kindes ein, und die Grundlagen des Urvertrauens werden gelegt.

Der APGAR-Test

Das durchschnittliche Geburtsgewicht beträgt etwa 3,2 Kilogramm. Jungen sind etwas schwerer als Mädchen, Erstgeborene leichter als die folgenden Geschwister, und kleine Eltern haben auch eher kleinere, leichtere Kinder. Wiegt ein Kind unter 2,5 Kilogramm, kommt es sicherheitshalber in den Brutkasten.

Ein objektiver Gradmesser für die Vitalität Ihres Kindes ist das so genannte »APGAR-Schema«, benannt nach einer schwedischen Ärztin. Damit wird genau festgestellt, wie Ihr Kind die Umstellung aus der schützenden Höhle der Gebärmutter in die raue Welt überstanden hat.

Der APGAR-Wert wird fortlaufend nach einer Minute, nach fünf Minuten und nach zehn Minuten bestimmt. Für fünf Kriterien gibt es maximal je zwei Punkte, insgesamt also zehn Punkte. Die wichtigsten Werte sind diejenigen nach fünf und zehn Minuten. Sie geben zuverlässig Auskunft über die Vitalität Ihres Kindes. Alle Punktwerte über acht nach fünf Minuten zeigen, dass es Ihrem Kind gut geht. Liegen die Werte darunter, droht ein Kreislaufkollaps oder eine Atmungsbeeinträchtigung, so müsste Ihr Kind sofort intensivmedizinisch versorgt werden.

Aber wir gehen jetzt davon aus, dass alles in bester Ordnung ist.

Während Sie sich von der Geburt ein wenig erholen und selbst versorgt werden, misst und wiegt die Hebamme natürlich nun Ihr Kind. Der Geburtshelfer schaut nach äußerlich sichtbaren Fehlbildungen. Ob die Speiseröhre durchgängig ist, wird mit einer Magensonde geprüft, ob die Afteröffnung an normaler Stelle liegt, mit dem Fieberthermometer. Die Ergebnisse dieser Basisuntersuchung werden in das Vorsorgeheft eingetragen.

90

APGAR-Werte

	0 Punkte	1 Punkt	2 Punkte
Atmung	keine	unregelmäßig	regelmäßig
Herzschlag	kein Herzton	<100/min	>100/min
Grundhaltung	schlaff	mäßig	gute Arm-Bein-Beugung
Aussehen	blau/weiß	Arme/Beine blau	rosig
Reflexe	keine	mäßig	wehrt sich

Erste vorbeugende Maßnahme

Ihr Kind bekommt jetzt auch bereits ein »Medikament«, das »Vitamin K« zur Vorbeugung von gefürchteten Gehirnblutungen. Dieses Vitamin ist für die Blutgerinnung ganz besonders wichtig. Neugeborene und ganz besonders Frühgeborene haben keinen ausreichenden Vorrat dieses Vitamins. Da sich bei einem Mangel aus einer winzig kleinen Blutung sehr schnell ein größerer Bluterguss entwickeln kann, der bleibende Schäden nach sich zieht, hat man die vorbeugende »Vitamin-K-Prophylaxe« eingeführt. Ihr Kind bekommt insgesamt dreimal je zwei Milligramm Vitamin K in Tropfenform, bei der U1, bei der U2 und bei der U3. Danach kann man davon ausgehen, dass genügend über die Muttermilch bzw. Industriemilch zugeführt wird und die Gefahr gebannt ist.

Erster Stoffwechseltest

Im Laufe der nächsten Stunden, wenn Ihr Kind zum ersten Mal die Windel »voll gemacht« hat, wird mit dem ersten Stuhlgang, dem so genannten »Kindspech«, auch schon der erste Stoffwechseltest durchgeführt.

Dabei sucht man nach Frühzeichen der »Mukoviszidose«, einer vererbbaren Erkrankung, die vorwiegend die Lunge und die Bauchspeicheldrüse befällt. Die Funktionsstörung der Bauchspeicheldrüse führt zu einer mangelhaften Verdauung. Anzeichen davon können schon im »Mekonium«, dem Kindspech, nachgewiesen werden. Ganz wichtig ist , dass vorher keinerlei Creme auf die Haut aufgetragen werden darf, da der Test sonst verfälscht würde. Dieser Test ist zwar nicht hundertprozentig zuverlässig, gibt aber Hinweise auf eine mögliche Erkrankung und muss bei »positivem« Ausfall kontrolliert werden durch einen Schweißtest im dritten Lebensmonat. Bei Mukoviszidose scheidet der Körper im Schweiß vermehrt Salze aus, die mit diesem Test gemessen werden.

Wenn Sie Ihr Baby zu Hause bekommen haben , sollten Sie möglichst in den ersten Tagen nach der Geburt mit Ihrem Kinderarzt Kontakt aufnehmen, damit er sich das Kind ansieht.

Es ist sehr zu empfehlen, alle Vorsorgeuntersuchungen von ein und demselben Kinderarzt durchführen zu lassen. So kann er die Gesamtentwicklung des Babys über einen längeren Zeitraum verfolgen und mögliche Störungen leichter erkennen.

Das Kindspech ist eine grünlich schwarze Substanz, die ausgeschieden werden muss, bevor eine richtige Verdauung stattfinden kann. Meist geschieht dies in den ersten 24 Stunden. Ist bei einer Hausgeburt das Kindspech am zweiten Tag noch nicht da, muss die Hebamme gerufen werden.

Die U2: Ihr Kind ist drei bis zehn Tage alt

Sie haben sich von den Strapazen der Geburt weitgehend erholt. Die nächste Vorsorge steht auf dem Terminplan. Entweder führt sie der Kinderarzt noch in der Geburtsklinik vor der Entlassung durch, oder der niedergelassene Kinderarzt nimmt sie bei Ihnen zu Hause oder in seiner Praxis vor.

Dies ist die Basisuntersuchung , in der Regel die erste, die von einem Kinderarzt vorgenommen wird.

Der Arzt wird Ihr Kind sehr gründlich untersuchen, um zu sehen, ob auch wirklich alles in Ordnung ist. Denn einige Störungen zeigen sich erst einige Tage nach der Geburt.

Was fragt der Arzt?

In den ersten Tagen nimmt Ihr Baby noch nicht so viel Nahrung auf, so dass es ein wenig an Gewicht verlieren wird. Es werden aber höchstens zehn Prozent des Geburtsgewichts sein, welches das Baby nach zehn Tagen wieder erreicht hat. Es muss erst lernen, dass es einen Zusammenhang zwischen Hunger und Saugen gibt.

► Kann Ihr Kind ohne Schwierigkeiten trinken, oder hat es Schluckstörungen? Auffälligkeiten beim Trinkverhalten können nämlich auf Verengungen in der Speiseröhre hinweisen. Es gibt aber auch gesunde, einfach nur »trinkfaule« Kinder. Da das Trinken aber grundlegend für ein gesundes Wachstum ist, sollten Probleme in diesem Bereich behoben werden. Im Verhältnis zu seinem Körpergewicht trinkt ein Baby so viel, dass ein Erwachsener zehn Liter trinken müsste, um im selben Verhältnis Flüssigkeit aufzunehmen.

► Hat Ihr Kind plötzlich mit Armen und Beinen gezuckt? Dahinter könnte sich eine Gehirnblutung verbergen. Zittern des Unterkiefers hingegen nicht krankhaft, sondern ein Zeichen dafür, dass u. a. der Kalziumgehalt des Blutes noch nicht konstant ist, oder auch ein Anzeichen von Kälte.

► Atmet Ihr Kind regelmäßig, oder entstehen Pausen dazwischen?

► Sind Ihnen Atemgeräusche aufgefallen, oder atmet Ihr Kind schwer?

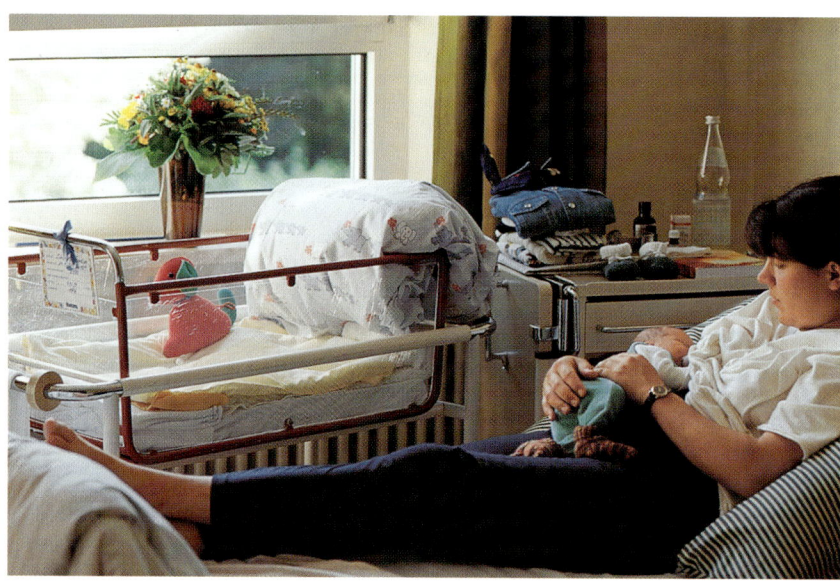

Durch das Stillen wird das Baby in den ersten Wochen und Monaten mit allen wichtigen Nährstoffen versorgt und kann so seine Abwehrkräfte gegen Krankheitserreger optimal entwickeln.

Was untersucht der Arzt?

Die Atmung

Ein neugeborenes Kind atmet viel schneller als ältere Kinder. Es holt in der Minute ca. 30- bis 50-mal Luft. Störungen der Atemfrequenz und längere Atempausen können auf eine Infektion hindeuten. Der Arzt wird mit seinem Stethoskop sehr sorgfältig den Brustkorb abhorchen, um festzustellen, ob das Geräusch der Atmung überall ankommt und sich die Lunge gut entfaltet hat.

Ein pfeifendes Geräusch, das der Arzt hört, wenn er das Stethoskop an den Hals hält, das aber auch von der Mutter meist als kieksendes Geräusch wahrgenommen wird, kann auf eine weiche Luftröhre hindeuten. Diese Erscheinung verwächst sich im Laufe des ersten Lebensjahres. Sie müssen keine Angst haben, dass Ihr Kind ersticken könnte und nicht genug Luft bekommt. Allerdings ist es sehr wichtig, dass Ihr Kind eine freie Nasenatmung hat, wenn es z. B. an einem Schnupfen erkrankt. Also: lieber dann den Arzt aufsuchen.

Verfärbt sich das Gesicht des Kindes beim Atmen aber immer wieder mal bläulich, so muss an eine Verengung in den Atemwegen gedacht werden, die behoben werden muss.

Sollte der Arzt eine Störung im Brustkorb vermuten, wird er möglicherweise eine Röntgenaufnahme veranlassen. Eine Verengung der Luftröhre und ein Druck auf den Kehlkopf kann entstehen, wenn die Schilddrüse vergrößert ist. Der Arzt kann dies durch Tasten feststellen.

Das Herz- und Kreislaufsystem

Die Herzfrequenz des jungen Säuglings ist höher als zu einem späteren Zeitpunkt. 100- bis 140-mal schlägt das Herz in der Minute, um das Blut in die Blutbahnen des kleinen Körpers zu transportieren.

In der Schwangerschaft hatte das Baby einen etwas anderen Kreislauf mit zusätzlichen Verbindungen. Über die Nabelschnur wurde es mit Nährstoffen und Sauerstoff versorgt, die Lunge arbeitete noch nicht. Diese zusätzlichen Blutverbindungen sind nach der Geburt nicht mehr notwendig und verschließen sich innerhalb weniger Stunden bis Tage. Sind diese Verbindungen aber noch offen, so hört der Arzt neben den eigentlichen Herztönen noch ein Herzgeräusch. Das kann zunächst durchaus harmlos sein und wird nur beobachtet, es kann aber auch genauso ein Herzfehler vorliegen, der Anlass zu weitergehenden Untersuchungen gibt. Auch bei den beiden folgenden Vorsorgeuntersuchungen können zunächst zusätzliche Geräusche gehört werden, die ebenfalls weiter untersucht werden müssen.

Abgesehen davon können in jedem Kindesalter Geräusche auftreten, die so genannten akzidentellen Herzgeräusche, die harmlos sind und keinen negativen Einfluss auf die Leistung des Herzens haben.

Überall am Körper gibt es Stellen, an denen man den Puls gut tasten kann, u. a. an den Beinen. Die medizinische Bezeichnung dafür ist »Femoralispulse«. Dies wird der Arzt überprüfen, um den Blutdurchfluss und damit die Blutversorgung festzustellen.

Wenn Ihr Baby häufig niest, kann das auch daher kommen, dass es lichtempfindlich ist. Licht reizt nicht nur die Augen, sondern auch die Nerven der Nase. Auch wenn es Schleim durch die Nase abstößt, hat es keinen Schnupfen, sondern es sind noch Reste aus der Zeit vor der Geburt.

Die Haut

Die Haut ist das größte Organ des Menschen. Durch ihre Beschaffenheit und Farbe erhält der Arzt wichtige Informationen über den Gesundheitszustand des Babys.

Gelbsucht: Alle Babys haben nach der Geburt eine »Gelbsucht«, die man mehr oder weniger an der Haut sehen kann. Diese Gelbsucht ist im Unterschied zum späteren Krankheitsbild bei Erwachsenen nicht ansteckend, sondern entsteht durch den Abbau des roten Blutfarbstoffes aus den roten Blutkörperchen, die nach der Geburt zerfallen – ein ganz normaler Prozess. Unter bestimmten Umständen, z. B. bei einer Blutgruppenunverträglichkeit zwischen Mutter und Kind, kann verstärkt gelber Farbstoff auftreten, der sich in der Haut ablagert. Die Leber des Neugeborenen ist noch relativ unreif, so dass sie das Überangebot an gelbem Farbstoff nicht schnell genug verarbeiten kann. Dieser wird dann in der Haut abgelagert, das Kind sieht gelb aus.

Es gibt Normtabellen, in denen der Arzt nachschauen kann, ob der vorliegende Wert des »Bilirubins«, so heißt der Farbstoff, noch im Normalbereich für Ihr Kind liegt, oder ob eine Beleuchtung mit blauem Licht notwendig wird. Ebenso ist eine vermehrte Flüssigkeitszufuhr notwendig, damit der überschüssige Farbstoff über die Nieren ausgeschieden werden kann.

Gefährlich wird die Gelbsucht dann, wenn der Farbstoff ins Gehirn gelangt und dort Schaden anrichtet. Dies geschieht allerdings erst ab einer gewissen Konzentration. Daher ist die Kontrolle über das Blut oder ein Messgerät bei deutlicher Gelbverfärbung der kindlichen Haut unbedingt nötig.

Blässe oder bläuliche Verfärbungen der Haut: Dies können Hinweise auf Herzfehler, Blutarmut oder auf Infektionen sein.

Marmoriert erscheinende Haut: Hier funktioniert die Temperaturregulation beim Baby noch nicht besonders gut. Dieser Zustand regelt sich meist von selbst. Achten Sie aber darauf, dass Ihr Kind entsprechend warm gekleidet ist. In den ersten Wochen sind zusätzliche Socken und eventuell Handschuhe sinnvoll. Hände und Füße befinden sich am weitesten vom Herzen entfernt und kühlen leichter aus.

In den ersten acht Wochen sollten Sie Ihrem Baby den Kopf nicht waschen. Es ist nämlich besonders kälteempfindlich. Erst gegen Ende des ersten Lebensjahres ist die Haarwäsche mit einem sanften Babyshampoo sinnvoll. Kleine Verschorfungen auf dem Kopf sollten Sie nicht entfernen – sie fallen von selbst ab.

Hautpflege bei Säuglingen

Ihr Baby muss nicht täglich gebadet werden, dreimal pro Woche genügt vollauf. Natürlich müssen Sie es mehrmals am Tag beim Wickeln säubern. Benutzen Sie dazu einen Waschlappen, der nach jeder Benutzung in die Kochwäsche kommt. Besser als Spezialkinderseife ist Babyöl oder eine Babyreinigungsmilch. Damit wird die Haut gleichzeitig geschützt und gepflegt. Ein guter Schutz gegen den scharfen Urin sind Cremes, die Zinkoxid enthalten.

Entzündungen: Mit eitrigen Auflagen können sie auch schon auf der Haut eines Neugeborenen auftreten. Die Haut hat noch nicht ihren gesunden Schutzfilm durch gesunde Bakterien. Bei kleinen Verletzungen oder gereizter Haut können sich darum rasch krank machende Bakterien ansiedeln und Entzündungen verursachen. Der Arzt wird entscheiden, ob je nach Ausmaß der Veränderung eine örtliche Behandlung ausreicht oder ob ein Antibiotikum nötig ist.

Das Immunsystem des Neugeborenen ist bei der Geburt noch »jungfräulich«. Die vorhandenen Antikörper sind von der Mutter geliehen, geben ihm einen »Nestschutz«, werden aber im Verlaufe einiger Wochen bis Monate abgebaut. Wenn das Kind während der Schwangerschaft gesund war, hat es noch keine eigenen Abwehrstoffe gebildet. Damit fängt es nach der Geburt an. Es wird sofort von gesunden und krank machenden Keimen attackiert und wehrt sich. Da sich auch die physiologische Besiedlung der Haut und Schleimhäute erst ausbildet, können sich z. B. auch Pilzerkrankungen leichter entwickeln (siehe auch Impfungen).

Pigmentstörungen auf der Haut: Es gibt weiße Flecken, hell- oder dunkelbraune Muttermale, Muttermale mit kräftigem Haarwuchs, rote Flecken und Blutschwämmchen. Je nachdem, wie groß eine Pigmentveränderung ist und wo sie sich befindet, kann man abwarten oder muss chirurgisch eingreifen. Blutschwämmchen haben eine große Rückbildungstendenz, so dass man hier vorerst nicht eingreifen muss, sondern beobachtend abwarten kann. Sitzen sie aber im Gesicht oder behindern die Funktion eines Gelenkes, so sollten sie operiert werden. Meistens geschieht das heute mit Lasern. Dunkel gefärbte Muttermale müssen beobachtet und eventuell zu einem späteren Zeitpunkt entfernt werden. Dies gilt auch für behaarte Male, sofern sie nicht sofort behandlungsbedürftig sind. Im Kindesalter ist eine bösartige Veränderung glücklicherweise sehr selten. Alle roten Flecken, die sich in der Körpermitte befinden oder symmetrisch auftreten, verschwinden mit der Zeit.

»Storchenbiss«: Dieses Mal am Hinterkopf blasst ab, verschwindet aber nicht ganz und ist harmlos.
»Mongolenflecken«: Im Bereich des Kreuzbeines sieht man bei Kindern asiatischer Eltern oft einen dunklen Fleck. Dieser verschwindet im Laufe der ersten Jahre ebenfalls und ist völlig harmlos.

Die Bauch- und Geschlechtsorgane
Magen und Darm: Das Absetzen des Kindspechs, die regelmäßige Nahrungsaufnahme ohne Schluckstörungen und auffallendes Erbrechen zeigen, dass Magen und Darm von oben bis unten durchgängig sind und ihre Funktion ohne Probleme erfüllen.

Leber und Milz: Vergrößerungen dieser Organe können auf eine Infektion hindeuten, die das Kind während der Schwangerschaft durchgemacht hat. Liegt ein solcher Verdacht vor, ist eine Blutuntersuchung nötig.

Wenn das Kind Probleme mit der Nahrungsaufnahme hat, stark erbricht oder Durchfall hat, wird die Haut faltig und ausgetrocknet wirken. Bei Wassereinlagerungen könnte dies ein Hinweis auf eine Unausgewogenheit im Wasser-Salz-Haushalt sein.

Nieren: Der Urin eines jungen Säuglings erscheint anfänglich noch sehr hell. Das Kind scheidet viel Urin aus. Die Nieren konzentrieren die Flüssigkeit noch nicht so stark, daher die helle Farbe und die große Menge. Im Laufe der folgenden Wochen wird der Urin dunkler, der Geruch intensiver und auch die Menge weniger. Das ist ganz normal. Wenn Ihr Kind allerdings nicht genügend Flüssigkeit zu sich nimmt oder häufig erbricht, scheiden die Nieren natürlich auch weniger Urin aus, die Windel ist »trocken«. Diese Alarmzeichen sollten Sie unbedingt dem Arzt berichten.

Brüche: Abgesehen von dem weiter unten beschriebenen Nabelbruch können sich auch in den Leisten »Brüche« entwickeln. Besonders bei frühgeborenen Kindern ist die Leistengegend noch sehr weich, Vorwölbungen können leicht beim Pressen und Schreien entstehen. Dabei drängen sich Darmschlingen durch den Leistenkanal nach außen und sind unter der Haut zu tasten. Bei Mädchen findet man im Leistenbruch neben dem eintretenden Darm oft auch den Eierstock derjenigen Seite. Bei Jungen kann auch nur Flüssigkeit im Bereich der Hoden vorliegen. Man spricht dann von einem »Wasserbruch«. Leistenbrüche treten in jedem Lebensalter auf, sind aber auch schon bei dieser Vorsorgeuntersuchung zu sehen. Wenn Ihnen eine unklare Vorwölbung in der Leistengegend Ihres Kindes auffällt, sollten Sie Ihren Kinderarzt aufsuchen. Leistenbrüche müssen baldmöglichst operiert werden, da sie einklemmen können und die Gesundheit des Kindes dann akut gefährdet ist.

Für Auffälligkeiten der Geschlechtsorgane beim Mädchen sind meist weibliche Sexualhormone verantwortlich, die noch aus dem Stoffwechsel der Mutter stammen und sich beim neugeborenen Mädchen z. B. in Form von Vaginalblutungen auswirken. Das ist ganz normal.

Hoden: Sie befinden sich in der Regel nach der Geburt im Hodensäckchen. Bis zum Ende des zweiten Lebensjahres sollten sie aber spätestens dort zu finden sein. Andernfalls ist eine Therapie notwendig, weil die Temperatur im Bauchraum zu warm ist und die spätere Zeugungsfähigkeit stört.

Fast alle Jungen haben in diesem Alter eine normale Vorhautverengung , die Haut lässt sich nicht über die Eichel zurückschieben. Wenn Ihr Kind ohne Probleme Wasser lassen kann, sollten Sie die Vorhaut in Ruhe lassen. Bei den folgenden Untersuchungen wird der Arzt immer danach schauen. Gewaltsames Zurückschieben verursacht Narbenbildung und tut höllisch weh. Im Zweifelsfall kann eine ambulante operative Behandlung notwendig werden, aber Zuwarten hat sich oft bewährt.

Scheide: Außer den großen und kleinen Schamlippen findet sich bei neugeborenen Mädchen oft noch ein etwas vergrößertes Hautanhängsel im Bereich des Scheideneingangs. Dabei handelt es sich um eine Vergrößerung des Jungfernhäutchens, das verhindert, dass Stuhl aus dem Darm in die Scheide gelangt. Von Natur aus ist das Jungfernhäutchen eher aus hygienischen als aus moralischen Gründen angelegt. Die sichtbare Vergrößerung wird im Lauf der Zeit kleiner.

After: Der Arzt schaut noch einmal sehr genau nach, ob das Darmende an der typischen Stelle liegt und das Kind wirklich ohne Probleme seinen Darminhalt entleeren kann.

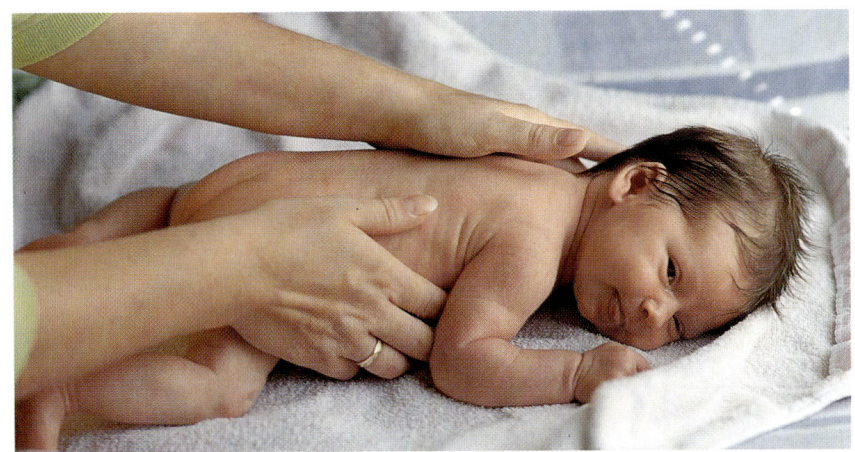

*Bei den Vorsorgeunter-
suchungen in den ersten
Wochen nach der Geburt
werden die Funktionen der
Körper- und Sinnesorgane
gründlich überprüft. Eventuelle Beobachtungen sollten
dem Kinderarzt unbedingt
mitgeteilt werden.*

Das Skelett-, Muskel- und Nervensystem

Kopf: Bei allen Vorsorgeuntersuchungen wird immer auch der *Kopfumfang* gemessen. Diese Messung ist sehr wichtig, da sie Rückschlüsse auf das Wachstum und die Gesundheit des Gehirns zulässt. Hat das Gehirn genügend Platz,
oder wachsen die Schädelnähte zu schnell zu? Ist die Fontanelle zu weit offen,
und wölbt sie sich vor? Ist der Kopf zu klein oder zu groß? Alle diese Fragen
müssen geklärt werden.
Nicht jede auffallende Kopfform muss gleich eine krankhafte Veränderung sein.
Es kann auch eine harmlose familiäre Besonderheit vorliegen, vielleicht haben
z. B. alle Männer einer Familie eher große Köpfe. Diese Beobachtungen sollten
immer in die Überlegungen mit einbezogen werden.

Wirbelsäule, Gliedmaßen, Muskeln: Des Weiteren schaut der Arzt genau die
Wirbelsäule und Gliedmaßen an und prüft die Spannung der Muskulatur. Ist
das Kind eher schlaff, bäumt es sich nach hinten, oder ist die Spannung, auch
»Tonus« genannt, normal?
Oft wird bereits jetzt eine Ultraschalluntersuchung der *Hüftgelenke* vorgenom-
men, spätestens aber bei der U3.

Schlüsselbeine: Es kann sein, dass der Arzt jetzt einen Bruch feststellt, der bei
der Geburt aufgetreten ist. Erschrecken Sie nicht, Schlüsselbeinbrüche kommen recht häufig vor, vor allem, wenn die Geburt etwas schwerer war und die
Schultern des Kindes etwas mühsam freikamen. Sofern der Arm der betroffenen Seite gut beweglich ist, braucht keine spezielle Therapie vorgenommen zu
werden. Am Schlüsselbein können Sie für einige Zeit eine kleine Vorwölbung
tasten, das ist der so genannte »Übergangsknochen«. Später wird das Schlüsselbein wieder normal glatt. Möglicherweise schont Ihr Kind die betroffene Seite etwas und dreht auch den Kopf nicht in diese Richtung. Eventuell ist dann
vorübergehend doch einmal eine krankengymnastische Behandlung nötig, damit keine Schieflage eintritt.

*Fast jedes Kind hat eine
bevorzugte Seite, auf
der es besonders gerne liegt.
Achten Sie darauf, dass es
mal nach rechts, mal nach
links schauen kann, und
wechseln Sie die Lage
regelmäßig, damit auch hier
keine Schieflage entsteht.*

Reflexe: Der Arzt wird einige Tests durchführen. Wundern Sie sich nicht, wenn er das Kind dabei sprichwörtlich auf den Kopf stellt. Bestimmte Reaktionen Ihres Kindes müssen vorhanden sein, damit sich die Verbindungen zwischen Gehirn und Körper regelrecht entwickeln können. Diese »neurologischen Reaktionen« und »Lagereaktionen« wird Ihr Arzt bei jeder Vorsorge im ersten Lebensjahr genau prüfen.

Weitere Tests

Ungefähr zeitgleich mit dieser Vorsorge hat am fünften Lebenstag eine kleine Blutabnahme stattgefunden für den Guthrie-Test. Auch wenn Ihnen der Gedanke nicht gefällt, dass Ihr Kind gestochen werden muss, lassen Sie diesen Stoffwechseltest unbedingt machen. Wenn die darin untersuchten Krankheiten frühzeitig erkannt und behandelt werden, wird sich Ihr Kind trotzdem normal entwickeln.

Ihr Kind erhält abschließend die zweite Dosis Vitamin- K-Tropfen.

Ab dem zehnten Lebenstag sollte es täglich während des ersten Lebensjahres eine Vitamin- D-Tablette mit Fluorid bekommen.

Unbedingt durchgeführt werden sollte auch der TSH-Test. Damit können Störungen der Schilddrüse erfasst werden. Eine Unterfunktion hätte gravierende Auswirkungen auf die Entwicklung des Kindes. Die Verabreichung von Schilddrüsenhormonen ist eine mögliche Behandlung.

Die ersten vier bis sechs Wochen

Jetzt haben Sie Zeit, sich gegenseitig kennen zu lernen. Lassen Sie sich auf Ihr Kind ein. In den ersten drei Monaten dürfen Sie Ihr Kind ruhig verwöhnen, es hat Urbedürfnisse, die es nicht selbst stillen kann. Wenn es schreit, nehmen Sie es auf den Arm, und trösten Sie es. Mit der Zeit entwickeln Sie ein Gespür für den Grund seines Geschreis.

Sie werden viele Ratschläge bekommen und verschiedene Bücher lesen, so auch dieses. Zu Zeiten ist ein guter Rat Gold wert. Hören Sie aber auch auf Ihren Instinkt. Eltern und ganz besonders Mütter haben in der Regel ein gutes Gefühl dafür, was ihr Kind gerade braucht. Hören Sie ruhig auf Ihr »Bauchgefühl«.

Das Leben »draußen« ist gewohnheitsbedürftig

In diesen Wochen hat der kleine Organismus viel Arbeit, um sich auf die Lebensumstände außerhalb der schützenden Gebärmutter einzustellen. Dabei können vorübergehende Störungen auftreten, die Sie beunruhigen könnten. Meistens sind sie aber völlig harmlos und verschwinden nach einiger Zeit.

Im Folgenden stellen wir Ihnen die wichtigsten Anpassungsstörungen vor. Dann fällt es Ihnen sicher leichter, damit umzugehen.

Trinken

Ein Baby bringt am Anfang natürlich den gewohnten Tagesablauf der Familie durcheinander, wobei ganz besonders die Nachtruhe gestört sein wird.

Es braucht am Anfang viele kleine Mahlzeiten und meldet sich darum mindestens alle drei bis vier Stunden. Weniger als zwei Stunden sollten nach Möglichkeit nicht zwischen den Mahlzeiten liegen, da sonst frische Milch auf bereits angedaute Milch kommt, was leicht zu zusätzlichen Verdauungsstörungen führen kann. Geben Sie dem Baby dann ein wenig Tee, um die Zeit bis zur nächsten Mahlzeit zu überbrücken. In einigen Wochen hat sich ein Rhythmus gebildet, den das Kind selbst bestimmt und bei dem in der Regel alle vier bis sechs Stunden eine Mahlzeit genommen wird.

In einem gewissen Abstand von ca. sechs bis acht Wochen treten Perioden auf, in denen Ihr Kind plötzlich wieder häufiger trinken will, zum ersten Mal am Ende der ersten sechs Lebenswochen. Das sind meistens Zeiten, in denen es wieder wächst. Dann braucht es mehr und fordert Nachschub. Haben Sie dann einige Tage Geduld, und legen Sie Ihr Kind öfter an, Sie brauchen keine zusätzliche Milch zugeben. Bei Flaschennahrung benötigt Ihr Kind dann mehr Menge pro Flasche oder eine Umstellung auf eine sättigendere Nahrung.

Wenn Sie stillen und in der Familie gibt es Allergien oder Nahrungsmittelunverträglichkeiten, dann sollten Sie versuchen, sechs Monate lang voll zu stillen ohne jegliche Beikost. Gleichzeitig ist es sinnvoll, auf Milch, Milchprodukte, Eier, Fisch und Nüsse zu verzichten.

Schlafen

Auch der Tag- Nacht-Rhythmus braucht eine gewisse Zeit, bis er sich eingestellt hat. Haben Sie Geduld. Sie können Ihr Kind unterstützen, indem Sie ihm ein ruhiges Zuhause geben. Versuchen Sie von Anfang an einen regelmäßig wiederkehrenden Ablauf einzurichten, wenn Sie Ihr Kind ins Bett legen. Es gewöhnt sich schnell an Rituale und schläft dann ruhig ein. Lassen Sie Ihr Baby nicht an der Brust oder mit der Flasche einschlafen. Wenn es in der Nacht wach wird, sucht es diese »Einschlafhilfe« und ist schwerer zu beruhigen, wenn es sie nicht findet. Ihr Kind sollte in seinem Bett einschlafen und daher wach hineingelegt werden. Nach einigen Wochen ist auch hier eine Regelmäßigkeit eingetreten.

Der »plötzliche Kindstod«

Trotz umfangreicher Forschungen weiß man bis heute nicht genau, was die Auslöser dieser Katastrophe sind. Der »Krippentod«, wie er auch genannt wird, ereignet sich in der Zeit nach den ersten Lebenswochen bis Ende des ersten Lebensjahres. Klar unterscheiden muss man zwischen dem tatsächlichen Krippentod und einem Tod als Folge einer vielleicht übersehenen oder akut aufgetretenen Krankheit. Der Tod aufgrund eines nicht erkannten Herzfehlers oder einer Nierenstörung hat nichts mit dem plötzlichen Kindstod zu tun. Genauso ist es falsch, dass Kinder, die mit der Flasche gefüttert wurden, gefährdeter sind als Brustkinder. Allerdings weiß man heute schon, welche Kinder ein erhöhtes Risiko tragen. Zum einen sind das Frühgeborene, zum anderen Babys, die nach der Geburt eine schwere Krankheit erlitten haben. Zur Sicherheit gibt es Atemüberwachungsgeräte, die einen Alarmton geben, sobald die Atmung unterbrochen ist.

Obwohl man bestimmten Ratschlägen folgen sollte, um den plötzlichen Kindstod zu vermeiden, sind die Ursachen bis heute ungeklärt. Dennoch sollten Sie sich genau informieren, denn ein ausschließliches Schlafen in Bauchlage gehört durchaus zu den Risikofaktoren.

An der Art, wie das Baby auf unterschiedliche Gegenstände reagiert, die in sein Blickfeld gehalten bzw. darin bewegt werden, kann man auf etwaige Sehstörungen schließen. Endgültigen Aufschluss gibt erst die ärztliche Untersuchung.

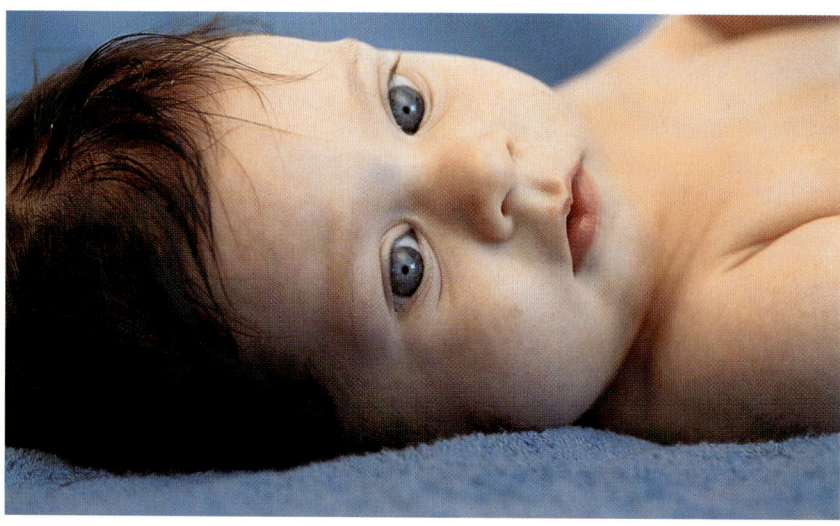

Verwenden Sie beim Reinigen der Augen nur Wasser ohne Zusatzstoffe. Ein Kamillentee oder -extrakt könnte Allergien auslösen. Noch schonender als Wischen ist es, wenn Sie nasses Wattepad kurz auf das Auge legen. Das löst die Verklebungen auf.

Die Augen

Wenn Ihr Kind in den ersten Wochen manchmal heftig schielt, dann ist das ganz normal.

Gelegentlich sind die Augen eines jungen Kindes mit gelblichem Sekret verklebt. Die Ursache können Bakterien aus dem Geburtskanal sein, die zu einer Infektion führen, weil die Tränenkanälchen noch nicht völlig durchgängig sind. Wischen Sie die Augen mit einem nicht fusselnden Tuch und klarem Wasser von außen nach innen aus. Mit der Kleinfingerkuppe massieren Sie den Augeninnenwinkel im Uhrzeigersinn. In den meisten Fällen erreicht man damit, dass sich der Tränenkanal öffnet. Sollte sich der Zustand nicht innerhalb weniger Tage ändern, suchen Sie bitte Ihren Arzt auf. Nur in seltenen Fällen muss das Tränenkanälchen durchstoßen werden. Aber es kann eine Behandlung mit antibiotischen Augentropfen notwendig sein.

Nachwirkungen der mütterlichen Hormone

Mütterliche Schwangerschaftshormone geraten über die Nabelschnur in den Kreislauf des Kindes. Wird die Nabelschnur durchtrennt, so versiegt die Hormonzufuhr sehr plötzlich. Dieser Hormonentzug kann bei neugeborenen Mädchen vorübergehend zu einer leichten Blutung aus der Scheide führen, die nach wenigen Tagen wieder verschwindet. Neugeborene beiderlei Geschlechts können eine Brustdrüsenschwellung aufweisen. Manchmal entleert sich aus der geschwollenen Brust auch etwas Sekret, die so genannte »Hexenmilch«. Versuchen Sie bitte auf keinen Fall, diese Hexenmilch auszudrücken. Manipulationen führen mit Sicherheit zu einer Infektion. Kühlende Quarkumschläge wirken aber Wunder!

Eine Vergrößerung der Klitoris könnte bei einem Mädchen eine Störung der Hormonproduktion in der Nebenniere als Ursache haben. Dann sind weitere Untersuchungen notwendig.

Viele kleine rote Pickelchen, vorwiegend im Gesicht, lassen Ihr Kind vor allem am Morgen aussehen wie einen Streuselkuchen. Das ist die so genannte »Hormonentzugsakne«, die meistens nach zwei bis vier Wochen auftritt und in der Regel nach vier Wochen wieder verschwindet. Sie ist völlig harmlos und bedarf keiner Therapie. Die Hauterscheinungen sind mehr oder weniger stark ausgeprägt. Wenn es draußen sehr kalt ist, empfiehlt sich ein Schutz mit reiner Vaseline. Ansonsten lassen Sie die Haut besser in Ruhe. Sollte sie sich nicht beruhigen, suchen Sie bitte Ihren Kinderarzt auf.

Veränderungen des Nabels

Zwischen dem 7. und 14. Lebenstag fällt der Nabelschnurrest ab. Das hinterlässt eine kleine Wunde am Nabelgrund, die in wenigen Tagen zuheilt. Sie sollten Ihr Kind jetzt einen Tag lang nicht baden. Der Nabelschnurrest sollte möglichst trocken abheilen, dann entwickelt sich keine Entzündung. Am besten erreichen sie diesen Zustand, indem Sie mit Arnika reinigen und eventuell pudern.

Sollte der Nabelgrund noch nässen oder bluten, suchen Sie bitte Ihren Arzt auf. Es könnte sich ein so genanntes Nabelgranulom gebildet haben, das auf Dauer zu Entzündungen und Bildung von überschießendem Bindegewebe führt. Der Arzt wird den Nabelgrund mit Silbernitrat ätzen. Dieser Vorgang tut Ihrem Kind nicht weh, aber es mag die Manipulation am Bauch nicht gerne.

Die Nabelschnur tritt durch eine Lücke zwischen den Bauchmuskeln in den Bauch ein. Nach Abfall des Nabelschnurrestes schließt sich diese Lücke innerhalb weniger Tage. Manchmal entsteht aber auch an dieser Stelle eine Vorwölbung, ein so genannter Nabelbruch. Das kann besonders dann geschehen, wenn Ihr Kind viel schreit oder beim Stuhlgang stark pressen muss. Ein Nabelbruch ist aber eher harmlos. Er macht keine Beschwerden und klemmt auch nicht ein, ganz im Gegensatz zu einem Leistenbruch. Außerdem bildet er sich sehr oft von ganz alleine zurück. Deshalb werden heute auch keine Nabelpflaster mehr geklebt, und mit einem operativen Eingriff kann man meistens bis kurz vor der Einschulung warten. Nur wenn der Nabelbruch sehr groß ist, sollte er schon früher operiert werden.

Gelegentlich bildet sich auch ein Hautnabel. Dabei sinkt der Nabel nicht ein, sondern steht häutig einige Milimeter hervor. Auch hier können Sie beruhigt abwarten, Ihr Kind wird keine Beschwerden haben, und es ist keine Therapie notwendig.

Die leidigen Blähungen

Während der Schwangerschaft hat der Darm außer Fruchtwasser und einigen abgestorbenen Hautzellen nichts anderes transportiert. Jetzt muss er mit zunehmender Nahrungsaufnahme Höchstleistungen erbringen. Und dazu braucht er Zeit. Darmbewegung und Luftverteilung können da manchmal sehr schmerzhaft sein. Man kann diese unangenehmen Blähungen leider nicht ganz verhindern, aber man kann wenigstens die Beschwerden lindern. Bauchmassagen im Uhrzeigersinn, warme Bäder und einige Medikamente, die Ihr Arzt Ihnen verordnet, leisten gute Hilfe. Oft treten die Phasen, in denen Ihr Kind

Die kleine Wunde am Nabel heilt gut ab, wenn Sie sie mit antiseptischem Puder bestäuben. Natürlich sollte sie nicht mit Schmutz, Urin oder Stuhl in Berührung kommen. Träufeln Sie einmal ein paar Tropfen Muttermilch darauf, das wirkt oft Wunder.

Darmbewegungen besonders stark spürt, am Abend auf, und es schreit anhaltend. Abends nimmt es äußere und innere Reize besonders intensiv wahr. Versuchen Sie, die Umgebung möglichst ruhig zu halten, keine laute Musik zu spielen und auch keine Gäste einzuladen. Tatsächlich sind die so genannten Dreimonatskoliken in der Regel auch nach drei Monaten vorbei. Männliche Säuglinge leiden oft mehr unter Blähungen als Mädchen.

Die U3: Ihr Kind ist vier Wochen alt

Diese Untersuchung wird in der Praxis des Kinderarztes durchgeführt. Vielleicht ist es der erste Besuch bei ihm. Nun sind Ihre Erfahrungen und Beobachtungen gefragt, damit sich der Arzt ein Bild machen und eventuelle Unregelmäßigkeiten erkennen kann. Hauptthemen sind Trinken, Schlafen und Gedeihen Ihres Kindes.

Sie haben Ihr Kind jetzt schon seit ca. vier Wochen zu Hause versorgt, und die ersten Hürden sind bereits genommen.

Was fragt der Arzt?

► Hat Ihr Kind seit der letzten Untersuchung Schwierigkeiten beim Trinken, oder hat es vermehrt, vielleicht auch heftig im Schwall erbrochen?
Es könnte eine Muskelschwäche des Mageneinganges oder ein Magenpförtnerkrampf vorliegen. Wenn Ihr Kind eher einen »Blubb« nach dem Trinken aus dem Mund laufen lässt, es gut trinkt und gedeiht, dann ist die Mageneingangsmuskulatur etwas schwach. Das wächst sich im Laufe der nächsten Monate aus. Je mehr Ihr Kind in die aufrechte Position gelangt und festere Kost zu sich nimmt, desto weniger wird es spucken. Anders sieht es beim Magenpförtnerkrampf aus. Hiervon sind mehr Jungen als Mädchen betroffen. Ein bis zwei Stunden nach dem Trinken kommt es zu schwallartigem Erbrechen. Es wird nur selten Stuhl abgesetzt, das Kind ist sichtbar unglücklich und droht wegen des Flüssigkeitsverlustes auszutrocknen. Hier wird der Arzt sofort eine Infusionstherapie einleiten, eine Ultraschalluntersuchung vornehmen und die Verdickung des Magenpförtnermuskels operieren lassen. Das ist ein kleiner Eingriff, der eine große Wirkung hat. Ihr Kind erholt sich schnell und kann die Nahrung ungehindert aufnehmen.

► Setzt Ihr Kind abnorme Stühle ab?
Dahinter könnte sich eine Infektion, aber auch eine schwere Verdauungsstörung oder eine Milchunverträglichkeit verbergen, die im Einzelnen abgeklärt werden müssen.
Normaler Muttermilchstuhl hat eine hellgelbe Farbe, stinkt nicht und sieht manchmal aus wie »gefärbter Hüttenkäse«. Kinder, die mit Industriemilch ernährt werden, setzen eher pastigere, dunklere Stühle ab. Ein voll gestilltes Kind kann bis zu sieben Stühle am Tag oder auch nur alle sieben Tage einen Stuhl absetzen. Alle Variationen dazwischen sind normal.

► Schreit Ihr Kind schrill oder kraftlos? War es bewusstlos, oder hat es mit den Gliedmaßen gezuckt?
Wenn Sie eine dieser Fragen mit »Ja« beantworten, so müssen die Ursachen für das Verhalten Ihres Kindes unbedingt gefunden werden. Es könnte u.a. ein vermehrter Hirndruck durch zu viel Flüssigkeit im Gehirn der Grund sein.

Was untersucht der Arzt?

Die Organsysteme untersucht der Arzt immer gleichermaßen sorgfältig wie bei der U2. An dieser Stelle wird nur noch auf Besonderheiten des jeweiligen Alters eingegangen.

Ein besonderes Augenmerk wird er jetzt noch einmal auf die Hüftgelenke legen. Spätestens bei dieser Untersuchung sollte eine Ultraschalluntersuchung der Hüftgelenke stattfinden; sie gehört zu den Screeningverfahren und steht jedem Kind zu. Wenn die Hüfte noch unreif erscheint, ist vorübergehend eine Spreizhosenbehandlung erforderlich. Hüftreifungsstörungen können damit in der Regel gut behoben werden. Operationen sind heute die Ausnahme.

Einseitige Veränderungen des Kopfnickermuskels können, wie schon oben beschrieben, zu Schiefhalshaltungen führen. Das kann auch jetzt erstmals wahrgenommen werden. Der Arzt wird die entsprechenden Maßnahmen mit Ihnen besprechen. In den meisten Fällen genügt eine konsequente Massage, um z. B. leichte Sichelfüßchen zu beheben. Dabei reizen Sie entweder die Muskulatur der Außenseite der Wade, indem Sie mit den Fingern in kleinen Kreisen darüber streichen, oder Sie fahren mit dem Daumen an der Fußunterseite von der Ferse bis zur Kleinzehe mit leichtem Druck entlang.

Die motorische, geistige und soziale Entwicklung

Die wichtigsten Untersuchungen während der ersten Lebensjahre sind die Kontrollen der neurologischen Entwicklung, d.h. des sinnvollen Zusammenspiels von Gehirn, Nerven , der Sinnesorgane und der Muskeln.

Zu bestimmten Zeiten seiner Entwicklung sollte ein Kind bestimmte Dinge können. Dabei gibt es natürlich Variationsbreiten, die im Normalbereich liegen. Diese Entwicklungsschritte untersucht der Arzt ganz besonders bei den Vorsorgen.

Vorübergehende Störungen

Solche Unregelmäßigkeiten sind im Grunde nicht besorgniserregend, denn sie »wachsen sich aus«. Dann wird der Arzt bei Kontrolluntersuchungen in kurzen Abständen die Normalität der Entwicklung feststellen. Erschrecken Sie also nicht, wenn Ihr Arzt Sie vor der nächsten eigentlichen Vorsorge zur Kontrolle einbestellt. Besonders bei frühgeborenen Kindern oder Zwillingen sind Zwischenuntersuchungen sehr sinnvoll.

Liegen aber deutliche Abweichungen vor, so kann eine rechtzeitige Therapie die gesunde Entwicklung des Kindes unterstützen.

Mit etwa vier Wochen sollte Ihr Kind wie folgt reagieren:

Halten Sie einen Finger an die Hand des Kindes, wird es sofort zugreifen. Reizen Sie seine Mundwinkel, wird es suchen und saugen wollen. Dabei dreht es den Kopf und schürzt die Lippen. Dasselbe geschieht, wenn Sie seine Wange berühren. Seine Bewegungen sind noch unkontrolliert. Die Arme und Beine in Ruhe gebeugt, die Hände zur Faust geformt. Wenn der Arzt die so genannten »Lagereaktionen« prüft, dann hängt das Baby noch in seinen Händen. Die Eigenspannung der Muskulatur ist noch gering.

Wenn das Baby eine Berührung auf einer Wange spürt, wird es den Kopf dorthin drehen und saugen wollen. Vermeiden Sie es also, beide Wangen zu berühren, denn das verwirrt. Genauso sollten Sie das geschürzte Mündchen nicht enttäuschen und die Brust oder Flasche bereithalten.

In diesem Alter ist körperliche Nähe ganz wichtig für die Entwicklung des Babys. Nehmen Sie es auf den Arm, wenn es danach verlangt. Lassen Sie sich Zeit zum Streicheln und Schmusen.

Es schläft noch sehr viel, erschrickt bei lauten Geräuschen oder grellem Licht und möchte vor allem umsorgt werden. Körperkontakt ist ganz wichtig. Es braucht keine besondere Babymassage. Streicheln, Schmusen und genussvolles Eincremen sind das Beste.

Weitere Informationen

Ein Arztbesuch ist für Ihr Baby ziemlich aufregend. Nehmen Sie die gewohnte Decke oder das vertraute Schmusetier mit – das beruhigt. Außerdem sollte das Baby satt und ausgeschlafen sein. Dass Sie Ihr Kind bei der Untersuchung nicht alleine lassen, ist wohl selbstverständlich.

Am Ende dieser Vorsorgeuntersuchung erhalten Sie meist erste Informationen zu den Impfungen, denn bei der kommenden Untersuchung sind die ersten Impfungen fällig. Lesen Sie diese Informationen sorgfältig, und schreiben Sie sich auch hier die Fragen auf. Bevor Ihr Kind die ersten Impfungen erhält, sollten Sie alle noch bestehenden Unklarheiten geklärt haben.

Außerdem erhalten Sie ab jetzt bei jeder nachfolgenden Vorsorge ein »Merkblatt zur Verhütung von Kinderunfällen« ausgehändigt.

Darin sind Gefahren dargestellt, denen Kinder in den entsprechenden Altersstufen ausgesetzt sein können, und es wird erklärt, wie man sie abwenden kann. Dazu gehört auch, dass das Kinderzimmer auf keinen Fall mit schädigenden Wandfarben, Lacken oder Teppichböden versehen werden darf. Lieber etwas teurere, aber gesundheitlich unbedenkliche Stoffe verwenden. Stellen Sie keine Pflanzen ins Zimmer Ihres Sprösslings. Kinder knabbern schon mal gerne an den Blättern oder probieren die Erde. Damit nehmen sie jedoch Krankheitserreger auf. Befeuchten Sie die Luft – es sollten immer 40 bis 50 Prozent Feuchtigkeit in der Luft sein. Wasserverdunster sind geeignet, aber noch besser ist der Effekt, wenn Sie nasse Tücher über die Heizung legen.

Babys schlafen tagsüber besser, wenn das Zimmer abgedunkelt ist. Dicke Vorhänge oder, besonders bei Kindern mit einer Stauballergie, Jalousien sind günstig. Viel frische Luft und eine Schlaftemperatur von 18 Grad ist ideal.

Die U4: Ihr Kind ist drei Monate alt

Sie haben inzwischen festgestellt, wie spannend es ist, ein Kind zu haben und es bei den ersten Kontaktaufnahmen mit seiner Umwelt zu begleiten.

Was fragt der Arzt?

Neben den bereits in der vorherigen Untersuchung gestellten Fragen sind jetzt folgende Dinge wichtig:

► Wendet Ihr Kind seinen Kopf zu einer Geräuschquelle?

► Gibt es Schwierigkeiten beim Trinken und Füttern? Erbricht es häufig, und hat es Schluckstörungen?

► Lächelt es Sie gezielt an?

► Führt es die Hände in der Mittellinie zusammen? Damit werden die ersten Weichen zum gezielten Greifen und Begreifen gestellt.

► Fühlt sich der Körper des Babys schlapp an?

► Setzt Ihr Kind jetzt wiederholt auffällige Stühle ab?
Fettglänzende Stühle könnten auf die seltene Mukoviszidose hinweisen. Berichten Sie Ihrem Arzt auf jeden Fall, wenn Ihnen der Stuhlgang Ihres Kindes »komisch« vorkommt. Er wird, wenn nötig, weitere Untersuchungen vornehmen.

Im dritten und vierten Monat wird die Hüfte untersucht. Fehlstellungen können noch leicht behoben werden. Ist die Fontanelle ausreichend, damit das Gehirn gut wachsen kann, wie ist die Beweglichkeit, sieht und hört das Baby gut?

Was untersucht der Arzt?

Es kann, wie oben beschrieben, bei der Auskultation (Abhorchen) der Herztöne auch jetzt erstmalig ein zusätzliches Herzgeräusch hörbar sein. Ihr Arzt wird dem nachgehen.

Möglicherweise macht jetzt die Haut Probleme. Sie juckt, das Kind kratzt sich. Es treten schuppende, gerötete und entzündete Stellen auf. Dabei könnte es sich um ein Ekzem handeln, das eventuell durch eine Milchunverträglichkeit ausgelöst wurde. Jedes Ekzem gleich als eine »Neurodermitis« zu bezeichnen, ist sicher nicht richtig. Schuppende Stellen der Haut können verschiedene Ursachen haben, so auch durch mechanische Reizung, wie kratzende Wolle, hervorgerufen werden. Sie sollten mit Ihrem Arzt ausführlich über den Verlauf und das Auftreten der Hauterscheinungen sprechen. Manchmal muss man regelrecht detektivisch ermitteln, um die richtige Ursache zu finden.

Sollten aber in Ihrer Familie Allergien häufiger vorkommen, dann vermeiden Sie während der Stillzeit Milch und Milchprodukte, Eier, Fisch und Nüsse.

Stillen Sie mindestens sechs Monate voll, und füttern Sie während dieser Zeit keine Beikost. Vermeiden Sie auch, dem Kind die oben genannten Nahrungsmittel zu geben. Der Darm ist während der ersten sechs Monate für die Bildung einer Nahrungsmittelallergie besonders anfällig. Wenn sich während des ersten Lebensjahres keinerlei Reaktion zeigt, werden in der Regel alle Nahrungsmittel vertragen.

Aber auch gesunde Babys brauchen nicht zu viele verschiedene Nahrungsmittel. Eine ausgewogene Ernährung kann auch »langweilig« sein. Papaya und Mango sind ganz sicher nicht nötig.

Bei den oben beschriebenen Hauterscheinungen sind eine konsequente Hautpflege und die Vermeidung der auslösenden Faktoren das A und O. Ihr Arzt wird Ihnen sinnvolle Pflegeprodukte empfehlen.

Ein Tipp: Cremen Sie Ihr Kind unmittelbar nach dem Bad ein, dann ist die Haut noch etwas feucht und aufnahmefähiger für die Pflegestoffe.

Die motorische, geistige und soziale Entwicklung

Ihr Kind greift nach Gegenständen und lässt sie auch spontan wieder los. Es wehrt sich, wenn Sie ihm das Spielzeug wieder wegnehmen wollen. Es greift nach Dingen, die über ihm hängen, und verfolgt deren Bewegung mit den Augen. Dabei lacht es glucksend.

Ihr Kind zeigt schon deutlich verschiedene Stimmungen.

Es spielt mit beiden Händen und führt diese auch zum Mund.

Nicht nur die Hände landen im Mund, auch Gegenstände werden in den Mund genommen. Der Mund ist ein wichtiges Tastorgan, und die Zungenbewegungen sind eine wichtige Voraussetzung für die Sprachentwicklung.

Lassen Sie es daher zu, dass Ihr Kind an Spielsachen nuckelt. Es macht dadurch wichtige Erfahrungen. Natürlich sollten die Gegenstände nicht schmutzig sein, aber übertriebene Hygiene und Desinfektion sind in der Regel überflüssig. Es reicht, wenn sie z. B. einen heruntergefallenen Schnuller mit klarem Wasser abwaschen und alle Sauger und Schnuller einmal täglich auskochen.

Aus der Rückenlage hochgezogen, nimmt Ihr Kind den Kopf mit.

In Bauchlage kann es den Kopf schon gut hochhalten und stützt sich auf die Unterarme.

Die erste Impfung

Zum Ende dieses Arztbesuches erfolgt in der Regel die erste Impfung. Sie sollten Ihr Kind nach der Impfung einen Tag nicht baden. Es könnten innerhalb der ersten 24 bis 48 Stunden nach einer Impfung eventuell leichte fieberhafte Temperaturen und Unruhe auftreten. Diese Reaktionen sind normal und stellen keine Komplikationen dar.

Was ist Fieber?

Bei einem Säugling ist die Grundtemperatur in der Regel etwas erhöht. Bis 37,5 Grad ist dies normal. Säuglinge und Kleinkinder haben einen erhöhten Stoffwechsel. Im Alter von fünf bis sechs Jahren liegt die Temperatur dann unter 37 Grad.

Ab 38 Grad spricht man von erhöhter Temperatur, ab 38,5 Grad von Fieber und ab 39 Grad von hohem Fieber. Sprechen Sie bitte mit Ihrem Arzt. Fieber ist ein Ausdruck einer gesunden Abwehrreaktion des kindlichen Organismus, die sinnvoll ist. Nicht immer sind fiebersenkende Maßnahmen notwendig. Wenn Ihr Kind aber nicht mehr trinkt, sehr unruhig ist und auch Schmerzen hat, sollten Sie ihm ein dem Alter entsprechend dosiertes Fieberzäpfchen geben. Empfehlenswert ist es aber immer, bei fieberhaften Erkrankungen den Arzt zu kontaktieren.

Ist Ihr Kind krank, braucht es meistens viel zu essen. Allerdings wird Milch nicht gut vertragen, besonders bei Husten, Schnupfen und Fieber. Besser ist Tee mit Traubenzucker. Auch Joghurt mit Früchten erfrischt und ist leicht.

Die U5: Ihr Kind ist sechs Monate alt

Ihr Kind ist jetzt sechs Monate alt. Die Zeit vergeht wie im Fluge, und Ihr Sprössling lernt jeden Tag etwas Neues.

Was fragt der Arzt?

► Reagiert Ihr Kind auf den Zuruf der Eltern, auf die Haustürklingel oder das Läuten des Telefons, bildet es Silbenketten, lacht es laut, schreit es unmotiviert und häufig?

Die Entwicklung der Sinnesorgane wird jetzt genau kontrolliert. Anhaltendes Schreien , bei dem sich Ihr Kind nicht beruhigen lässt, kann auch ein Zeichen für eine Hörstörung sein. Spätestens jetzt sollte ein Hörtest erfolgen. Ebenso ein Test der Augen.

► Ist Ihr Kind aktiv, und dreht es sich?

Jetzt können Sie es auf keinen Fall mehr alleine auf der Wickelkommode liegen lassen, zu schnell kann es herunterfallen.

Interessiert sich Ihr Kind für Spielzeug, das Sie ihm anbieten?

► Hat Ihr Kind vielleicht Fertigkeiten, die es bereits beherrschte, wieder verlernt?

Dies kann auf eine schwer wiegende Störung des Gehirns oder des Stoffwechsels hinweisen. Wenn Ihr Kind aber in der Zwischenzeit an einer fieberhaften Krankheit litt und sich einige Zeit nicht so interessiert verhalten hat, so kann diese Krankheit auch zu einer vorübergehenden Veränderung der Entwicklung führen. Solche Defizite holt ein Kind aber schnell wieder auf.

Was untersucht der Arzt?

Der Zustand der Haut wird überprüft. Es können in der Zwischenzeit Muttermale oder Blutschwämmchen aufgetreten sein, die in jedem Lebensalter in Erscheinung treten.

Der Verlauf ekzematöser Veränderungen wird kontrolliert, und der Arzt bespricht mit Ihnen die Ernährung des Kindes. Spätestens jetzt beginnen Sie mit Beikost und dem Löffel. In der Regel hat Ihr Kind auch Signale ausgesendet und deutliches Interesse an dem Inhalt Ihres Tellers gezeigt. Es ist neugierig und möchte »mehr«.

Die ersten Milchzähne kommen jetzt.

Im sechsten oder siebten Monat geht es um den Blickkontakt. Kann Ihr Kind Dinge richtig fixieren? Hörfähigkeit, Gehirn und Beweglichkeit werden getestet. Das Baby hat entdeckt, dass es Laute produzieren kann.

Die motorische, geistige und soziale Entwicklung

Ihr Kind ist jetzt auch ohne Probleme in der Lage, Nahrung mit dem Löffel zu nehmen. Es schaut Ihnen genau zu. Wahrscheinlich wird es den Löffel bald selbst in den Mund nehmen wollen. Bedenken Sie bitte, dass das Essen ein soziales Ereignis ist und Ihr Kind durch Imitieren lernt. Versuchen sie daher, wenigstens eine Mahlzeit am Tag mit der ganzen Familie einzunehmen.

Da seine Mund- und Zungenbewegungen schon gut koordiniert sind, bildet das Kind Silbenketten. Manchmal kommt schon ein gezieltes »Mama« oder »Papa«.

Ihr Kind dreht sich von der Rücken- in die Bauchlage und umgekehrt. Es kann sich in Bauchlage mit den Armen abstützen und Brust und Bauch von der Unterlage heben.

Legen Sie Ihr Kind häufig auf den Bauch. Dies ist die Ausgangsposition für die spätere Fortbewegung. Grundsätzlich darf ein Kind die Bewegungen durchführen, die es selbst kann. Geben Sie ihm Anregungen, aber helfen Sie nicht zu viel.

Eigene Erfahrungen sind durch nichts zu ersetzen.

Ihr Kind gibt ein Spielzeug von einer Hand in die andere und schlägt zwei Klötzchen gegeneinander. Das kann es stundenlang mit Begeisterung tun. Diese Wiederholungen von Bewegungen, Lauten oder Geräuschen machen Ihrem Kind großen Spaß. Es kann sich dadurch auch schon gut alleine beschäftigen. Es kommt darum auch mit wenigen einfachen Spielzeugen aus. Wechseln Sie lieber die verschiedenen Gegenstände untereinander ab, als Ihrem Kind zu viel anzubieten.

Weitere Tests

Nun taucht die erste Frage nach der sprachlichen Entwicklung auf, die Sie die nächsten Jahre begleiten wird. Weiter werden die Grob- und Feinmotorik und die Hand-Augen-Koordination beurteilt. Und schließlich: Wie ist die soziale Entwicklung?

Zum Ausschluss einer Veränderung oder Fehlbildung der Nieren und ableitenden Harnwege sollte bei dieser U5 eine Ultraschalluntersuchung des Bauchraumes erfolgen.

Der nächste Schritt – sitzen

Ihr Kind möchte auch schon gerne sitzen. So sehr es Ihnen die Ärmchen entgegenstreckt und zum Sitzen gehalten werden möchte, setzen Sie es nicht »passiv« hin. D.h., stützen Sie seinen Rücken nicht mit Ihrem Körper oder einem Kissen ab. Erst wenn ein Kind aus eigener Muskelkraft sitzen kann und nicht mehr zur Seite kippt, darf es auch sitzen. Zu frühes Sitzen schadet der Wirbelsäule.

Die U6: Ihr Kind ist etwa ein Jahr alt

Vielleicht läuft Ihr Kind Ihnen schon entgegen? Schade, dass wir Menschen diesen Augenblick vergessen, in dem wir den ersten Schritt tun. In dem Moment macht unsere Entwicklung nicht nur einen Schritt, sondern einen Riesensprung. Das Kind wird mobil, kann vieles erreichen und hat einen neuen Blickwinkel, indem es sich aufgerichtet hat. Anfangen tut es, indem es sich an den Händen der Erwachsenen festhält und auf noch unsicheren Beinchen ein kleines Stück dahinwackelt.

In diesem Alter ist Ihr Kind noch sehr anhänglich und mag nicht von anderen Personen als von den Eltern angefasst werden. Darum könnte es bei dieser Untersuchung weinen und sich wehren. Machen Sie sich keine Sorgen, dieses Verhalten ist normal. Vielleicht haben Sie selbst festgestellt, wie schwierig das Wickeln jetzt ist.

Was fragt der Arzt?

► War Ihr Kind häufig krank?
Im ersten Lebensjahr sind häufige Infektionen eher die Ausnahme. Es sei denn, Sie haben ein größeres Kind, das den Kindergarten besucht. Dann ist es »das Schicksal des zweiten Kindes«, sich bereits früh mit Infektionen auseinander setzen zu müssen. Ansonsten wird der Arzt eine Blutuntersuchung durchführen, um eine Schwächung des Immunsystems auszuschließen.

► Ist die Windel nie trocken, oder kann Ihr Sohn nicht im Strahl Wasser lassen?
Wenn die Harnwege nicht bei der vorherigen Vorsorge untersucht worden sind, so sollte dies jetzt unbedingt nachgeholt werden. Die beschriebenen Beobachtungen könnten auf eine Verengung der Harnröhre beim Jungen oder eine Fehlmündung der Harnröhre z. B. in die Scheide beim Mädchen hinweisen.

Was untersucht der Arzt?

Jetzt sollten beim männlichen Säugling die Hoden deutlich im Hodensack tastbar sein, wenn sie sich vorher noch nicht dort befanden. Die Vorhaut könnte sich schon etwas gelöst haben. Nach wie vor ist keine Behandlung nötig, wenn Ihr Sohn ohne Probleme »pieseln« kann.
Die körperliche Untersuchung erfolgt im Übrigen wie bisher bekannt.

Die motorische, geistige und soziale Entwicklung

Der Bewegungsdrang Ihres Kindes hat in den letzten Monaten stark zugenommen.
Körper- und Raumwahrnehmung haben große Fortschritte gemacht. Es hat sich im Raum herumgekugelt und krabbelt in Windeseile von einem Platz zum anderen. Die Fortbewegung auf vier »Füßen« ist meistens symmetrisch, aber auch dabei gibt es normale Variationen. Manche Kinder robben und kommen von da aus in den Stand. Andere wiederum rutschen auf dem Po und können sich anschließend aufrichten. Kaufen Sie aber auf gar keinen Fall so genannte »Lauflernhilfen«. Diese sind alle völlig unnötig. Ihr Kind lernt damit nicht das Laufen, es begibt sich vielmehr in Gefahren, die es noch nicht beurteilen kann. Alle Kinder lernen das Laufen, wenn es so weit ist.
Ihr Kind geht mit zunehmender Aufrichtung und Bewegung auf Entdeckungsreise. Bieten Sie ihm viel Platz für seine Bewegungsexperimente. Es sollte unter Stühlen hindurchkriechen, auf sie oder ein Sofa steigen können, entfernt liegende Gegenstände holen. Natürlich ohne Gefahr zu laufen, sich zu verletzen. Sollte Ihr Kind doch einmal heftig stürzen und sich verletzen, bleiben Sie ruhig, und rufen Sie Ihren Arzt. (Legen Sie dessen Telefonnummer und andere wichtige Telefonnummern griffbereit neben das Telefon.) Jedes Kind fällt hin, und meistens ist der Schreck größer als die eigentliche Verletzung.
Durch das Laufen erwirbt es seine Selbstständigkeit und erobert seine Umwelt. Es will die Funktionen von Gegenständen verstehen und baut aus Klötzen kleine Türme, die es mit Begeisterung wieder umwirft. Es kann mit dem Pinzettengriff zwischen Daumen und Zeigefinger auch kleine Spielzeuge ergreifen.

Die körperliche Beweglichkeit und die Sprache werden jetzt besonders aufmerksam beobachtet. Kann es alleine sitzen oder stehen und sich dabei festhalten, sagt es schon »Mama« oder »Papa«, und reagiert es auf den eigenen Namen?

»Bitte geh nicht weg«

Trotz aller Selbstständigkeit braucht es Ihre Nähe und Aufmerksamkeit. Viele Kinder weinen bei der U6-Untersuchung, weil sie nicht wollen, dass jemand Fremdes sie berührt. Instinktiv merken sie, dass sie doch noch nicht alles können, und hängen sehr an der Bezugsperson, meistens der Mutter.

»Begreifen« ist groß geschrieben. Auch die Nahrung nimmt es am liebsten in die Hand. Es trinkt schon allein aus der Tasse, mag aber meist die Flasche noch ganz gerne.

Es beobachtet viel und ahmt Sie nach. Es geht auf Sie zu und nimmt gezielt Kontakt zu Ihnen auf. Dabei spricht es bereits verständliche Silbenkombinationen. Es versteht Zusammenhänge und kann kleine Aufträge ausführen, wie z.B. »bring deinen Teddy«.

Das macht Ihrem Kind jetzt Spaß

Pädagogisch richtige Spielsachen sind für Ihr Kind nicht so wichtig wie die Möglichkeit, sich frei zu bewegen. Dabei sind Bälle und alles, was Räder hat, besonders geeignet. Toll findet Ihr Sprössling es auch, Gegenstände zu werfen. Geben Sie ihm kleine Kissen, Wurfringe und Ballons, die wenig aufgeblasen sind und nicht so leicht platzen können. Spannend ist es auch, Dinge in einen Behälter zu stecken und ihn dann wieder auszuleeren.

Weitere Informationen

Kaufen Sie Ihrem Kind erst dann Schuhe, wenn es frei laufen kann. Der Bodenkontakt ist für den Lernprozess sehr wichtig. Im Winter ziehen Sie ihm draußen natürlich Schuhe an, zu Hause sollte es noch sehr viel barfuß laufen, wenn möglich, oder in rutschsicheren Strümpfen.

Auch wenn es Ihnen vielleicht ziemlich auf die Nerven geht: Musikinstrumente wie Trommel oder Tamburin sind der Hit. Hier kann Ihr Kind den Zusammenhang von Ursache und Wirkung ausprobieren.

Kleinkinder in diesem Alter ahmen Erwachsene schon gerne nach. Unterschätzen Sie diese Aktivität Ihres Kindes nicht: Es lernt auf diese Weise mehr, als man denkt.

110

Die U7: Ihr Kind ist zwei Jahre alt

Seit der letzten Untersuchung ist ein ganzes Jahr vergangen.
Dies ist im Leben eines kleinen Kindes ein langer, spannender Zeitraum, in dem es täglich neue Erfahrungen sammelt.
Die Kommunikation mit Ihrem jetzt zweijährigen Kind wird immer interessanter. Es versteht schon fast alles, was Sie sagen, und kann Aufträge ausführen. Es ahmt Sie in vielen Dingen des alltäglichen Lebens nach.

Was fragt der Arzt?

► Ist Ihr Kind unsicher beim Laufen? Kann es die Treppe noch nicht sicher hinaufsteigen?

► Es könnte dann eine Gleichgewichtsstörung vorliegen, die überprüft werden muss.

► Ist die Sprachentwicklung nicht altersgemäß? Bis zur nächsten Vorsorgeuntersuchung vergehen zwei Jahre. Wenn Ihr Kind jetzt noch nicht altersentsprechend spricht, sollte spätestens mit drei Jahren eine Kontrolluntersuchung stattfinden.

► Schläft Ihr Kind schlecht ein oder durch? Schlafstörungen können verschiedene Ursachen haben.

Neben den Sinnesorganen, Größe und Gewicht wird nun zum ersten Mal nach Verhaltensauffälligkeiten gefragt. Haben Sie keine Scheu zu formulieren, was Sie stört, auch wenn Sie meinen, vielleicht selbst zu empfindlich zu sein. Je früher eine Störung erkannt wird, desto besser.

Was untersucht der Arzt?

Durch die Aufrichtung verändert sich auch das Skelett. Zunächst kommen die Beine in eine »O-Bein-Phase«, im Alter von zwei Jahren entwickelt sich eine »X-Bein-Phase«, bis sie dann zunehmend gerade werden. Die Wirbelsäule krümmt sich in die typische Form. Dadurch erfolgt eine elastische Gewichtsverteilung, bei der im Idealfall die Gelenke nicht überlastet sind.
Der Arzt wird diese Veränderungen überprüfen.
Die Vorhaut am Glied des kleinen Jungen hat sich jetzt meist gelöst und lässt sich leicht zurückschieben. Die Eichel kann in der Badewanne regelmäßig gesäubert werden.
Bei kleinen Mädchen können gelegentlich die kleinen Schamlippen zusammenkleben. Dies ist harmlos und ist durch eine Behandlung mit einer östrogenhaltigen Creme behebbar. Nur wenn die kleinen Schamlippen regelrecht zusammengewachsen sind, wird ein Chirurg tätig.
Daher darf die Inspektion des äußeren Genitales bei Jungen und Mädchen nicht vergessen werden.

Die motorische, geistige und soziale Entwicklung

Ihr Kind kann selbstständig essen und trinken. Es ahmt Hausarbeiten nach und erfährt dabei viel über verschiedene Materialien. Lassen Sie ihm eine Schublade in der Küche mit Plastikgeschirr, die es nach Herzenslust ein- und ausräumen darf.
Geben Sie ihm Dosen, in die es Perlen oder Erbsen schütten kann.
Ihr Kind kann Aufträge erfüllen und hilft z. B. beim Tischdecken.

Es versucht, Kleidungsstücke aus- und anzuziehen und sich die Hände zu waschen. Dabei wehrt es oft Ihre Hilfe ab und will es alleine tun!

Zunehmend geht Ihr Kind auf andere Kinder zu und spielt mit ihnen. Meist fangen sie sich gegenseitig oder spielen mit dem Ball. Es kann den Ball werfen und treten, aber noch nicht fangen. Es fängt an, mit dem Dreirad zu fahren, wobei es noch vorwiegend mitläuft, anstatt die Pedale zu treten. Ein Spielzeugauto, auf dem es sitzen kann, ist heute sehr beliebt. Vergessen Sie den guten alten Roller nicht.

Ihr Kind schaut Bücher und Bilder an und benennt Tiere, Personen und Gegenstände. Es kann Formen richtig zuordnen und steckt runde, eckige und halbrunde Klötzchen in die entsprechend geformten Löcher. Dabei benutzt es seine Finger immer geschickter. Es interessiert sich für einfache Puzzles und baut mit Bausteinen schon recht stabile Türme.

Das Selbstbewusstsein erwacht

Es spricht von sich selbst jetzt verstärkt in der »Ich-Form«. Hinzu kommen so genannte Ambivalenzen. Das Kind ist sich einerseits seiner selbst schon bewusst und leitet daraus einen gewissen Machtanspruch ab. Es möchte Wirkung zeigen. Andererseits spürt es deutlich, wie abhängig es von den Eltern ist, und will sich ihre Liebe erhalten. Hier steht es dann häufig im Widerstreit der Gefühle.

Die erste Trotzphase stellt die Beziehung auf eine harte Probe.

In dieser Phase versucht jedes Kind, seine Grenzen zu finden und seinen Willen durchzusetzen. Es muss auch lernen, ein »Nein« zu akzeptieren und die Wünsche anderer Familienmitglieder zu respektieren.

Auf der anderen Seite dürfen wir Erwachsenen nicht den Willen und die Persönlichkeit des Kindes brechen. Auch Erwachsene müssen ein Kind respektieren. Auch ein Kind hat das Recht, »Nein« zu sagen. Dies ist ein wichtiger Weg, seine Persönlichkeit zu entwickeln und sich vor Übergriffen zu schützen. Nicht zuletzt und ganz besonders auch vor Übergriffen gewaltsamer Art und vor sexuellem Missbrauch.

Deutliche eifersüchtige Reaktionen wird Ihr Kind zeigen, wenn es jetzt ein Geschwister bekommt. Solange Ihr Kind seine Eifersucht an Ihnen, als Verursacher des Zuwachses, auslässt, sind seine Reaktionen völlig akzeptabel. Es muss ja Ihre bisher uneingeschränkte Aufmerksamkeit nun teilen. Aggressionen gegen das Neugeborene sollten Sie von Anfang an verbieten. Haben Sie Verständnis für Ihr Kind, und lassen Sie ihm Zeit. Wichtig ist, dass Sie sich täglich auch noch alleine mit ihm beschäftigen. Es hat sich gut bewährt, wenn das neugeborene Baby dem älteren Geschwister etwas »schenkt«, z.B. ein Plüschtier oder eine Puppe, die das Kind versorgen kann. Beziehen Sie es damit in die Versorgung des Neugeborenen mit ein.

Weitere Informationen

Bis zur nächsten »U« vergehen zwei Jahre. Wenn Sie nicht sicher sind, ob sich Ihr Kind auch weiterhin »richtig« entwickelt, stellen Sie es ruhig noch mal zwischendurch, also mit drei Jahren, Ihrem Arzt vor.

Wenn man den Willen und die Persönlichkeit eines Kindes sieht und dazu die Erziehungsideale früherer Zeiten, die das Kind zu Gehorsam und Unterwerfung gezwungen haben, kann man vielleicht erahnen, wie grausam damals die kindlichen Gefühle unterdrückt und verleugnet wurden. Hier galt die Devise: »Der Mensch kann nur werden durch Erziehung. Er ist nichts, als was die Erziehung aus ihm macht.«

Die U8: Ihr Kind ist vier Jahre alt

Mit vier Jahren besucht Ihr Kind möglicherweise schon einen Kindergarten, und sein soziales Leben in einer größeren Gruppe hat begonnen. Das ist für die ganze Familie manchmal eine Bewährungsprobe, weil es jetzt auch schon zu Auseinandersetzungen kommen kann. Zwar reagiert Ihr Kind immer noch in erster Linie mit Gefühlen, aber es versteht auch schon, seinen Verstand einzusetzen und seine Wünsche deutlich zu äußern. Im selben Maße ist es jedoch auch schon vernünftigen Argumenten zugänglich.

Was fragt der Arzt?

► Leidet Ihr Kind an Sprachstörungen?
   Wie die normale Sprachentwicklung abläuft, finden Sie im entsprechenden Kapitel.

► Nässt Ihr Kind nachts noch ein, und geht tagsüber gelegentlich etwas in die Hose?
   Nicht alle Kinder sind in diesem Alter tatsächlich nachts schon trocken. Tagsüber sollten sie keine Windel mehr benötigen und selbstständig die Toilette besuchen. Einnässen kann ein Ausdruck einer Verhaltensauffälligkeit sein, wie Trauer, Eifersucht und Unsicherheit. Es könnte eine Reaktion auf einen Wohnungswechsel oder ein neues Geschwisterchen sein. Immer aber sollte eine körperliche Ursache ausgeschlossen werden.
   In der Nacht sorgt ein Hormon dafür, dass nicht ebenso viel Urin wie am Tage produziert wird. In den meisten Fällen ist dieses Hormon dafür verantwortlich, wenn es nachts noch schief geht. Die Hormonregulation funktioniert noch nicht so richtig. Haben Sie noch etwas Geduld. Mit fünf Jahren hat sich alles eingespielt. Wenn nicht, so sprechen Sie offen mit Ihrem Arzt über dieses Problem, und finden Sie gemeinsam einen Lösungsweg.

► Schläft Ihr Kind ohne Probleme ein und durch?
   Wenn ein Kind schlecht einschläft und in der Nacht öfter aufwacht, vielleicht aufschreckt, dann hat es möglicherweise Angst. Vor der Dunkelheit, vor dem nächsten Morgen, weil es sich noch nicht alles zutraut, vor dem Kindergarten, weil es vielleicht von einem anderen Kind geärgert wurde. Machen Sie ihm das Einschlafen so leicht wie möglich. Feste Rituale helfen dabei. Lassen Sie sich vor dem Einschlafen noch einmal erzählen, wie der Tag verlief. Fragen Sie, was Ihrem Kind nicht so gut gefallen hat und was es besonders gerne mochte. So schläft es mit einem guten Gedanken und in der Sicherheit, von Ihnen geliebt zu werden, ein.

Was untersucht der Arzt?

Der Arzt tastet die Schilddrüse am Hals Ihres Kindes ab. Bei einem ernährungsbedingten Jodmangel fühlt er eine Vergrößerung. Er wird eine Ultraschalluntersuchung vornehmen und mit einer Blutuntersuchung feststellen, ob die Funktion der Schilddrüse normal ist. Die regelmäßige Einnahme einer Jodidtablette bessert die Vergrößerung bei normaler Funktion.

Zum ersten Mal wird der Kinderarzt Ihr Kind ins Gespräch mit einbeziehen. Lassen Sie es selbst antworten. Es geht um sein Leben und seine Entwicklung. Aber selbstverständlich sind Ihre Beobachtungen, gerade was die soziale Entwicklung ausmacht, unersetzlich.

Ihr Kind wächst jetzt kontinuierlich. Darum ist ein intensiver Blick auf die Wirbelsäule notwendig. Gerade stehen und gerade gehen sorgt für eine gerade Haltung. Fehlhaltungen können sich einschleifen und zu Wirbelsäulenveränderungen führen. Beinlängendifferenzen, die einen Beckenschiefstand nach sich ziehen, können jetzt erstmals deutlich werden. Damit gerät die Statik des Skeletts durcheinander. Hier wird der Orthopäde die nötigen Maßnahmen ergreifen, z. B. durch eine Absatzerhöhung.

Die Zähne sind da

Inzwischen sind alle 20 Milchzähne durchgebrochen. Regelmäßige Zahnpflege ist zur Selbstverständlichkeit geworden. Ideal wäre es, die Zähne dreimal täglich drei Minuten lang zu putzen. Allerdings wird dies in den wenigsten Familien praktiziert. Absolut notwendig ist auf alle Fälle das abendliche Zähneputzen. Denken Sie daran, dass die Feinmotorik Ihres Kindes noch nicht so ausgeprägt ist, und legen Sie selbst noch mit Hand an. Bei schiefen Zähnen, Verfärbungen oder einem zu kleinen Kiefer sollten Sie Ihr Kind ruhig jetzt schon dem Zahnarzt vorstellen. Am besten nehmen Sie es mit, wenn Sie selbst zu einer Zahnbehandlung gehen. Wenn es sieht, dass Sie sich untersuchen lassen, fällt es ihm leichter, sich in den Mund schauen zu lassen. Obwohl, verständlicherweise, der Zahnarztbesuch nicht gerade ein Vergnügen ist. Es gibt inzwischen in fast allen Städten speziell für Kinder ausgerichtete Zahnarztpraxen. Ihr Kinderarzt weiß sicher eine dieser Praxen in Ihrer Nähe.

Der Arzt wird jetzt auch einen orientierenden Sehtest durchführen.

Auch wenn die Milchzähne noch nicht das endgültige Gebiss darstellen, sollten sie nicht vorzeitig ausfallen. Denn wenn die zweiten Zähne noch nicht bereitstehen, verlieren die Milchzähne ihre wichtige Funktion als Platzhalter. Fehlstellungen könnten die Folge sein.

Die motorische, geistige und soziale Entwicklung

Ihr Kind hat große Fortschritte gemacht und erledigt viele Dinge selbstständig. Es kann sich fast ganz alleine an- und ausziehen und die Knöpfe und Reißverschlüsse öffnen und schließen. Bei schwierigen Verschlüssen braucht es noch manchmal Ihre Hilfe.

Alleine essen und trinken ist kein Problem, das Besteck setzt es oft schon richtig ein.

Mit der Schere schneidet es aus und malt eindeutig erkennbare Formen wie Kreis, Viereck und Kreuz. Es hält den Stift dabei schon meist sicher. Wenn die Stifthaltung zu verkrampft ist und Ihr Kind beim Malen zu sehr aufdrückt, dann geben Sie ihm dickere Stifte, oder lassen Sie es noch häufig mit den Fingern malen.

Seinen gezeichneten »Männchen« wachsen die Beine noch aus dem Kopf, es malt »Kopffüßler«.

Es erkennt die Farben und benennt die Grundfarben richtig. Es kann Formen sicher zuordnen.

Ihr Kind hat verstanden, was »auf, unter, hinter, vor« bedeutet; es weiß, was »größer, kleiner, schwerer, leichter« heißen soll. Es weiß, was es tun muss, wenn es hungrig, durstig oder müde ist, und beantwortet Fragen richtig.

Auf die Frage nach dem Lieblingsessen antworten fast alle Kinder mit »Nudeln« oder »Spaghetti«.

Bewegung macht Spaß

Ihr Kind tanzt, klettert, balanciert und tobt gerne. Es hüpft kurze Strecken auf einem Bein, geht auf Zehenspitzen vorwärts und steht kurzzeitig auf einem Bein. Suchen Sie nach Möglichkeit eine Turngruppe für Eltern und Kinder. So kann es seine motorische Geschicklichkeit ausbauen.

Den Körper entdecken

Kinder in diesem Alter wissen schon recht genau, was sie wollen und was nicht. Sie erzählen folgerichtige Geschichten und verstehen abstrakte Zusammenhänge. Sie wollen z. B. wissen, wie ein Auto fährt und warum ein Mensch stirbt.

Das Kind entdeckt jetzt auch seinen Körper und findet Gefallen daran. Vielleicht »erwischen« Sie Ihren Sohn oder Ihre Tochter dabei, dass es mit seinem bzw. ihrem Genitale spielt und dabei offensichtlich Lust empfindet. Im ersten Moment wissen Sie nicht, wie Sie reagieren sollen? Sehen Sie die Masturbation als etwas Normales an, das jedes Kind erleben muss, und gehen Sie in dem Moment gar nicht darauf ein. Vor allen Dingen: Schimpfen oder verbieten Sie »das da« nicht. Nicht nur der eigene Körper ist interessant, sondern auch der anderer Kinder. Doktorspiele sind in diesem Alter völlig harmlos. Die Kinder ziehen sich nackt aus und untersuchen und betasten sich gegenseitig. Dadurch spüren sie den Unterschied der Geschlechter und auch, was Spaß macht und was nicht. Vielleicht fürchten Sie, dass Ihr Kind von älteren Kindern »verführt« wird, aber die meisten Kinder können in diesem Alter klar »nein« sagen. Respektieren Sie die Intimsphäre Ihrer Kinder, wenn sie sich ins Kinderzimmer zurückziehen, und reagieren Sie möglichst alltäglich, sollten Sie in eine intime Situation geraten.

> *Mit etwa drei Jahren wollen die meisten Kinder wissen, wo die Babys herkommen. Ganz genau möchten sie wissen, wie es bei ihnen zugegangen ist. Die ersten »Beziehungen« werden eingegangen, die Knirpse sprechen vom Verliebtsein, und der Kindergartenfreund wird zum Partner fürs Leben erklärt.*

Weitere Tests

Im Rahmen dieses Arztbesuches wird ein »Tuberculintest« durchgeführt. Mittels eines Stempels drückt der Arzt eine Flüssigkeit in die Haut der Innenseite des linken Unterarmes. Um die Stelle zu markieren, malt er eine Sonne darum herum. Nach 72 Stunden schaut er nach, ob »die Sonne eine rote Nase hat«. Durch diese Rötung stellt er fest, ob das Kind schon Kontakt mit Tuberkulosebakterien hatte oder nicht. Wenn Ihr Kind nicht gegen Tuberkulose geimpft wurde, was heute in Deutschland nicht mehr empfohlen wird, sollte sich die »Nase der Sonne« nicht gerötet haben.

Fragen anstatt darüber schweigen

Nehmen Sie sich bei Gelegenheit die Zeit, und fragen Sie Ihr Kind, was es empfindet, wenn es sich an einem Stuhl oder der Sofakante reibt. Es wird Ihnen ungeniert antworten, und Sie werden erstaunt sein, wie deutlich und natürlich Ihr Kind seine guten Gefühle beschreiben kann. Nehmen Sie das Verhalten an. Ihr Kind sollte aber wissen, dass Masturbation eine Privatangelegenheit ist und es deshalb nicht in der Öffentlichkeit, im Kindergarten oder bei Feiern aus Langeweile mit sich spielen sollte.

Die U9: Ihr Kind ist fünf Jahre alt

Dies ist die letzte Vorsorgeuntersuchung vor der Einschulung. Damit nimmt sie auch eine besonders wichtige Stellung ein.

Was fragt der Arzt?

Im Großen und Ganzen entsprechen die Fragen denen der U8.

Allerdings wird er Sie auch danach fragen, ob Sie im Vergleich zu anderen Kindern Verhaltensauffälligkeiten festgestellt haben. Ob Ihr Kind Dinge nicht oder nicht gerne tut, die andere Kinder können.

Malt oder bastelt es ungern, ist es eher ungeschickt, zieht es sich nicht selbstständig an?

Hier können Wahrnehmungsstörungen, feinmotorische Störungen, Konzentrationsstörungen oder Störungen der Handlungsplanung vorliegen, die unbedingt untersucht und entsprechend behandelt werden sollten.

Andererseits machen Kinder aber auch manchmal Phasen durch, in denen sie einfach »nicht wollen«. In diesem Fall erledigen sich die »Störungen«, die keine sind, von selbst.

Was untersucht der Arzt?

Ihr Arzt wird Ihnen raten, einen noch vorhandenen Nabelbruch, wenn nötig, jetzt operieren zu lassen. Ebenso die Vorhautverengung beim Jungen, wenn sie sich nicht von selbst gelöst hat.

Deutlich abstehende Ohren lassen Sie am besten auch jetzt noch vor der Einschulung korrigieren, wenn Sie merken, dass Ihr Kind darunter leidet und gehänselt wird. Hat Ihr Kind häufig eine eitrige Mandel- oder Mittelohrentzündung durchgemacht, dann ist auch jetzt der richtige Zeitpunkt, an dem die Rachen- und Gaumenmandeln entfernt werden sollten. Über die Notwendigkeit entscheidet der Kinderarzt gemeinsam mit dem Hals-Nasen-Ohrenarzt.

Noch vor der Einschulung ist es wichtig, Entwicklungsverzögerungen oder -störungen zu erkennen und zu behandeln. Die Fähigkeiten und Fertigkeiten in jedem Bereich werden beurteilt. Sprechen Sie darüber, wenn Sie Ihr Kind irgendwo als besonders ungeschickt empfinden. Dem muss nachgegangen werden.

Die ersten kleinen Geheimnisse? Waren es zunächst nur die Eltern, so werden nun auch schon andere Kinder zu wichtigen Bezugspersonen, durch die die Entwicklung beeinflusst wird.

Die motorische, geistige und soziale Entwicklung

Ihr Kind zieht sich selbstständig und ohne Ihre Hilfe an. Es kann oft schon eine Schleife binden und hat bei Verschlüssen keine Schwierigkeiten mehr. Es entscheidet selbst, was es anziehen möchte. Manchmal kann es nun zu Machtkämpfen kommen, wenn Ihr Kind und Sie nicht einer Meinung sind, was beispielsweise die Farbe des Pullovers angeht.

Rechts- oder Linkshänder

Ihr Kind hat sich jetzt auch für eine bestimmte Seite entschieden. Es benutzt bevorzugt die Hand dieser Seite. Die Dominanz hat sich eindeutig entwickelt. Wenn dies noch nicht geschehen ist, liegt eine Störung vor, die der Abklärung bedarf. Wenn Ihr Kind sich für die linke Seite entschieden hat, dann akzeptieren Sie es als Linkshänder. Heute schult man keinen Linkshänder mehr auf die rechte Seite um, weil umgeschulte Linkshänder ausgeprägte Lern- und Verarbeitungsstörungen entwickeln können. Ein Kind hat zwei Hände, und beide sind gleichwertig, eine »schöne Hand« gibt es nicht.

Ihr Kind hält den Stift mit der Hand »seiner Seite« und malt detaillierte, sehr phantasievolle Bilder.

Seine Männchen bestehen aus mindestens sechs Teilen und sind mit verschiedenen Farben bemalt. Ist die Mutter zu dieser Zeit wieder schwanger, erhält das »Männchen« einen deutlich größeren Bauch mit Bauchnabel. Ihr Kind malt gerne und viel und benutzt dabei alle möglichen Farben und Stifte. Legen Sie eine Mappe seiner Bilder an zur Erinnerung. Auch daran können Sie seine Entwicklung verfolgen.

Die ersten Buchstaben

Ihr Kind kann in Druckbuchstaben seinen Namen schreiben, manchmal spiegelverkehrt. Das ist in diesem Alter noch normal.

Es soll ja noch nicht richtig schreiben lernen, dafür ist die Schule da. Aber es hat Spaß daran, seinen Namen zu schreiben, und ist stolz, wenn es das kann.

Es weiß genau, wie alt es ist, und zählt bis zehn. Es kennt seinen Vor- und Zunamen und die Straße, in der es wohnt, und die Hausnummer.

Es spricht fließend und erzählt seine Erlebnisse aus dem Kindergarten. Es ist auch in der Lage, Geschichten wiederzugeben. Es merkt dabei auch, ob Sie ihm zuhören und ob es mit seiner Rede ankommt. Das ist die größte Motivation, die Sprache noch weiter zu erlernen. Ein Gespräch in Form eines echten Dialoges ist jetzt gut möglich.

Das Spiel in der Gruppe

Ihr Kind spielt gerne mit anderen Kindern, kann aber noch schlecht verlieren. Dies gilt auch für Gesellschaftsspiele, bei denen es immer gewinnen will.

Es kann ohne zu wackeln auf einem Bein stehen und vorwärts und rückwärts auf den Zehen und den Hacken gehen. Die Koordination der Bewegungen ist so gut, dass es den »Hampelmannsprung« problemlos durchführt.

Ihr Kind spielt gerne im Freien und misst sich mit anderen Kindern.

Sie ermutigen Ihr Kind zu sprechen, wenn Sie es nach ganz konkreten Dingen fragen, z. B. was es heute im Kindergarten zum Mittagessen gegeben hat oder wie das war mit dem kleinen Hund, der so laut gebellt hat. Dabei können Sie ihm mit den fehlenden Wörtern behilflich sein.

Es ist so weit. Mit dem Eintritt in die Schule beginnt für die Kinder ein ganz neuer, sehr bedeutender Abschnitt ihrer Entwicklung, der von den Eltern aufmerksam begleitet werden sollte.

Wundern Sie sich nicht, dass ein Kind allein durch die Körpersprache erkennt, wie es Ihnen geht. Es wird sich selten irren. Dagegen spürt es meist sofort, wenn Sie versuchen, Gefühle vorzutäuschen. Der körperliche Ausdruck von Gefühlen ist für ein Kind selbstverständlich.

Immer in Bewegung

Ihr Kind hat den Kampf gegen die Schwerkraft gewonnen und hält sich sicher auf zwei Beinen. Es kann seinen Körper nicht nur gebrauchen, das Kind *ist* sein Körper. Die Trennung zwischen körperlicher, geistiger und seelischer Aktivität hat noch nicht stattgefunden. Durch körperliches Handeln versteht das Kind seine Umwelt und versteht auch, was es fühlt. Wenn ein Vorschulkind im Fernsehen einen Cowboy reiten sieht, wird es wie ein Pferd durchs Zimmer galoppieren. Daher leitet es auch über die Leistungsfähigkeit seines Körpers ab, wie stark es als Person ist, und versucht deshalb seine Grenzen auszuprobieren. Es will schneller rennen als die Freunde, weiter werfen und höher springen. Über seinen Körper drückt ein Kind Gefühle aus: Ist es wütend, wirft es sich auf den Boden oder stampft auf, ist es traurig, weint es. Die körperlichen Empfindungen machen die Gefühle handhabbar. Nur so ist es auch zu verstehen, dass regelmäßige körperliche Strafen oder gar sexueller Missbrauch ein Kind im Kern seines Selbstwertgefühls treffen.

Weitere Informationen

Die grundlegenden Entwicklungsschritte sind nun abgeschlossen. Auf den bisher gemachten Erfahrungen wird Ihr Kind aufbauen.
Der nächste große Schritt ist die Einschulung.
Die nächste geplante Vorsorgeuntersuchung findet erst mit 12 bis 14 Jahren statt. Das ist eine lange Zeit, in der viel geschehen kann, in der Ihr Kind aber in der Regel sehr gesund sein wird, so dass Sie die Hilfe eines Arztes nur selten benötigen werden. Bei Störungen und Auffälligkeiten sollten Sie am besten den Arzt zu Rate ziehen, der Ihr Kind in den ersten Jahren seiner Entwicklung begleitet hat und es gut kennt.

Die U1–U9 im Überblick

◗ U1: Erstuntersuchung unmittelbar nach der Geburt.
Der APGAR-Test wird durchgeführt: A wie Aussehen, P wie Puls, G wie Gesichtsbewegungen, A wie Aktivität und R wie Respiration (Atmung). Größe und Gewicht werden notiert und der Reifezustand beurteilt.

◗ U2: 3. bis 10. Lebenstag
Die Atmung wird überprüft. Gibt es Auffälligkeiten beim Trinken? Über Körpermaße, Gesichtsausdruck und Hautbeschaffenheit kann auf Krankheiten geschlossen werden. Funktionieren die Organe, und sind die Knochen in der richtigen Lage? Beurteilung von Sinnesorganen, Motorik und Nervensystem. Der TSH-Test erfasst Störungen der Schilddrüse, der Guthrie-Test weist auf eventuelle Stoffwechselstörungen hin.

◗ U3: 4. bis 6. Lebenswoche
Das zentrale Nervensystem des Kindes wird genauer untersucht, Motorik und Reflexe werden geprüft, ebenso die Sinnesorgane, insbesondere das Gehör. Die Hüftgelenke werden erneut auf eine Fehlstellung hin betrachtet.

◗ U4: 3. bis 4. Monat
Fragen zur Nahrungsaufnahme. Die neurologische Entwicklung wird untersucht. Auffälligkeiten in der Motorik, der Körperspannung und der Sinneswahrnehmung wird nachgegangen, evtl. werden Spezialisten herangezogen.

◗ U5: 6. bis 7. Monat
Ist die Motorik altersentsprechend? Wie sind die Reaktionsmöglichkeiten auf andere Menschen; wie die Beziehung zur Umwelt? Das Hörvermögen wird getestet.

◗ U6: 10. bis 12. Monat
Fragen zur sprachlichen Entwicklung, Beurteilung von Grob- und Feinmotorik, von Hand- und Augenkoordination und der sozialen und emotionalen Entwicklung.

◗ U7: 21. bis 24. Monat
Fragen nach Verhaltensauffälligkeiten.

◗ U8: Das Seh- und Hörvermögen wird gründlich untersucht, die sprachliche, emotionale und soziale Entwicklung beurteilt und besonders auf die körperliche Geschicklichkeit geachtet. Das Kind nimmt am Gespräch teil.

◗ U9: etwa 5 Jahre
Überprüfung der Entwicklung im Hinblick auf die Einschulung: Wie spricht, spielt, malt, bastelt, läuft, rennt, tobt das Kind, hat es Freunde, kommt es mit sich und der Umgebung zurecht? Unregelmäßigkeiten im Verhalten thematisieren!

Erschrecken Sie nicht, wenn der Arzt von einem »negativen« Befund spricht. Das heißt nicht, dass er etwas Negatives, also für die Gesundheit Schlechtes gefunden hat. Er hat im Gegenteil keine Auffälligkeiten im Sinne von Störungen oder Krankheiten festgestellt. Sie dürfen sich freuen.

So können Eltern die Entwicklung Ihres Kindes testen

Kinder brauchen ihre eigene Zeit, um sich in bestimmten Phasen gesund zu entwickeln. Sie durchlaufen diese Phasen unterschiedlich schnell, und auch der Beginn eines Entwicklungsschrittes ist individuell verschieden. Wichtig ist, dass die Schritte erfolgen und nicht in erster Linie, wann! Um festzustellen, ob sich ein Kind normal entwickelt, wurden schließlich ja auch die Vorsorgeuntersuchungen durchgeführt. Eltern fördern ihre Kinder am besten, wenn sie versuchen, die Stärken in den Vordergrund zu stellen, die Schwächen zu erkennen und sie sanft zu stärken. Kinder sollte man aber auch »lassen« können und sie nehmen, wie sie sind.

Die Sinne: das Tor zur Welt

Tast-, Gleichgewichts-, Bewegungs-, Hör- und Gesichtssinn arbeiten eng zusammen. Die Sinneswahrnehmungen und deren Umsetzungen verlaufen parallel und oft unbewusst. Das gute Zusammenspiel der Sinne ist die Voraussetzung für eine gesunde Entwicklung.

»Schau dich um, Kleines«

Eines der schönsten Erlebnisse für eine Mutter und einen Vater ist der Moment, wenn ihr Kind sie zum ersten Mal anlächelt. Es wird wie immer das Gesicht seines Gegenübers ansehen – die Augen fangen oben am Kopf an, wandern herunter zum Kinn und kommen bei den Augen zur Ruhe. Und dann kommt der erste persönliche Kontakt zur Außenwelt: das Lächeln.

Sehstörungen und angeborene Sehfehler sollten möglichst in den ersten sechs Lebensmonaten erkannt werden.

Rechtzeitiger Augenarztbesuch ist vor allem dann wichtig, wenn die Eltern selbst Brillenträger sind, als Kinder geschielt haben und an den Augen operiert wurden. Ferner, wenn Kinder länger als während der ersten Lebenswochen schielen, Frühgeborene waren und mit Sauerstoff beatmet wurden, sowie behinderte Kinder.

Um festzustellen, ob Ihr Kind gut sieht, sollten Sie einiges über die Entwicklung des Sehvermögens wissen. Das ist eine ganz spannende Geschichte.

➤ Bereits vor der Geburt nimmt das Baby mit den Augen Reize wahr.
   Zwar ist es im Mutterleib dunkel, und es gelangt nur diffuses Licht bis zum Kind, doch durch die Ultraschalluntersuchungen weiß man, dass das Kind schon während der Schwangerschaft seine Augen bewegt und in Richtung auf die Lichtquelle schaut.

➤ Die eigentliche Sehentwicklung erfolgt aber erst nach der Geburt.
   In den ersten sechs Lebensmonaten lernt Ihr Kind rasant zu sehen. Zunächst erkennt es nur Schemen und kann Hell und Dunkel unterscheiden. Deswegen dreht es auch den Kopf möglichst zum Licht. Es ist in diesem Zusammenhang ganz wichtig, dass Ihr Kind die Möglichkeit hat, die Lichtquelle mal rechts und mal links zu sehen, sonst könnte sich eine Kopfschieflage entwickeln.

Ihr Kind hat auch noch ein eingeschränktes Gesichtsfeld, kann noch nicht räumlich sehen und keine Farben erkennen. Im »Stillabstand« von ca. 30 Zentimetern sieht es das Gesicht der Mutter. Dabei kann es aber sein, dass nur ein Auge ruhig bleibt und das andere herumschweift. Es ist also in den ersten Wochen noch normal, wenn ein Baby schielt.

Es wird auch nicht Ihr Gesicht als das Gesicht der Mutter identifizieren, denn es weiß ja noch nicht, dass Menschen Menschen sind. Es ist an allem interessiert, was wie ein Gesicht aussieht. Wichtig ist, dass die Merkmale Haaransatz, Augen, Mund und eine Kinnrundung vorhanden sind. Wird ein Luftballon dementsprechend bemalt, hält ihn das Kind für ein Gesicht und schaut ihn an. Ab der vierten Lebenswoche reagiert das Kind immer mehr auf Licht und Bewegung , und es beginnt, Gegenstände mit dem Blick zu verfolgen.

Jetzt kommt Farbe ins Spiel

Im dritten Lebensmonat sieht es Rot als erste Farbe. Diese kräftige Farbe ist ein »Hingucker«. Anschließend kommen Blau, Grün und Gelb. Pastellfarben können Babys nicht zum Schauen animieren, darum sind kräftig gefärbte Spielzeuge, die sich auch noch bewegen, am interessantesten.

Mit sechs Monaten haben Kinder meist ihre volle Sehkraft erlangt. Sie können jetzt auch räumlich sehen, eine wichtige Voraussetzung, gezielt zu greifen.

Jetzt ist auch der Zeitpunkt gekommen, an dem schwer wiegende Sehfehler entdeckt und behandelt werden sollten, denn sie sind in den meisten Fällen gut zu korrigieren. Der wichtigste Hinweis auf eine Sehstörung beim Säugling ist das fehlende »Fixieren«. Wenn Sie den Eindruck haben, dass Ihr Kind Sie nicht direkt anschaut, sollten Sie Ihren Kinderarzt aufsuchen, der Sie zu einem Augenarzt überweisen wird, der mit Kindern Erfahrung hat.

Leider werden Sehstörungen trotz aller Vorsorge nicht immer rechtzeitig erkannt, manchmal erst, wenn Ihr Kind in den Kindergarten geht.

So können Sie testen, ob Ihr Kind gut sieht

► Ihr Kind liegt auf der Wickelkommode auf dem Rücken. Sie beugen sich über Ihr Kind, halten seinen Kopf sanft fest und bewegen Ihren eigenen Kopf von einer Seite zur anderen. Folgt Ihnen Ihr Kind mit seinen Augen?

► Denselben Vorgang wiederholen Sie mit einem bunten Gegenstand. Bewegungen, z.B. Puppenspiele oder vorbeifahrende Autos, animieren Ihr Kind zu schauen. Einfarbige Flächen sind eher uninteressant.

► Folgen beide Augen oder nur eines, wenn Sie den Gegenstand bewegen?

► Zieht Ihr Kind Gegenstände sehr nahe ans Gesicht?

► Achten Sie darauf, ob Ihr Kind unter anhaltenden oder wiederkehrenden Kopfschmerzen leidet.

► Brennen seine Augen, sind sie lichtempfindlich, zwinkert Ihr Kind häufig, oder schielt es?

► Befinden sich auf den Augäpfeln helle Flecken? Dies könnte auf eine Trübung der Augenlinse hinweisen.

► Gibt es motorische Auffälligkeiten, wie häufiges Stolpern, unsicheres Treppensteigen oder Danebengreifen?

Die Sehkraft Ihres Kindes entwickelt sich zwischen dem dritten und sechsten Monat. Liegt eine Weitsichtigkeit vor, kann das angeboren sein, wogegen sich die Kurzsichtigkeit erst im Laufe der Kindheit entwickelt. Hier helfen eventuell Augenübungen, oder es muss eine Brille her.

»Horch, was da kommt«

Störungen des Hörvermögens sollten so früh wie möglich erkannt und behandelt werden. Wenn die Eltern und die Ärzte zu spät reagieren, können schwere Verzögerungen der Sprachentwicklung auftreten, die manchmal nur unzureichend wieder behoben werden können. Auch die geistige, seelische und soziale Entwicklung verläuft dann nicht altersgerecht. Die Kommunikation ist gestört.

Eine Ohrentzündung kann auch durch eine Erkältung hervorgerufen werden. Die Bakterien gelangen durch die Schnupfennase ins Mittelohr. Die Schleimhaut schwillt an, und ein Unterdruck entsteht. Das verursacht Schmerzen. Eine sofortige Behandlung durch den Arzt ist nötig.

Beim geringsten Verdacht einer Hörstörung sollten Sie deshalb unbedingt Ihren Kinderarzt aufsuchen.

Meistens prüfen die Kinderärzte inzwischen bereits in der Geburtsklinik oder bei einer der ersten Vorsorgeuntersuchungen mit einem speziellen Gerät die Hörfähigkeit Ihres Kindes. Dabei werden die »OAE«, die »oto-akustischen Emissionen«, gemessen. Mit einem kleinen Gerät misst man auf indirekte Weise, ob Ihr Kind hören kann. Indirekt deshalb, weil sich Ihr Kind ja noch nicht selbst äußern kann. Aber diese Methode ist leider noch nicht überall eingeführt. – Fragen Sie Ihren Arzt danach.

Darum sind Ihre Beobachtungen ganz besonders wichtig, um frühzeitig Hörbeeinträchtigungen festzustellen. Teilen Sie sie spätestens bei den Vorsorgeuntersuchungen Ihrem Arzt mit. Besonders wichtig ist das, wenn Ihr Kind nach der Geburt schwer erkrankt oder zu früh zur Welt gekommen ist. Auch z. B. nach schwerer Gelbsucht und Infektionen nach der Geburt, schweren Atemstörungen, Hirnhautentzündungen, Missbildungen im Kopfbereich und natürlich bei Hörstörungen in der Familie.

Vorübergehende Hörbeeinträchtigungen

Sie haben Ihr Kind gut beobachtet und Ihrem Kinderarzt Ihre Beobachtungen mitgeteilt. Denn spätestens jetzt sollte eine angeborene Hörstörung erkannt und versorgt werden, damit Ihr Kind das Sprechen lernt. Sie haben gemeinsam festgestellt, dass alles in Ordnung ist! Wunderbar! Doch auch im späteren Alter können Erkrankungen im Hals-Nasen-Ohren-Bereich zu Veränderungen der Hörfähigkeiten führen, z. B. »Schallleitungsstörungen«, die durch Vergrößerungen der Rachenmandeln oder Flüssigkeitsansammlungen hinter dem Trommelfell entstehen.

Anzeichen für eine Störung:
► Ihr Kind wendet sich nicht um, wenn es aus einiger Entfernung mit seinem Namen mehrmals gerufen wird.
► Auch ein leises Flüstern, z. B.: »Möchtest du ein Gummibärchen?«, führt nicht zu einer Reaktion.
► Die Kindergärtnerin berichtet Ihnen, dass Ihr Kind nicht mehr deutlich spricht.

Nehmen Sie diese Hinweise ernst, aber nicht tragisch. Denn Hörstörungen, die durch vorübergehende Krankheiten entstehen, sind auch meist gut behandelbar.

So können Sie leichte Ohrenschmerzen lindern

Ihr Kind gehört zuerst einmal ins Bett und braucht Wärme. Eine Wärmflasche am Ohr ist genauso wohltuend wie Bestrahlungen mit Rotlicht. Linderung bringt auch ein Säckchen mit erwärmten Kamillenblüten oder ein Heusack auf dem Ohr.

Ein altes Hausrezept ist die Zwiebelauflage. Dafür wird eine rohe Zwiebel fein gehackt, in ein sauberes Taschentuch gegeben und auf das Ohr gelegt. Ein Kopftuch hält die Auflage fest. Nun noch eine Wärmflasche drauf, und die Zwiebel kann ihre schmerzlindernden Kräfte entfalten.

Auch ein in Öl getränkter Wattebausch, der nicht zu tief ins Ohr gesteckt wird, dämpft den Schmerz.

Für Ohrenschmerzen verantwortlich kann auch ein Pfropf aus Ohrenschmalz sein, der zu tief ins Ohr geraten ist. Daher bitte keine Wattestäbchen verwenden!

So können Sie testen, ob Ihr Kind gut hört

Neugeborenenzeit
- ► Erschrickt es bei lauten Geräuschen, z. B. wenn Sie einen Topfdeckel haben fallen lassen?
- ► Beruhigt es sich auf Ansprache, wenn es vorher geschrien hat? Reagiert es überhaupt auf Ansprache?
- ► Können Sie sehen, ob Ihr Kind zuhört, wenn Musik ertönt, es sich durch Musik beruhigen lässt, wenn es unruhig war?

  Beachten Sie jedoch, dass Ihr Kind während der Neugeborenenperiode (bis vier Wochen) noch hauptsächlich schläft. Auch sehr laute Geräusche in unmittelbarer Umgebung wecken es nicht auf. Das ist völlig normal! Testen können Sie also nur dann, wenn Ihr Kind auch wach ist.

3–4 Monate
- ► Knistern Sie mit Papier neben dem Kopf Ihres Kindes, ohne dass es das Papier sieht. Wendet es den Kopf zur Geräuschquelle?
- ► Flüstern Sie am Ohr des Kindes. Wird es ganz still und hört zu?

6 Monate
- ► Sprechen Sie Ihr Kind an, wenn Sie zur Tür hereinkommen, es Sie aber noch nicht sehen kann, weil es abgewandt daliegt. Wendet es Ihnen den Kopf zu?
- ► Wenn Sie mit Ihrem Baby sprechen, ahmt es dann schon Laute nach, antwortet es Ihnen? Hat es vielleicht aufgehört, vorher gebildete Doppellaute wie »la-la« zu sagen? Spricht es mit sich selbst, auch, wenn es alleine ist?

Auf alle Fälle sollten Sie bei Schnupfen regelmäßig das Hörvermögen Ihres Kindes testen. An sich harmlose vorübergehende Störungen können einen bleibenden Hörfehler zur Folge haben.

»Sag, wie heißt das Wort?«

Sprechen Sie mit Ihrem Kind immer über Dinge, die tatsächlich vorhanden sind. Auf diese Weise lernt es den Zusammenhang von Gegenstand und dazugehörigem Wort schnell. Außerdem muss das Kind an den Gegenständen interessiert sein. Dass ein Ball »Ball« heißt, wird es schnell verstehen. Anders sieht es schon mit dem Bügeleisen aus.

»Sprechen lernen« und »Hören können« sind untrennbar miteinander verbunden. Sprachfehler sind auffallend, aber viele sogenannte Sprechstörungen verschwinden im Laufe der Zeit von ganz alleine. Zeit, Energie, Geduld und Verständnis auf Seiten der Eltern sind die wichtigste Voraussetzung für die kindliche Sprachentwicklung. Und: Das Umfeld muss stimmen. So wie ihre Vorbilder sprechen, so lernen auch Kinder die Sprache. Leider wird heutzutage in vielen Familien immer weniger kommuniziert. Das gemeinsame Mittag- oder Abendessen, bei dem alle Familienmitglieder ihre Erlebnisse des Tages berichten, fällt oft aus Zeitgründen aus. Hausmusik ist vielerorts aus der Mode gekommen. Dabei fördern gerade die Musik, die Melodie und vor allem das Singen die Sprachentwicklung besonders gut.

Was können Eltern tun?

Bei Reimen, Kinderliedern und Wörtern, die sich immer wieder wiederholen, lauschen Ihre Kinder gebannt und versuchen, die Laute nachzuahmen.

Die Sprache wird nicht nur mit dem Mund erlernt, sondern mit allen Sinnen. Aber Übungen mit den Lippen stärken die Mundmuskulatur. Pusten Sie Seifenblasen, formen Sie deutliche »Oooos« und »Aaaaas«, lassen Sie Ihrer Phantasie freien Lauf, Sie haben bestimmt viele Ideen!

Stellen Sie Ihrem Kind Fragen, spielen Sie das Spiel »Ich sehe was, was du nicht siehst«. Schauen Sie Bücher an und Bilder, und erzählen Sie Geschichten. Sie werden staunen, wie schnell sich ein Dreijähriger eine Geschichte merken kann. Sprechen lernen macht auf diese Weise großen Spaß! Lachen Sie mit Ihrem Kind. Sie werden erleben, wie es Ihnen durch Glucksen, Brabbeln und Lachen antwortet. Eine deutliche Mimik, die Gefühle ausdrückt, begleitet von Worten oder Sätzen, weiß Ihr Kind rasch zu verstehen. Intensive Zuwendung und eine innige Beziehung sind ganz besonders wichtig, um dem Kind die Möglichkeit zu geben, sich zu äußern.

Spielen Sie mit Ihrem Kind, so viel Sie können. Lassen Sie es Dinge »begreifen«. Alles, was mit »Greifen« und »Begreifen« zu tun hat, fördert auch die Sprachentwicklung.

Nicht alle Kinder lernen gleich schnell sprechen

Jungen brauchen oft länger als Mädchen. Erstgeborene haben es häufig nicht nötig zu sprechen, weil die Erwachsenen so gut auf sie eingehen, dass sie gleich wissen, was ihr Kind will, ohne dass es dies überhaupt formuliert hat.

Bei nachfolgend geborenen Kindern übernehmen oft die älteren Geschwister die Kommunikation. Versuchen Sie die »Störquellen« abzustellen, so können Sie am besten dafür sorgen, dass Ihr Kind selbst spricht.

Vorübergehend stottert fast jedes Kind einmal, wenn der Mitteilungsdrang so stark ist, dass der Mund noch nicht mitkommt. Mit geduldigem Nichtbeachten verschwindet diese Form des Stotterns von selbst. Sollte es aber bestehen bleiben, so bedarf das Stottern einer Abklärung durch den Arzt.

So können Sie helfen

Wenn Ihr Kind zu Beginn der Kindergartenzeit, also mit etwa drei Jahren, noch nicht alles richtig spricht, machen Sie sich keine Sorgen. Vielleicht hat es noch nicht genügend Umgang mit anderen Kindern gehabt und noch nicht viel mit ihnen sprechen müssen. Lassen Sie ihm etwas Zeit. Sind weitere drei Monate vergangen, hat Ihr Kind mit Sicherheit viel dazugelernt. Sollten Sie dann immer noch Auffälligkeiten feststellen, gehen Sie mit Ihrem Kind zum Kinderarzt. Er wird mit einem gezielten Sprachtest aufzeigen, ob eine Sprachheiltherapie notwendig ist, und Ihr Kind zu einem geeigneten Logopäden schicken.
Sprachauffälligkeiten, die einen Gang zum Kinderarzt notwendig machen, sind z. B. Blockierungen des Redeflusses (Stottern), falscher Satzbau (Dysgrammatismus), die falsche Aussprache bestimmter Laute (Stammeln), überhastetes Sprechen (Poltern), falsche Aussprache einzelner Buchstaben (Dyslallie).

Das Selbstwertgefühl stärken

Kinder mit Sprachstörungen benötigen besonders viel Aufmerksamkeit. Versuchen Sie Ihrem Kind zu helfen, seine Sprache wiederzufinden. Wir sagen Ihnen, wie Sie das machen können. Hier fünf wichtige Regeln:

- ► Die falsche Aussprache nicht kritisieren.
- ► Fehler nicht direkt korrigieren, sondern den Satz, das Wort nur richtig wiederholen.
- ► Keine Wörter oder einzelne Laute nachsprechen lassen.
- ► Nicht im Beisein des Kindes über seinen Sprachfehler reden.
- ► Lassen Sie Ihr Kind ohne Unterbrechung ausreden.

Ein Baby interessiert als Erstes die Namen für Menschen, Tiere und Dinge, mit denen es etwas anfangen kann. Dann kommt die Lieblingsspeise an die Reihe, dann die Kleidung. Im zweiten Jahr kommen die Sachen dazu, die ein Teil von ihm sind oder es betreffen, wie z. B. Arm, Bein, Bett und Haarbürste. Der nächste Schritt ist die Kombination von zwei und mehr Wörtern.

Sprachentwicklung auf einen Blick

Schreiperiode	ca. bis 7. Woche
Erste Lallperiode	ca. 6. Woche bis 6. Monat
Zweite Lallperiode	ca. 6. bis 9. Monat
Nachahmen und erstes Sprachverständnis	ca. 8. bis 9. Monat
Zuordnung von lautlicher Äußerung, Geste und Situation	9. bis 10. Monat
Beginn gezielter Sprachäußerungen	9. bis 12. Monat
Entstehen gezielter Wörter	13. bis 15. Monat
Einwortsätze	12. bis 18. Monat
Erstes Fragealter, Zweiwortsätze	18. bis 24. Monat
Geformte Mehrwortsätze	3. Lebensjahr
Zweites Fragealter, Erwerb des Wortschatzes und Grammatik	4. Lebensjahr
Richtige Aussprache der meisten Laute	5. Lebensjahr

Alle Kinder brauchen Platz zum Toben

Alle Kinder bewegen sich grundsätzlich gerne und viel. Kinder haben einen natürlichen Bewegungsdrang, den sie nach Möglichkeiten und Gelegenheiten ausleben müssen.

Wahrnehmung über die Sinnesorgane und Bewegung sind untrennbar miteinander verknüpft. Wie Sie schon in dem vorherigen Kapitel über die Sprachentwicklung gelesen haben, arbeiten die einzelnen Sinne sehr eng zusammen. Ohne Gehör keine Sprache. Auch ohne Gleichgewicht keine Sprache.

Erfahrungen sammeln

Je waghalsiger die Aktionen des Kindes werden, desto größer die Ängste der Eltern. Aber erfahrungsgemäß kennt ein Kind seine Grenzen schon genau. Es wird kein hohes Hindernis überspringen, bevor es nicht ein niedrigeres geschafft hat. Und dabei kräftigt es seine Muskeln, um immer höher zu springen, und das Erfolgserlebnis schafft die Motivation.

Von der Geburt bis in das Schulalter sammelt ein Kind seine Erfahrungen aus Bewegung, Begreifen und Handeln.

Dadurch schafft es sich seine Grundlage für seine körperliche, geistige und soziale Entwicklung. Durch eigene Aktivität lernt es, sich zu behaupten und seine Umwelt zu verstehen. Die ersten Schritte erweitern nicht nur den Spielraum, sondern auch den geistigen Horizont.

Dabei führt jeder Bewegungsablauf zu Erfahrungen, die einerseits zu automatischen Abläufen werden und andererseits weitere schwierigere Bewegungsabläufe anstoßen.

Automatische Bewegungsabläufe vergisst man nicht mehr. Sie haben sich nach ausreichendem Training so eingeprägt, dass man sie jederzeit wieder abrufen kann, ohne über die einzelnen Bestandteile nachdenken zu müssen. Hat ein Kind z. B. das Radfahren oder Schwimmen einmal richtig gelernt, verlernt es diese Fähigkeit nicht mehr, auch wenn es längere Zeit nicht schwimmt.

Wohin mit Kraft und Übermut? Kinder brauchen Platz und Gelegenheit, um ihre Kräfte zu erproben und soziale Kontakte knüpfen zu können.

Jede Stunde ohne Bewegung, z. B. vor dem Fernseher, nimmt dem Kind diese Möglichkeiten. Während des Fernsehens können Kinder keine eigenen Erfahrungen sammeln. Sie konsumieren nur und sind durch zu viele Reize oft überfordert. Das kann einerseits zu verstärkter Unruhe, andererseits aber auch zu Bewegungsarmut und Desinteresse führen.

Der Spielplatz – ein Bewegungsparadies

Leider sind heute viele Wohnungen vor allem in den Städten zu klein und die Möglichkeiten, mit einem Kind ohne Gefahr draußen zu spielen, nicht immer vorhanden. Stadtkinder sind hier Kindern, die in Gegenden mit größeren Grünflächen aufwachsen, gegenüber eindeutig benachteiligt. Trotzdem gibt es auch hier viele Möglichkeiten für ein Kind, sich Bewegung zu verschaffen. Versuchen Sie, dem Bewegungsdrang Ihres Kindes so gut es geht nachzugeben. Auch in räumlich beengten Bezirken geht das gut.
Der Spielplatz ist eine Möglichkeit. Dort findet das Kind verschiedene Geräte für ein ausgelassenes Vergnügen. Beim Klettern, Rutschen, Schaukeln, Wippen oder auch im Sandspielen kann das Kind seine Wahrnehmungen und Fertigkeiten vervollständigen.

Das Gleichgewicht trainieren

Leider lernen viele Kinder heute viel zu früh das Fahrradfahren, ohne je auf einem Roller ihr Gleichgewicht geübt zu haben.
Hüpfen auf einem Bein, Zehen-Hacken-Gang, den Hampelmann spielen, Fingerspiele bereits mit Säuglingen fördern die Koordination. Koordination ist das sinnvolle und harmonische Zusammenspiel von Körperteilen und Muskeln, die zu fließenden Körperbewegungen führen.
Ebenfalls sehr gut für die Koordinationsentwicklung ist ein Trampolin oder eine dicke, federnde Matratze, worauf das Kind nach Herzenslust springen kann.
Aber: Trimmen Sie Ihr Kind nicht. Es muss kein Spitzensportler werden. Es soll Spaß an der Bewegung haben!

Bewegung ist gesund

Für die körperliche Gesundheit ist Bewegung unbestritten wichtig. Sie beugt Übergewicht vor. Kinder, die viel Sport betreiben, haben wesentlich seltener Gewichtsprobleme als bewegungsarme Kinder. Kinder, die viel Zeit vor dem Fernsehgerät verbringen, essen mehr unkontrolliert.
Knochen, Muskeln und Gelenke werden trainiert und können besser wachsen. Schon früh wird durch regelmäßige Bewegung einer späteren Knochenweichheit vorgebeugt. Das Herz-Kreislauf-System wird gestärkt, wenn ein Kind wenigstens einmal am Tag so richtig ins Schwitzen kommt. Nicht zu vergessen ist der soziale Aspekt. Ihr Kind lernt beim Sport und Spiel Fairness, den Umgang mit anderen Kindern, die eigenen Grenzen und auch den Teamgeist kennen.
Schlitten fahren, sich im Schnee kugeln, durch die Wiese rennen, scheinbar ziellos, toben ohne Ende und anschließend hundemüde sein, so stellt man sich eine glückliche Umsetzung des Bewegungsdranges vor.

Tatsächlich ist die Hauptgefahrenquelle für Kinder der Straßenverkehr. Auch wenn Ihr Kind bei der Verkehrserziehung vernünftig und für alle Erklärungen zugänglich ist, es kann die Geschwindigkeit eines Fahrzeugs einfach nicht einschätzen. Und wenn es etwas Interessantes sieht, wird es alle Ermahnungen, nicht auf die Straße zu laufen, vergessen.

129

Gibt es bequeme Kinder?

Inwieweit ein Kind sein Bedürfnis nach Bewegung auslebt, hat auch damit zu tun, wie Sie darauf reagieren. Und das hängt wiederum davon ab, ob Sie selbst sportlich sind und sich gerne bewegen. Es kann aber auch an den fehlenden Möglichkeiten liegen: eine zu kleine Wohnung, gereizte Nachbarn oder keine Spielplätze in der Nähe. Am besten ist es in diesem Fall, an organisierten Veranstaltungen teilzunehmen und das Kind später in den Sportverein zu schicken. Das Vorbild der anderen wirkt meist motivierend.

Ist mein Kind zu ruhig?

Oft spielt die eigene Kindheit eine Rolle, wie man sein eigenes Kind wahrnimmt. Wer z. B. als Kind nie toben durfte, möchte dies seinem Kind ermöglichen und ist vielleicht enttäuscht, wenn es dieses Angebot ausschlägt und lieber ein Buch liest. Oder Sie wurden von Ihren Eltern zu ständigem Sporttreiben angehalten, obwohl Sie ein eher stilles Kind waren.

Ein Kind braucht aber auch Ruhepunkte, Zeiten, in denen es nicht durch Reize gestört wird, in denen es sich mit sich selbst beschäftigt und erholen kann.
Eine ausgewogene Mischung aus Ruhe und Bewegung führt zu Ausgeglichenheit und gesunder Entwicklung.

Warum bist du so still?

Es gibt durchaus Kinder, die sich zurückziehen, um alleine zu spielen, und dies genießen. Kinder, die nicht so gerne toben, dafür lieber Bücher anschauen oder mit Bausteinen spielen. Das ist ein ganz normales Verhalten, sofern sie den Kontakt zu anderen nicht völlig ablehnen bzw. sich überhaupt nicht bewegen.
Aber es gibt auch Kinder, die Bewegung meiden. Sie entwickeln vorwiegend Interessen, die wenig mit Bewegung und Interaktionen mit anderen Kindern zu tun haben. Sie bevorzugen ruhige Spiele an einem Ort, spielen mit dem Computer oder schauen intensiv Bücher an. Schon als Säuglinge fallen sie durch ein großes Schlafbedürfnis auf. Die motorischen Fähigkeiten werden eher zum Ende der jeweiligen Perioden hin erworben. Sie beginnen relativ spät zu krabbeln und zu laufen. Die Muskelspannung ist oft erniedrigt.
Sehr ruhige und eher schlaffe Kinder fallen dem Kinderarzt aber bereits bei den frühen Vorsorgeuntersuchungen auf. Er wird Ihnen zu einer krankengymnastischen Behandlung raten, die die motorische Entwicklung Ihres Kindes unterstützen wird.
Es kann auch noch zu einem späteren Zeitpunkt, während der Kindergartenzeit z. B., nötig sein, therapeutisch einzugreifen. Um den richtigen Zeitpunkt nicht zu verpassen, sollten Sie die bekannten Vorsorgetermine unbedingt einhalten.

Reizarmut

Ganz anders sieht es aus, wenn ein Kind keine oder nur sehr eingeschränkte Bewegungsmöglichkeiten hat und vielleicht aus einem Ruhebedürfnis der Eltern heraus allzu oft zum Bravsein ermahnt wird.
Reize, die es zur Bewegung animieren, fehlen Ihrem Kind z. B. auch, wenn Sie als Eltern eher ruhig sind und wenig Sport treiben.

Denken Sie einmal darüber nach, wie viele Möglichkeiten es doch gibt, gemeinsam mit Ihren Kindern Sport zu betreiben und dabei viel Spaß zu haben.

»Ich fühle mich nicht wohl!«

Wenn sich ein bislang motorisch normal entwickeltes und lebhaftes Kind plötzlich zurückzieht, steckt meistens eine emotionale Störung dahinter. Hier gilt es, mit sehr viel Gespür und Feingefühl herauszufinden, was das Kind bedrückt. Ist es von anderen Kindern gehänselt worden, weil es vielleicht nicht so gut auf einem Bein hüpfen konnte wie andere? Wird es aus irgendeinem Grund abgelehnt? Versuchen Sie sich in die Gefühlswelt des Kindes hineinzuversetzen. Oft sind es Kleinigkeiten, die ein Kind völlig aus dem Gleichgewicht bringen, an die wir Erwachsenen gar nicht mehr denken. Das kann auch nur ein abfälliges Wort sein von einem Spielkameraden, gedankenlos ausgesprochen.

So wie Kinder überschäumende Freude durch Springen und Tanzen kundtun, zeigen sie auch Trauer und Verletzung, indem sie still werden.

»Sitz still, kleiner Zappelphilipp!«

Sie kennen ihn sicher, den »Zappelphilipp« aus dem »Struwwelpeter!?
Der so lange mit dem Stuhl wackelte, bis er mitsamt Stuhl, Tischdecke und allem, was darauf stand, umfiel.
»... und die Mutter blickte stumm auf dem ganzen Tisch herum.«
Oft stehen Eltern tatsächlich hilflos vor ihren Kindern, wenn diese so gar nicht zur Ruhe kommen wollen oder können.

Wenn Ihr Kind unruhig und zappelig ist, liegt es vielleicht daran, dass es keine Gelegenheit hat, seine Spannungen abzubauen. Das Bewegungsbedürfnis von Kindern ist sehr unterschiedlich. Auf alle Fälle sollten sie täglich die Möglichkeit bekommen, so richtig zu toben.

Geben Sie dem Bewegungsdrang Ihres Kindes so viel Raum, wie es nur irgend geht. Auch wenn es nicht immer die Spielzeuge bevorzugt, die Sie empfehlen – lassen Sie ihm jede Möglichkeit, kreativ zu sein.

Wie kann man erkennen, ob ein Kind hyperaktiv ist?

Zunächst einmal: Nicht jedes sehr lebhafte Kind ist gleich hyperaktiv! Dieser Begriff wird heute sehr schnell, oft viel zu schnell, verwendet, um ein eher unruhiges Kind zu benennen. Dabei ist Bewegung gut und wichtig, wie wir gesehen haben.

Lebhafte Kinder kennen auch Ruhephasen und können sich sehr wohl konzentrieren. Sie sind nur gerne in Bewegung, manchmal eher laut und mitteilsam. Dieses Verhalten ist normal.

Unruhige Kinder hingegen sind umtriebig, können schlecht an einem Ort verweilen und sich auch schlechter konzentrieren.

Im Kindergarten erfährt die Mutter dann: »Ihr Kind ist aber sehr unruhig. Es mag nicht im Stuhlkreis sitzen und spielt nur kurze Zeit mit einem Spiel.«

Als das, was man allgemein hyperaktiv nennt, kann Ihr Kind erst angesehen werden, wenn es mindestens ein Jahr lang auffallend konzentrationsgestört, impulsiv, motorisch unruhig und labil in seinen Gefühlen ist. Eine vorschnelle Diagnose und »Etikettierung« als krank hilft keinem Kind.

Weshalb ein Kind unruhig ist

► Es hat nicht genügend Möglichkeiten, sich auszutoben, und hampelt deshalb ständig herum.

► Vielleicht ist es geistig unausgelastet und sucht ständig neue Eindrücke; diese Unruhe ist Ausdruck von Langeweile.

► Vielleicht ist es aber auch andererseits überreizt und kann die Flut der äußeren Reize nicht verarbeiten. Auch zu viel Fernsehen kann der Grund sein.

► Es könnte auch daran liegen, dass Ihr Kind zu sehr verplant ist, d. h. bereits so viele Termine in der Woche hat wie ein kleiner Manager. Dadurch fehlt ihm die Zeit für das freie Spiel.

Der Übergang zum tatsächlich hyperaktiven Kind ist hier fließend. Ein nur unruhiges Kind wird in dem Moment ruhig, in dem es sich für eine Sache brennend interessiert und engagiert.

Ein hyperaktives Kind hingegen ist permanent in Bewegung, Ruhephasen gibt es fast überhaupt nicht, die Bewegungen sind eher hektisch, chaotisch und schnell, und es kann seine Kraft nicht richtig dosieren.

Was können Sie selbst tun?

Fragen Sie sich als Nächstes, ob eine der oben genannten Ursachen vorliegt, die möglicherweise zur Unruhe Ihres Kindes geführt hat. Diese Störfaktoren gilt es als Erstes auszuschalten.

Dazu muss man auch wissen, dass nicht jedes Kind gleichermaßen belastbar ist. Was das eine Kind noch ohne Probleme wegsteckt, ist für ein anderes bereits zu viel.

Sofern Ihr Kind bereits in den Kindergarten geht, sollten Sie auch die Erzieherin zu Rate ziehen.

Versuchen Sie, Ihrem Kind ein möglichst ruhiges Zuhause zu geben, in dem es auspendeln kann. Geben Sie Ihm die Möglichkeit, seine motorische Aktivität so gezielt wie es geht einzusetzen, z. B. in einem Sportverein.

Besprechen Sie Ihr Problem mit Ihrem Kinderarzt, z. B. im Rahmen einer Vorsorgeuntersuchung. Eventuell liegt bei Ihrem Kind eine Störung vor, die z. B. durch eine Ergotherapie behandelt werden kann.

Mit dieser Therapieform lernt Ihr Kind u.a., seine Bewegungen besser zu koordinieren und seine Kraft gezielter einzusetzen. So kommen Motorik und Seele wieder ins Gleichgewicht. Denn Sie können sicher sein, auch Ihr Kind leidet unter seiner Unruhe. Nicht zuletzt deswegen, weil es ständig gemaßregelt wird.

Ist mein Kind hyperaktiv?

● Hat mein Kind deutliche Probleme, sich zu konzentrieren?

● Ist seine Handlungsplanung eher chaotisch?

● War mein Kind schon als Säugling sehr früh mobil, so dass nichts mehr vor ihm sicher war?

● Kann mein Kind am Tisch nicht still sitzen und rutscht es ständig auf dem Stuhl herum?

● Ist es leicht ablenkbar und ärgert es sich rasch, wenn ihm etwas nicht sofort gelingt?

Was versteht man unter dem hyperkinetischen Syndrom?

Diese Störung weist die Symptome Aufmerksamkeitsschwäche, Hyperaktivität, Impulsivität und mangelhaftes Sozialverhalten auf. Diese Erscheinungen überlagern sich und können sich auch gegenseitig »hochschaukeln«.

Aufmerksamkeitsschwäche

Dies ist die Ursache für die Konzentrationsstörung, die sich beispielsweise beim Lernen negativ auswirkt. Die Unaufmerksamkeit verhindert, dass ein Kind die Informationen der Umgebung richtig verarbeitet.

Hyperaktivität

Dieses Symptom ist am auffälligsten und hat der Störung zunächst seinen Namen gegeben: »das hyperaktive Kind«, »Hyperaktivität« oder »Zappelphilipp«. Es äußert sich in großer körperlicher Unruhe.

Impulsivität

Damit ist das Handeln ohne zu denken gemeint, also unkontrolliert. Das Kind hat Schwierigkeiten, seine Wünsche in die Tat umzusetzen.

Mangelhaftes Sozialverhalten

Die Signale anderer Menschen werden nicht wahrgenommen oder falsch gedeutet. Das Kind »eckt« laufend an und wird aus Frustration häufig aggressiv. Das wiederum ruft eine erneute Ablehnung durch die anderen hervor.

Wichtig ist, dass Eltern sich klarmachen, dass sie an dieser Störung nicht schuld sind. Sie können versuchen, ihrem Kind Orientierung und Sicherheit durch konsequentes Verhalten und Regelmäßigkeit, z.B. im Tagesablauf, zu geben, können es loben und ermutigen. Zugleich sollten Sie große Konsequenz in der Erziehung zeigen.

Sie können Ihrem hyperkinetischen Kind helfen, indem Sie ihm durch Ihr Handeln zeigen, was Sie möchten oder was Sie von ihm erwarten. Durch die Aktionen erhält es ganz direkt, also spürbar Informationen. Wenn Sie ihm etwas durch Worte vermitteln wollen, laufen Sie Gefahr, dass das Kind nicht zuhört und abschaltet.

Hinein ins soziale Leben

Nun ist es so weit. Das Kind hat im Zusammenleben mit der Familie so viel Selbstständigkeit gelernt, dass es sich mit Gleichaltrigen auseinander setzen kann. Es ist auch in der Lage, bestimmte Regeln einzuhalten und Verantwortung für eine gemeinsame Sache zu übernehmen. Dann ist es bereit, am Leben im Kindergarten teilzunehmen. In dieser Zeit wird es weitere Entwicklungsschritte machen, die es schließlich befähigen, am Schulunterricht teilzunehmen. Ob ein Kind schon schulreif

ist, kann z. B. daran abgelesen werden, wie gut es in der Kindergartengruppe integriert war. Falls Zweifel bestehen, ist es hilfreich, sich bei einem Schulpsychologen beraten zu lassen. Der Start ins Schulleben sollte freiwillig und ohne Druck erfolgen. Dies ist die beste Voraussetzung, um Anforderungen und Erwartungen bewältigen zu können.

Mein Kind kommt in den Kindergarten

Wenn Ihr Kind in den Kindergarten kommt, muss es eine Menge leisten. Es muss sich an die neue Situation anpassen. Hat es nun zu Hause eine Krise zu bewältigen, wie beispielsweise einen Umzug oder ein neues Geschwister, ist es vielleicht überfordert. Am besten mit dem Kindergartenbesuch noch etwas abwarten.

Jedes Kind in Deutschland hat seit dem 1.1.1996 einen Rechtsanspruch auf einen Kindergartenplatz, sofern es das dritte Lebensjahr vollendet hat. So sagt es das Gesetz. Leider kann diese Vorschrift nicht immer und überall in die Tat umgesetzt werden, weil nicht genügend Plätze vorhanden sind. Nach einer Übergangsregelung mit so genannten Stichtagen, sollte ab 1999 jedes dreijährige Kind einen Kindergartenplatz erhalten. Manchmal muss man als Eltern dann dafür kämpfen und auf dem verbrieften Recht bestehen.

Wenn Ihr Kind »reif« ist für einen Kindergartenbesuch, sollten Sie das auch tun.

Wann ist ein Kind reif?

Ein Kriterium für die Kindergartenreife ist die zunehmende Selbstständigkeit Ihres Kindes. Meistens um den dritten Geburtstag herum ist es bereit, sich aus der engen Mutter-Kind-Bindung zumindest zeitweilig zu lösen. Natürlich gibt es individuelle Unterschiede, die u. a. damit zusammenhängen, ob Ihr Kind bereits die Gelegenheit hatte, mit anderen Kindern zu spielen. Das können sowohl Geschwister als auch fremde Kinder sein.

Meist haben die Kinder schon in Krabbelgruppen Kontakt zu Gleichaltrigen aufgenommen und sind es bereits gewohnt, in Gruppen zu spielen. Diese Krabbelgruppenstunden gestalteten sich aber immer im Beisein der Mutter. Den Kindergarten wird Ihr Kind aber ohne Sie besuchen. Und das ist eine große Herausforderung an die Selbstständigkeit Ihres Kindes. Es bedeutet auch für Sie, Ihr Kind loslassen zu können und seine Selbstständigkeit zu unterstützen.

Ein neuer Lebensabschnitt beginnt

Für ein Kind bedeutet der Eintritt in den Kindergarten, einer völlig neuen, fremden Welt zu begegnen. Hat es doch bisher in der sicheren Umgebung der Familie gelebt. Zwar gab es schon Kontakte und Freundschaften mit Nachbarskindern und auf dem Spielplatz, aber Papa oder Mama waren immer dabei. Ein Ruf, und sie konnten einem zur Seite stehen, wenn die Situation bedrohlich wurde oder die Konflikte unlösbar. Nun steht Ihr Sprössling zum ersten Mal vielen anderen Kindern gegenüber, mit denen er sich auseinander setzen muss ohne die Rückendeckung der Eltern. Er wird ja nicht nur diesen einen Tag mit ihnen verbringen, sondern viele Tage, ja sogar Jahre. Da bilden sich Gruppen, kleine verschworene oder große offene, da gibt es Gegner und Herzensfreunde, da wird konkurriert, und schon werden die ersten Hierarchien gebildet.

Ist mein Kind kindergartenreif?

○ Ihr Kind hat Lust darauf, anderen Kindern zu begegnen.

○ Ihr Kind folgt erzählten Geschichten aufmerksam und bleibt dabei vorwiegend ruhig sitzen. Es stellt gezielte Fragen.

○ Es kann diese Geschichten auch teilweise wiedererzählen.

○ Ihr Kind stellt »Warum«-Fragen und versteht komplexe Zusammenhänge.

○ Ihr Kind kann sich ohne Probleme mindestens eine Viertelstunde auf ein Spiel oder eine Malarbeit konzentrieren.

○ Es weiß, wie es mit Bastelmaterial umgehen soll und kann mit der Kinderschere ausschneiden.

○ Es kann sich alleine an- und ausziehen, Reißverschlüsse und Knöpfe in der Regel öffnen und schließen. Schuhbänder kann es noch nicht binden.

○ Ihr Kind ist tagsüber sauber und sagt, wenn es auf die Toilette gehen muss.

○ Ihr Kind traut sich alleine auf den Spielplatz zu gehen, um mit anderen Kindern zu spielen. Vorausgesetzt, es kennt den Weg dorthin gut.

○ Ebenso besucht Ihr Kind bereits andere Kinder in der Nachbarschaft auf bekannten Wegen.

○ Es kann im Spiel auf andere Kinder eingehen und deren Spielvorschläge übernehmen.

Die meisten Kinder brauchen einige Tage oder sogar Wochen, bis sie den Abschied von Mama oder Papa an der Türe zum Kindergarten schaffen. Sie helfen Ihrem Kind dabei, wenn für Sie selbst die Trennung von Ihrem Kind kein Problem darstellt. Falls dies nicht der Fall ist, überlegen Sie einmal in einer ruhigen Stunde, woher diese Trennungsangst bei Ihnen kommt.

Vorübergehende Störungen

Kein Zeichen für fehlende Kindergartenreife ist es, wenn Ihr Kind vorübergehend einnässt. Der Schritt, den ein Kind macht, wenn es in den Kindergarten kommt, ist einerseits mit Stolz und andererseits mit Angst verbunden, nicht mehr so bemuttert zu werden wie bisher. Daher der vorübergehende Rückfall ins Windelalter. Sollte das Bettnässen länger andauern, sind Gespräche mit den Betreuern und mit Ihrem Kind unbedingt nötig. Genauso ist es mit der vorübergehenden Unlust auf den Kindergarten. Gehen Sie einfühlsam mit Ihrem Kind um.

Was, wenn ein Kind nicht will?

Nun haben Sie festgestellt, dass Ihr Kind aufgrund seiner Fähigkeiten kindergartenreif ist, aber es will nicht dorthin gehen.

Lassen Sie ihm Zeit

Um Ihr Kind mit der neuen Situation vertraut zu machen, schauen Sie sich mit ihm zusammen die Örtlichkeiten an: den Weg zum Kindergarten, das Gebäude selbst mit dazugehörigem Hof oder Garten und den Weg zurück nach Hause.

Vielleicht kennen Sie oder Ihr Kind schon ein Kind aus dem Kindergarten, den Sie ausgewählt haben. Laden Sie es doch einmal ein. Auf alle Fälle sollten Sie Ihrem Kind erzählen, was alles auf es zukommt. Vor allem auch, dass die Kindergärtnerinnen möchten, dass es sich wohl fühlt.

Die meisten Kindergärten bieten heute so genannte »Schnuppertage« an, an denen Ihr Kind vor dem eigentlichen Eintritt in den Kindergarten mehrmals einige Stunden in einer Gruppe verbringen kann. Solche Schnupperstunden machen regelrecht Appetit auf die anderen Kinder. Diese Möglichkeit sollten Sie unbedingt nutzen.

Manchmal ist es am Anfang ganz gut, wenn ein Elternteil zunächst mit im Kindergarten bleibt. Andererseits kann es auch ganz sinnvoll sein, wenn der Abschied kurz und schmerzlos erfolgt. Hier muss individuell entschieden werden. Ein Kind, das noch nicht viel Kontakt zu anderen Kindern hatte, sollte eher für zwei bis drei Stunden in eine Nachmittagsgruppe gehen als bereits vier Stunden lang in die Vormittagsgruppe. Ihr Kind *darf* in den Kindergarten gehen, es *muss* nicht dort bleiben. Diese positive Einstellung sollten Sie ihm vermitteln.

Ganz wichtig ist, dass Ihr Kind sich immer darauf verlassen kann, dass Sie es am Ende des Kindergartentages wieder abholen! Denn trotz aller Selbstständigkeit benötigt es die Geborgenheit und die Sicherheit der Familie!

Im Kindergarten werden vielfältige soziale Kontakte hergestellt. Nicht jedes Kind hat die gleichen Voraussetzungen, so dass ein intensiver Lernprozess stattfindet.

Lassen Sie sich am Abend vor dem Schlafengehen erzählen, was Ihr Kind tagsüber im Kindergarten erlebt hat. Fragen Sie auch, was nicht schön war und was ihm ganz besonders gefallen hat. So kann es sich noch von einer Last befreien und schläft mit einem guten Gedanken ein.

Wenn es nach drei bis vier Wochen immer noch regelmäßig einen tränenreichen Abschied gibt, dann ist es sinnvoller, den Besuch des Kindergartens erst einmal auszusetzen. Sprechen Sie mit der Erzieherin, ob die Möglichkeit besteht, das Kind nach einem halben Jahr erneut zu bringen. Wahrscheinlich war jetzt doch noch nicht der richtige Zeitpunkt.

Welcher Kindergarten ist der richtige?

Es ist gar nicht so einfach, den »geeignetsten« Kindergarten zu finden. Einerseits gibt es kirchliche, städtische, soziale, private und andere Träger für Kindergärten. Andererseits haben diese Kindergärten auch unterschiedliche pädagogische Ansätze und Erziehungsstile.

Es gibt den Regelkindergarten, den Waldorfkindergarten, den Montessorikindergarten, den Integrationskindergarten, in dem behinderte und nicht behinderte Kinder gemeinsam spielen und lernen, um nur die wichtigsten Arten zu nennen. Nicht immer findet man alle Möglichkeiten an einem Ort. Und nicht alle sind für jedes Kind gleichermaßen geeignet.

Die verschiedenen pädagogischen Prinzipien hier im Detail vorzustellen, würde zu weit führen.

Im Mittelpunkt jeder dieser pädagogischen Arbeiten steht vor allem die soziale Erziehung, bei der das Kind lernt, in der Gruppe zurechtzukommen und eigenständig zu handeln. Dabei werden mehr oder weniger Strukturen vorgegeben. Kinder sollen lernen, Konflikte auszutragen und ihre Erfahrungen zu verarbeiten. Im Spiel sollen Fertigkeiten vermittelt, die Phantasie und Kreativität angeregt und Motorik und Feinmotorik gefördert werden. Das alles mit viel Spaß und Freude. Der Kindergarten bereitet die Kinder damit auf die Schule vor. Die Vermittlung von Wissen ist jedoch nicht seine Aufgabe.

Bevor Sie nun einen bestimmten Kindergarten für Ihr Kind aussuchen, sollten sie einige Punkte beachten.

Je nach Träger, staatlich, konfessionell oder eventuell anthroposophisch, ist auch der pädagogische Ansatz. Zusätzliche Informationen erhalten Sie über ein Gespräch mit anderen Kindergarteneltern. Eine Alternative könnte auch ein privat organisierter »Kinderladen« sein.

Der Kindergartentest

► Ist der Kindergarten von Ihrer Wohnung oder Ihrem Arbeitsplatz her leicht zu erreichen?

► Findet Ihr Kind dort Freunde, die in der Nähe wohnen, so dass es auch außerhalb der Kindergartenzeit mit ihnen spielen kann?

► Liegen die Öffnungszeiten günstig? Das ist vor allem für berufstätige Mütter sehr wichtig.

► Kann Ihr Kind eventuell auch dort zu Mittag essen?

► Sind die Kosten tragbar? Kommen zusätzliche Kosten außer dem Beitrag auf Sie zu?

Kinder fühlen sich wohl, wenn sie sich in der Gemeinschaft frei entfalten können, aber auch Raum haben, um sich einmal auf sich selbst zurückzuziehen.

► Wie groß sind die Gruppen? Idealerweise sollten nicht mehr als 15 bis 20 Kinder in einer Gruppe von zwei Erzieherinnen betreut werden.

► Gehen die Erzieherinnen individuell auf die einzelnen Kinder ein, oder behandeln sie alle Kinder gleich?

► Wie ist die Ausstattung des Kindergartens?

► Haben die Kinder drinnen und draußen genügend Platz zum Spielen und Toben?

► Vermittelt der erste Eindruck eine freundliche, kindgerechte und phantasievolle Atmosphäre?

► Haben die Kinder Rückzugs- und Ruhemöglichkeiten? In den meisten Kindergärten gibt es »Kuschelecken«, in die sich ein Kind jederzeit zurückziehen kann.

Damit die Betreuerinnen sich gut auf den Neuankömmling einstellen können, brauchen sie ein paar Informationen: Was kann das Kind gut, was noch nicht so gut? Welche Situationen im Alltag sind besonders krisenbehaftet? Hat das Kind gerade mit einer schwierigen Situation zu kämpfen, wie z. B. dem Tod eines Angehörigen? Gibt es schon ein befreundetes Kind in der Gruppe?

► Gibt es für das Kind die Möglichkeit, frei und auch unbeobachtet zu spielen?

► Fördert der Kindergarten die Kreativität der Kinder, z. B. durch Werken mit verschiedenen Materialien, durch Gartenanlagen?

► Gibt es eine starke Reglementierung des Tagesablaufes, oder können die Kinder auch nach ihrem eigenen Rhythmus leben?

► Nicht zuletzt: Ist die Sicherheit der Kinder gewährleistet? Ungesicherte Treppen, Gartenteiche und unbeaufsichtigte Wärmequellen stellen Gefahrenquellen dar.

Sie haben nun einen geeigneten Kindergarten für Ihr Kind gefunden, in dem es sich sichtlich wohl fühlt. Behalten Sie einen intensiven Kontakt zu der jeweiligen Erzieherin, so dass Sie die Entwicklung Ihres Kindes weiter hautnah verfolgen können und sofort erfahren, wenn es doch einmal Probleme gibt.

Der Kindergarten ersetzt nicht die Familie, ergänzt sie aber hervorragend.

Mein Kind kommt in die Schule

Endlich ist es so weit! Ihr Kind hat den Kindergarten gerne und erfolgreich durchlaufen und große Entwicklungsfortschritte gemacht. Aber ist es jetzt schulreif? Der Begriff der Schulreife ist ein abstrakter Begriff, der sich eigentlich mit Testverfahren nicht eindeutig messen lässt. Nicht Größe und Alter Ihres Kindes sind ausschlaggebend dafür, ob es in die Schule gehen kann, sondern vielmehr die intellektuelle und vor allem die soziale Entwicklung geben den Ausschlag.

Wann ist ein Kind schulreif?

Wenn Ihr Kind sich im Kindergarten bereits gut integriert hat und einen guten Kontakt zu anderen Spielgefährten aufbauen kann, besitzt es schon die besten Voraussetzungen für den Schulbesuch. Erfahrungsgemäß hängt die Schulreife auch von der Stellung in der Geschwisterreihenfolge ab. Hat ein Kind bereits eines oder mehrere Geschwister, die eine Schule besuchen, wird es durch sie leichter in die Schule gehen wollen und auch können.

Entscheidend hängt die Schulfähigkeit auch von den Anforderungen der Schule an die Schüler ab. Sind sie eher hoch, so sollten Sie überlegen, ob Sie Ihr »Kann-Kind« bereits in die Schule schicken. Bei einem solchen Kind liegt der sechste Geburtstag so, dass es in die Schule gehen kann, aber nicht muss.

Lassen Sie sich beraten

Im Zweifelsfall erscheint ein psychologisch-pädagogischer Test sinnvoll, den Sie bei einer Schulpsychologin durchführen lassen können.

Bedenken Sie aber, dass die intellektuellen Fähigkeiten Ihres Kindes, wie ausgeführt, nicht das wichtigste Kriterium für die Einschulung sind. Sprechen Sie also auch über das soziale Verhalten Ihres Kindes. Die Kindergärtnerin, die Ihr Kind täglich im Zusammenspiel mit anderen Kindern sieht, wird Ihnen ebenfalls wichtige Hinweise geben können.

Namen und Adresse einer Schulpsychologin können Sie in der Regel über das örtliche Schulamt erfahren.

Für die Kleinen im Kindergarten ist die Aussicht, zu den großen Kindern zu gehören, die in die Schule gehen dürfen, ein ziemlicher Anreiz, denn sie wollen dazugehören. Aber wie anstrengend Schule ist, erfahren sie, wenn es losgegangen ist. Die Schule ist mit dem Arbeitstag eines Erwachsenen vergleichbar. Sie wird zu einem wichtigen, fast den ganzen Tag bestimmenden Teil ihrer Welt. Dabei stehen die sozialen Kontakte an erster Stelle. Funktionieren die nicht, gibt es auch Probleme mit dem Lernen.

Den ganzen Vormittag still sitzen bleiben, zuhören, aktiv am Unterricht teilnehmen, auf andere eingehen, sich mit immer neuem Lernstoff befassen und vielleicht mit immer neuen Lehrern – für Kinder ist das nahezu Schwerstarbeit. Und am Nachmittag noch die Hausaufgaben und Vorbereitungen auf Tests und Schularbeiten. Die Freizeit ist eingeschränkt. Da muss sich die ganze Familie umstellen.

Anhaltspunkte für den Entwicklungsstand Ihres Kindes

Erzwingen Sie nichts. Wenn Sie nach eingehenden Beratungsgesprächen der Meinung sind, Ihr Kind ist noch nicht so weit, dann schieben Sie den Schulbesuch noch ein Jahr auf. Sie ersparen Ihrem Kind Enttäuschungen, die es vielleicht entmutigen und blockieren.

Die üblichen Schulreifetests umfassen eine Vielzahl von Aufgaben. Ihr Kind muss einfache geometrische Gebilde nachzeichnen, es wird getestet, ob es sich Reihenfolgen merken kann, ob es akustisch zwischen Lauten unterscheiden kann und ob es eine Aufgabe zu Ende führen kann, und das auch, ohne andere Kinder zu stören. Beachten Sie jedoch, dass Kinder sehr stark von ihrer Tagesform abhängig sind, die Tests also oft nur Anhaltspunkte liefern können.

Die folgenden Orientierungsmerkmale bauen auf den Fähigkeiten auf, die Ihr Kind hatte, als es in den Kindergarten eintrat.

Körperliche und motorische Anzeichen

► Der Zahnwechsel. Wenn der erste Schneidezahn wackelt, ist Ihr Kind ganz aufgeregt und fühlt sich schon »groß«.
► Der Körper hat sich gestreckt. Schon unsere Großeltern fragten, ob das »Schulkind« mit den Fingerspitzen der einen Hand das Ohr der anderen Seite berühren kann.
► Ihr Kind kann rechts und links unterscheiden.
► Es kann auf einem Bein hüpfen, den Einbeinstand und auf den Zehen und Hacken vorwärts und rückwärts gehen.

Feinmotorische Voraussetzungen

► Es ist in der Lage, kleine Muster nachzumalen. Die Stifthaltung ist korrekt und unverkrampft. Damit hat es die Grundlage für das Schreiben.
► Es kann auch schwierige Figuren ausschneiden.
► Es kann sich die Schuhe selbst binden und Knöpfe und Reißverschlüsse sicher öffnen und schließen.

Konzentration und Wahrnehmung

► Ihr Kind kann auch längere Geschichten verstehen und wiedergeben.
► Es kann runde und eckige Formen problemlos unterscheiden und malen. Seine Figuren, Menschen, Bäume, Häuser werden mit vielen Details versehen.
► Es kann sich in der Regel 20 bis 30 Minuten auf eine Sache konzentrieren.
► Ihm übertragene Aufgaben, wie z. B. Kleinigkeiten einkaufen, erledigt es im engeren Umkreis bereits selbstständig.

Soziales Verhalten

- ► Ihr Kind spielt mit anderen Wettspiele. Es kann inzwischen auch schon mal verlieren.
- ► Es nimmt Kontakt zu anderen Kindern auf. Das kann individuell langsam oder schneller geschehen.
- ► Es ist bereit, einem anderen Kind zu helfen.

Alle diese erworbenen Fähigkeiten und Veränderungen zeigen Ihnen, wie weit Ihr Kind schon gekommen ist. Wenn es viele dieser Kriterien bereits erreicht hat, dann ist es für den Schulalltag gerüstet.

Wie bereitet man ein Kind auf die Schule vor?

Durch den Kindergartenbesuch ist Ihr Kind bereits an einen geregelten Tagesablauf außerhalb der Familie gewöhnt. Meistens hat auch im Kindergarten während des letzten Jahres eine Art »Vorschule« stattgefunden, in der die Kinder auf die Schule vorbereitet werden. Wenn Ihr Kindergarten eine solche Vorschule vorsieht, sollten Sie die Möglichkeit für Ihr Kind unbedingt nutzen. Es kann dabei üben, sich eine Zeit lang konzentriert einer Aufgabe zu widmen.

Intensives Spielen und Malen ist angesagt

Zu Hause sollten Sie sich Zeit nehmen für ausdauernde Spiele.
Memory, Puzzles, Domino, »Mensch-ärgere-dich-nicht« sind einige Beispiele für konzentrationsfördernde Spiele. Ihr Kind muss bei der Sache bleiben.
Ihr Kind möchte jetzt selbst vieles ausprobieren. Unterstützen Sie es dabei. Malen und basteln Sie mit ihm. Binden Sie es beim Kochen mit ein. Kochen ist ebenfalls eine sehr kreative Arbeit, die die Phantasie fördert.
Kaufen Sie unbedingt gemeinsam den Schulranzen und alle weiteren Utensilien, die Ihr Kind für den Schuleintritt benötigt.
Schulranzen sollten heute leicht sein, d. h. nicht aus Leder, sondern aus Synthetikmaterial aus leuchtenden Farben, das strapazierfähig ist und wenig Eigengewicht hat. Ihr Kind wird gerade in den ersten Schuljahren viele verschiedene Gegenstände für die Schule brauchen, da der Lernprozess noch vorwiegend über das Spiel und das Begreifen stattfindet.

Warten Sie mit dem Einkaufen von Materialien ab, bis der erste Schultag da ist. Die meisten Lehrerinnen haben sehr genaue Vorstellungen davon, was ihre Schüler und Schülerinnen brauchen. Gute Qualität macht sich bezahlt, denn wenn Buntstifte ständig abbrechen und Scheren letztlich nicht schneiden, muss man immer wieder Geld ausgeben. Ungiftige Materialien sind für die Umwelt und Ihr Kind verträglicher als chemisch behandelte.

Das soll in die Schultüte

Die Schultüte für den großen Tag bastelt ein Kind meistens im Kindergarten selbst. Helfen Sie ihm dabei. Auf die selbst gebastelte Tüte ist Ihr Kind besonders stolz. Sie ist wichtiger und wertvoller als die größte gekaufte Tüte. Der Inhalt sollte eine gesunde Mischung sein aus Kleinigkeiten, die Ihr Kind sich wünscht und braucht, sowie auch einigen gesunden Süßigkeiten. Dazu passend vielleicht auch eine besondere neue Zahnbürste.

Verkehrssicherheit

Schon vor dem eigentlichen ersten Schultag möchte Ihr Kind sicher wissen, wo seine zukünftige Schule ist. Dies ist eine gute Gelegenheit, mit ihm den Schulweg zu gehen. Dabei können Sie jeden Schritt üben und auf mögliche Gefahren aufmerksam machen. Die Farben der Ampeln sollte Ihr Kind sicher beherrschen. Lassen Sie sich zur Kontrolle einmal von Ihrem Kind führen. Dann können Sie sicher sein, dass es den Schulweg alleine bewältigt. Kleidung und Ranzen tragen durch kräftige Farben und leuchtende Sicherheitsstreifen auch bei Dunkelheit zur Verkehrssicherheit bei. Am ersten Schultag begleiten Sie Ihr Kind selbstverständlich, das ist doch Ehrensache.

Was, wenn ein Kind Schulängste entwickelt?

Die Gründe, aus denen ein Kind Angst vor der Schule oder dem Schulbesuch entwickelt, sind so vielschichtig und mannigfaltig, dass es den Rahmen dieses Ratgebers sprengt, darauf im Einzelnen einzugehen.

Wenn Sie allerdings feststellen, dass Ihr Kind plötzlich nicht mehr lernen will, sich weigert, in die Schule zu gehen oder z. B. auch den Schulbus zu besteigen, dann sollte das immer ein Anlass für ein ausführliches Gespräch mit dem Lehrer oder der Lehrerin sein. Ängste eines Kindes sollte man grundsätzlich ernst nehmen, Schulängste ganz besonders. Zwingen Sie Ihr Kind daher nicht zum weiteren Schulbesuch, sondern versuchen Sie erst, die Gründe zu finden. Sprechen Sie geduldig und ohne Vorwurf mit Ihrem Kind. Lassen Sie ihm Zeit, manchmal möchte es sich nicht sofort anvertrauen.

Manchmal weiß es auch nicht genau, was es ängstigt.

Daher sollten Sie im Zweifelsfall auch nicht zögern, Ihren Kinderarzt zu Rate zu ziehen, gegebenenfalls auch einen Kinderpsychologen. Je früher Sie reagieren, desto rascher kann gezielt geholfen werden.

Lese- und Rechtschreibschwierigkeiten

Lassen Sie sich nicht irremachen. Wenn Sie Ihr Kind als wach, interessiert und begabt erleben und es scheitert in der Schule am Lesen und Schreiben, ist dies kein Hinweis auf mangelnde Intelligenz. Auch wenn die Leistungen hinter denen der Klassenkameraden zurückfallen und die Fortschritte langsam gehen, sind das Folgen, aber keine Ursachen der Lese-Rechtschreib-Schwäche.

Noch immer herrscht in Expertenkreisen Unklarheit darüber, wie die Lese-Rechtschreib-Schwäche (LRS) entsteht und auch wie sie sich in allen Einzelheiten äußert. Allerdings gibt es einige Anzeichen dafür:

- ► Beim Lesen werden bekannte Buchstaben nicht wiedererkannt.
- ► Am Ende der ersten Klasse können bekannte Buchstaben und Wörter nicht geschrieben und gelesen werden.
- ► Typisch beim Schreiben ist die falsche Folge von Buchstaben.
- ► Lesen und Schreiben wird von Kindern mit LRS vermieden.
- ► Sie gebrauchen deutlich weniger Wörter beim Schreiben.

Experten vermuten, dass eine Entwicklungsverzögerung für die Schwierigkeit verantwortlich ist.

Wichtig ist vor allem zu wissen, dass ein Kind mit LRS nicht weniger intelligent ist als andere. Das Problem kann durch eine falsche Einschätzung eines Lehrers, durch zu große Klassen, durch Probleme in der Familie und durch frustrierende Erfahrungen der Kinder erheblich verschärft werden. Wenden Sie sich an den Schulpsychologen und an Fachkräfte.

Schlechte Noten?

Die Diskussion um Zensuren in der Grundschule gibt es seit Jahrzehnten. Befür-worter argumentieren damit, dass Noten den Lernfortschritt kontrollieren, ei-nen Vergleich zwischen den Schülern erlauben, Leistungen belohnen und zu mehr Anstrengung ermutigen. Außerdem sorgen sie für Disziplin und bestäti-gen Versetzungen. Tatsächlich haben Forschungsergebnisse aber gezeigt, dass Zensuren zu Beginn der Schullaufbahn erheblichen pädagogischen Schaden anrichten. Alle Schreibanfänger finden ihre Buchstaben schön, egal, ob die Stri-che gerade oder gewellt, auf der Linie stehen oder irgendwo darüber in der Luft fliegen. Im Grunde brauchen Kinder in dieser Phase Aufmunterung. Dann ma-chen sie mit Begeisterung weiter, und die krummen Striche werden irgendwann gerade. Die ersten Klassen der Grundschule haben zum Ziel, Kindern eine posi-tive Erfahrung mit der Schule zu vermitteln, ihnen die Freude am Lernen zu zei-gen und ihr Selbstvertrauen zu stärken. Wenn nun Kinder über ihre ersten Pro-dukte gesagt bekommen, sie wären ungenügend, begreifen sie gar nicht, was daran falsch ist, sondern sehen nur, dass die – wahrscheinlich – geliebte Lehre-rin unzufrieden ist. Sie sind vielleicht entmutigt, und wenn sich Misserfolge häu-fen, resignieren sie. Eine Fülle an psychosomatischen Störungen treten unter Umständen auf: Unruhe, Konzentrationsschwäche, Schlafstörungen, Kopf-schmerzen, Allergien und andere allgemeine Erkrankungen. Die Kinder sind vielleicht niedergeschlagen, leiden unter Ängsten und sogar unter Zwängen.
Natürlich ist es für Eltern nicht einfach, den Schulstress aufzufangen. Auf alle Fälle können sie dafür sorgen, dass das Umfeld spannungsfrei und das Leben geregelt ist. Auf diese Weise wird z. B. Schlafmangel als Hindernis für die Kon-zentration ausgeschaltet. Und: Überprüfen Sie Ihre Erwartungen an Ihr Kind, und rufen Sie sich in Erinnerung, wie es war, als Sie schlechte Noten hatten.

Neben den immer neuen Anforderungen in der Schule muss Ihr Kind auch in der Familie damit zurecht-kommen, dass von ihm als Schulkind mehr Vernunft erwartet wird. Konflikte sollten ohne Wutanfälle und Trotzreaktionen gelöst, kleine familiäre Aufgaben ausgeführt und mehr Verant-wortung für sich übernom-men werden. Ganz schön viel für ein kleines Kind.

Mit der Schultüte beginnt für die Kinder »der Ernst des Lebens«. Achten wir darauf, dass sie nicht überfordert werden und unter wachsen-dem Leistungsdruck die Lust am Lernen verlieren.

Die kleinen Genies

In den vorangegangenen Kapiteln haben wir Ihnen Beispiele und Möglichkeiten an die Hand gegeben, wie Sie Ihr Kind unterstützen können, damit es

sich gesund entwickelt. Es gibt aber auch Kinder, die sich ganz rasant entwickeln, die eine ungeheuer schnelle Auffassungsgabe haben und deren Wissensdurst fast nicht zu stillen ist. Kinder, die schon frühzeitig eine außerordentliche soziale Kompetenz aufweisen, einen starken Gerechtigkeitssinn, mit dem sie sich für andere einsetzen. Kinder, deren Kreativität keine Grenzen kennt. Kinder, die überdurchschnittlich begabt oder hoch begabt sind. Auch diese Kinder brauchen Förderung, da sonst ihre besonderen Talente verkümmern.

Was bedeutet das: hoch begabt?

Wenn Sie nicht wissen, ob Ihr Kind hoch begabt ist, wenden Sie sich an den Beratungslehrer und weiter an den Schulpsychologen. Sie werden beide Fähigkeits- und Leistungstests durchführen, aber auch Unterrichtsbeobachtungen und Beurteilungen der Lehrer heranziehen. Oder Sie wenden sich an eine Erziehungsberatungsstelle.

Hochbegabung kommt in allen Gesellschaftsschichten vor. Die Ursache dafür ist noch nicht eindeutig geklärt. Eine Vermutung der Hirnforschung ist, dass bei besonders intelligenten Menschen bestimmte Bereiche im Gehirn schneller arbeiten und damit Informationen schneller aufnehmen, transportieren und umsetzen. Nach wissenschaftlichen Aussagen deutet ein Intelligenzquotient von über 130 auf eine Hochbegabung. Ein IQ-Wert setzt sich zusammen aus den Ergebnissen mathematischer und sprachlicher Tests. Damit zeigt er jedoch nur einen Teil möglicher Begabung auf.

Es gibt nicht *die* Hochbegabung. Kinder, die auf allen möglichen Gebieten gleichzeitig hoch begabt sind, findet man äußerst selten. Universalgenies, wie Goethe z.B., gibt es heutzutage schon allein wegen der enormen Wissensmenge unserer Zeit nicht mehr. Eher sind es besondere Fähigkeitspotentiale für außergewöhnliche Leistungen in einzelnen oder mehreren Bereichen, die die Kinder auszeichnen. In allererster Linie lernen diese Kinder viele Dinge sehr viel schneller als ihre Altersgenossen und leiden, wenn sie keinen geistigen Nachschub erhalten.

Die Voraussetzungen allein genügen daher nicht. Eine besondere Fähigkeit kann sich nur dann entwickeln, wenn die entsprechende Umsetzung möglich ist, d.h.: wenn das Kind auch eine seinen Fähigkeiten entsprechende Förderung erfährt. Das bedeutet auch, dass es in seinem Umfeld anerkannt wird und mit anderen Kindern so »normal« wie möglich aufwachsen kann.

Wie erkennen Eltern, ob ihr Kind hoch begabt ist?

Beobachten Sie Ihr Kind. Die folgenden Beschreibungen können auf eine Hochbegabung hindeuten. Dass ein Kind überdurchschnittlich begabt ist, zeigt sich oft schon im Säuglingsalter.

► Diese Kinder sind wacher als andere vergleichbare Altersgenossen. Sie brauchen viel weniger Schlaf und sehr viele Anregungen. Sie neigen zur Unruhe, wenn sie nichts Neues entdecken.

► Dadurch schreien sie in den ersten Lebensmonaten sehr viel und anhaltend, sie protestieren! Normalerweise lassen sie sich aber relativ schnell durch Zuwendung und vor allem Ansprache beruhigen.

► Die Kinder sind außergewöhnlich neugierig.

► Sie sind ungewöhnlich sensibel für die Gefühle anderer.

► Sie entwickeln einen starken Sinn für Humor in jeder Richtung.

► Sie haben eine ausgeprägte Selbstwahrnehmung.

- Ihre Sprechfähigkeit setzt sehr früh ein. Sie können manchmal bereits im Alter von zwei bis drei Jahren komplizierte Sätze ohne Probleme sprechen und verstehen die Zusammenhänge.
- Gleichzeitig tritt die Fähigkeit, mit Zahlen umzugehen, in Erscheinung.
- Lesen, Schreiben und Rechnen bringen sie sich meist selbst bei.
- Sie wollen keine Hilfe, nur Erklärungen und stellen ununterbrochen Fragen.
- Ihr Lesehunger ist schier unersättlich. Sie können viele Bücher in kurzer Zeit lesen, oft mehrere parallel. Dabei haben sie eine schnelle Auffassungsgabe und ein überdurchschnittlich gutes Gedächtnis. Schon bald sind die Kinderbücher viel zu langweilig, ihr Horizont erweitert sich auf die Erwachsenenbücher.
- Hoch begabte Kinder haben schon früh Interesse an wissenschaftlichen Zusammenhängen, an Religion und Philosophie.
- Umweltfragen beschäftigen sie ganz besonders. Dabei durchschauen sie das »Ursache-Wirkung-Prinzip« sehr schnell. Sie erwarten auch für alltägliche Dinge eine logische Erklärung.
- Wutausbrüche können auftreten, wenn sie sich unverstanden fühlen.
- Meist spielen sie lieber mit älteren Kindern als mit Gleichaltrigen. Diese sind ihnen nämlich zu langweilig.

Zunächst weiß ein Kind nicht, dass es außergewöhnlich begabt ist. Erst Reaktionen aus dem Umfeld lassen es spüren, dass es »anders« ist. Wenn es im Kindergarten »unangemessene« Fragen stellt, z. B. nach dem Sinn des Lebens, und die Kindergärtnerin mit Unverständnis reagiert und antwortet: »dazu bist du noch zu jung«.
Die Reaktionen anderer können dazu führen, dass sich ein Kind zurückzieht und selbst verleugnet, weil es nicht »anders« sein will, sondern von seinen Spielkameraden anerkannt werden möchte.
Wichtig ist, sich als Eltern klarzumachen, dass sich die Begabung auf vielen Gebieten ausdrückt. Das Kind hat eine große Denkgeschwindigkeit und viele Denkmöglichkeiten. Es findet für Probleme schnell unkonventionelle Lösungen. Auch im zwischenmenschlichen Bereich ist es sehr begabt und kann sich gut in andere einfühlen.

Die meisten glauben, hoch begabte Kinder seien eine Seltenheit wie die Genies Einstein oder Mozart. Tatsächlich kann man davon ausgehen, dass in Deutschland zwei Prozent der Bevölkerung hoch begabt ist. Das sind etwa 300 000 hoch begabte und eineinhalb Millionen überdurchschnittlich intelligente Schulkinder.

Nur kein Neid!

Oft wird auch den Eltern falscher Ehrgeiz unterstellt. Man vermutet, dass sie ihr Kind absichtlich drillen und zu einem Wunderkind machen wollen. Dabei lernen hoch intelligente Kinder von ganz alleine und ohne äußeres Zutun. Werden sie nicht gefördert, führt dies zu Spannungen und zu Fehlinterpretationen ihres Verhaltens. Aus Unwissenheit werden Therapien verordnet, die Lehrkräfte versuchen das ständige Fragen durch Disziplin in den Griff zu bekommen, und am Ende sind die Kinder unglücklich, ja sogar Schulversager.

Hoch begabte Mädchen versuchen sich still und verzweifelt der Norm anzupassen und leiden infolge dessen häufig an psychosomatischen Störungen. Jungen dagegen werden »verhaltensauffällig«. Mit dem Eintritt in die Schule nehmen die Störungen häufig zu. Eltern und Lehrer stehen vor einem Rätsel.

Wie Sie spezielle Talente fördern können

Sie als Eltern sehen sich nun vor ein nahezu unlösbares Problem gestellt. Sie haben bei Ihrem Kind einige der beschriebenen Züge wiedererkannt und wissen nicht, wie Sie damit umgehen sollen.

Intellektuelle Fähigkeiten

► Im Zweifelsfall ist es sinnvoll, einen Intelligenztest durchführen zu lassen. Dieser ist zwar nicht, wie beschrieben, das Maß aller Dinge, er gibt aber doch Aufschluss über die geistigen Kapazitäten Ihres Kindes. Und wenn Sie wissen, dass Ihr Kind hoch begabt ist, dann vermittelt dieses Wissen auch eine Erleichterung und erklärt das oft widersprüchliche Verhalten des Kindes. Außerdem haben Sie nun die Möglichkeit, Ihr Kind in seiner Besonderheit anzunehmen und zu fördern.

► Versuchen Sie, zuallererst dem Wissensdrang Ihres Kindes nachzugeben. Beantworten Sie geduldig seine Fragen. Wenn Sie selbst nicht mehr weiterwissen, was durchaus möglich ist, weil Ihr Kind Sie auch überholen kann, besorgen Sie Bücher, die Zusammenhänge erklären. Zunächst in Bildern, dann mit Texten – je nach Alter. Bei einem Schulkind lohnen sich Kurse am Nachmittag, die eine geistige Auslastung garantieren. Allerdings sollte hier außerschulisches Wissen angeboten werden, damit sich das Kind vormittags in der Schule nicht langweilt.

► Auch ein hoch begabtes Kind braucht die Bestätigung, damit es Selbstvertrauen gewinnt. Es sollte seine Möglichkeiten angstfrei erproben dürfen.

► Sprechen Sie mit Ihrem Kind, so viel es geht und so früh wie möglich. Schon der Säugling wird die Kommunikation zu schätzen wissen.

Womit befasst sich das Kind?

► Schauen Sie, wie Ihr Kind spielt, womit es sich beschäftigt, was es besonders gerne tut. Und dies gilt für alle Kinder. Denn wie schon angesprochen, haben alle Kinder Talente und Begabungen mit auf ihren Weg bekommen.

► Geben Sie Ihrem Kind die Möglichkeit, sich außerhalb des normalen Lernfeldes zu beschäftigen. Wenn es frühzeitig Klavier spielen möchte oder ein anderes Instrument, suchen Sie einen geeigneten Lehrer, der das Talent des Kindes ernst nimmt.

► Reicht der Lesestoff der heimischen Bibliothek nicht aus – die Kinder lesen schon in der Vorschulzeit fließend –, melden Sie Ihr Kind bei der Bücherei an, damit es sich jederzeit genügend Bücher besorgen kann.

► Ist es beim Rechnen besonders fit, lohnt es sich, schon einem Vierjährigen einen Computer anzuschaffen, mit dem er Zahlenspiele üben kann. Dabei ist übrigens das Geschlecht des Kindes völlig irrelevant. Es gibt schnelle Rechner bei hoch begabten Jungen genauso wie bei Mädchen.

► Scheuen Sie sich nicht, auch die Kindergärtnerin auf das »Problem« Ihres Kindes aufmerksam zu machen. Auch auf die Gefahr hin, dass man Sie nicht ernst nimmt oder für wichtigtuerisch hält. Eine sensible Erzieherin wird auf Ihr Kind eingehen.

Kinder entwickeln vielfältige Talente – besonders wichtig sind Phantasie und Kreativität. Um diese Fähigkeiten zu fördern, brauchen die Kinder vielfältige geistige Anregungen, vor allem aber Liebe und das Gefühl der Geborgenheit.

Fördern, aber nicht drillen

Dieses Motto gilt wiederum für alle Kinder. Bei allen Talenten braucht ein jedes Kind auch Zeit, in der man die Entwicklung einfach zulässt! Gehen Sie auf seine Stärken ein, und stellen Sie Schwächen nicht in den Vordergrund.

Im Grundschulalter entwickeln sich viele Persönlichkeitszüge. Es wäre verfehlt, bereits zu diesem Zeitpunkt einseitig zu fördern. Wenn man einem geistig hellen, aber im Freundeskreis scheuen Kind nur geistige Nahrung anbietet, verkümmern die sozialen Beziehungen. Im Kindesalter sollte man eher auf Ausgleich bedacht sein, damit sich eine harmonische Persönlichkeit entwickelt. Und versuchen Sie vor allem mit ein wenig Gelassenheit auf Ihr besonderes Kind zu reagieren. Denn ob aus einem hoch begabten Kind ein erfolgreicher Erwachsener wird, das hängt von den Möglichkeiten ab, die das Kind zur Umsetzung seiner Begabungen erhält. Dazu gehören auch ganz besonders die seelische Gesundheit und die Persönlichkeitsentwicklung, die nur in einem liebevollen Umfeld gedeihen können.

Noch ein guter Rat

Wenn Sie als Eltern eines hoch begabten Kindes sehr verunsichert sind: Bei vielen Begabungen kann man auch ein wenig auf die Natur vertrauen. Eine gute Erbanlage setzt sich in vielen Fällen durch, möglicherweise aber anders, als die wohlmeinenden Eltern es erhofft hatten. Dagegen ist noch niemand Nobelpreisträger geworden, nur weil er an einem Kreativitätstraining teilgenommen hat. Ein hoch begabtes Kind muss auch noch lange kein Wunderkind sein. Es mag für sein Alter ungewöhnliche Fähigkeiten haben, aber es muss mit fünf noch lange kein Klaviervirtuose, mit zehn kein genialer Wissenschaftler oder Romanautor sein.

Ausgesprochen gute Informationen und viele Adressen, wie z. B. die »Hochbegabtenförderung e. V.«, die in 18 Städten Deutschlands Kinder fördert und Eltern unterstützt, gibt es mittlerweile im Internet unter dem Stichwort »Hochbegabung«.

Was ist mit meinem Kind los?

Eine Entwicklungsstörung liegt nur dann vor, wenn bestimmte Entwicklungsstufen nicht der Norm entsprechend erreicht werden. Für die Norm gibt es unterschiedliche Konzepte und Skalen, an denen sich Eltern orientieren können und die so angelegt sind, dass auch kleine Spätentwickler berücksichtigt werden. Die Beurteilung eines Kindes nach derartigen Skalen dient ausschließlich der Früherkennung und sollte durch den Kinderarzt erfolgen. Denn die rechtzeitige Erkennung von Entwicklungsverzögerungen oder -störungen ist die beste Voraussetzung für eine erfolgreiche Behandlung. Dabei ist es sehr zu empfehlen, dass Untersuchung und Behandlung in der Hand ein und desselben Kinderarztes liegen. Er kann die Entwicklung über einen längeren Zeitraum verfolgen und so die besten Therapieempfehlungen geben.

Was sind Entwicklungs-störungen?

Ermöglichen Sie Ihrem Kind, vieles selbst zu entscheiden, bevor es in die Klinik geht. Es darf bestimmen, was in den Koffer soll: der Lieblingsschlafanzug, das Lieblingsbuch, das Lieblingsschmusetier. Dann kann es sicher sein, die richtigen Tröster dabeizuhaben.

Die kindliche Entwicklung verläuft nach einem ganz bestimmten Muster und auch in bestimmten Zeitabläufen. Hier gibt es allerdings große individuelle Schwankungen. Wenn die einzelnen Entwicklungsphasen aber zu sehr aus der Norm geraten, dann sprechen die Mediziner von Entwicklungsstörungen. Diese Abweichungen können sehr facettenreich sein, nur die körperlichen oder nur die seelisch-geistigen Abläufe betreffen oder beides zusammen. Außerdem sind sie manchmal auch an organische Grunderkrankungen gekoppelt, z. B. an einen Herzfehler oder ein chronisches Lungenleiden.

Wo liegen die Ursachen?

Genauso vielfältig wie die Erscheinungsformen einer Entwicklungsstörung sind auch deren Ursachen:

► Erbliche Krankheiten, z. B. Down-Syndrom (Mongolismus)
► Schädliche Einflüsse während der Schwangerschaft, z. B. Virusinfektionen (Röteln), Giftstoffe (Nikotin, Alkohol, Drogen, Tabletten)
► Geburtskomplikationen, z. B. akuter Sauerstoffmangel
► Stoffwechselkrankheiten, z. B. Diabetes mellitus, Mukoviszidose
► Organschäden, z. B. Herzfehler, Nierenstörungen
► Ungünstige soziale Bedingungen, z. B. Mangelernährung, extrem beengte Wohnverhältnisse
► Mangelnde seelische Zuwendung, z. B. Vernachlässigung
► Zu hohe Anforderungen und Erwartungen, z. B. hoher Leistungsdruck (beim Sauberwerden, Laufenlernen)
► Gewalt in der Familie, sowohl der Eltern untereinander als auch gegen die Kinder (Schlagen, sexueller Missbrauch)

Das Kind im Krankenhaus

Wenn es auch selten geschieht, dass ein Kind mit Blaulicht ins Krankenhaus gebracht werden muss und der Aufenthalt dort geplant ist, wird es doch mit Ängsten darauf reagieren. Leider sind einige der folgenden Störungen nur stationär, oft sogar nur im Rahmen eines wiederholten Krankenhausaufenthalts zu behandeln.

Sie können Ihrem Kind zur Seite stehen, indem Sie ihm genaue Informationen geben, was auf es zukommt. Beschreiben Sie ihm die Umgebung, die Geräte und den Tagesablauf. Zeigen Sie ihm Bilderbücher dazu, und ziehen Sie den Kinderarzt mit hinzu. Er hat einige Geräte in seiner Praxis, wo Ihr Kind sie kennen lernen kann.

Wie äußern sich Entwicklungsstörungen?

- ► Auffällige Kopfhaltung, z. B. Schiefhaltung oder Überstreckung
- ► Verlangsamte oder unkoordinierte Bewegungen
- ► Auffällige Körperhaltung, z. B. Überstrecken von Armen und Beinen
- ► Unkontrollierte Zuckungen
- ► Verminderte Reaktion auf die Umwelt, z. B. reagiert nicht auf Geräusche, gibt keinen Laut von sich
- ► Trinkfaulheit beim Säugling, massive Essstörungen bei größeren Kindern
- ► Schielen, Unfähigkeit, die Augen auf einen Gegenstand zu richten
- ► Pausenloses Schreien oder Wimmern
- ► Auffälliges Schlafverhalten, extreme Ein- und Durchschlafstörungen, nächtliches Einnässen

Wie können Arzt oder Therapeut helfen?

Falls der Arzt eine Entwicklungsstörung feststellt, gibt es verschiedene Möglichkeiten einer speziellen Behandlung und Frühförderung. Sind z. B. Auffälligkeiten des Hörens und Sprechens vorhanden, können logopädische Maßnahmen sowie die Anpassung technischer Hilfsgeräte (Hörgeräte) hilfreich sein, eine normale Entwicklung zu gewährleisten. Motorische Einschränkungen können mit speziellen Bewegungstherapien (Krankengymnastik) behandelt werden. Seelische Probleme, z. B. Verhaltensauffälligkeiten wie Hyperaktivität oder Aggressivität, können mit besonderen verhaltens- und psychotherapeutischen Verfahren (Spieltherapie, Musiktherapie, Familientherapie) günstig beeinflusst werden. Diese gibt es in Einzel- und Gruppentherapie. Gerade die Familientherapie ist die häufigste Beratungsform bei Problemen mit Kindern. Auch wenn es anfangs für die Eltern nicht klar ist, weshalb sie bei einer Therapie mitmachen sollen, weil es ja eigentlich um das Kind geht, wird schnell klar, dass die Beziehungen in der Familie eine wichtige Rolle in der Problematik spielen. Und am Ende ist die Last der Verantwortung nicht mehr nur beim Kind.

Eine Familientherapie scheitert manchmal daran, dass ein Mitglied der Familie sich weigert, weiter daran teilzunehmen. Meist wird die Arbeit mit der Restgruppe fortgesetzt. Dennoch sollte man den »Aussteiger« zum Weitermachen motivieren. Es geht schließlich um das Kind – und vielleicht auch um die Partnerbeziehung.

Was ist normal?

Unter einer normalen Entwicklung versteht man den Zeitpunkt, zu dem ein Phänomen, ein Entwicklungsschritt, eine Leistung am häufigsten zu beobachten ist. Aufgrund solcher Faustregeln lassen sich Entwicklungsskalen aufstellen. In Deutschland sind vor allem der »Denver-Test« und die »MFED« (Münchner funktionelle Entwicklungsdiagnostik) bekannt. Bei letztgenannter Skala hat der Arzt die Möglichkeit, den unterschiedlichen Geschwindigkeiten gerecht zu werden, die jedes Kind in den verschiedenen Bereichen hat. Auch beim »Denver-Test« sind Zeiträume vorgesehen, innerhalb derer ein Entwicklungsschritt erfolgt.

Lexikon der wichtigsten Entwicklungsstörungen

Scheuen Sie sich nicht, Selbsthilfegruppen aufzusuchen oder sogar eine zu eröffnen, wenn Sie ein Kind haben, das chronisch krank ist. Sie erhalten nicht nur emotionalen Beistand, sondern auch weitere Sachinformationen, oder es ergeben sich wechselseitige Kinderbetreuungsmöglichkeiten.

Im folgenden Lexikonteil werden die wichtigsten Krankheiten und Probleme beschrieben, die bei Kindern zu Entwicklungsstörungen führen können. Sie erfahren, welche Möglichkeiten der Erkennung und Behandlung es gibt. Außerdem erhalten Sie Adressen von Beratungseinrichtungen und Selbsthilfegruppen, die Ihnen zur Seite stehen können.

Hier nennen wir Ihnen Adressen von Dachverbänden und Netzwerken, die Ihnen bei allgemeinen Fragen zu Krankheit und Behinderung behilflich sind:

► Kindernetzwerk e.V. für kranke und behinderte Kinder und Jugendliche in der Gesellschaft
Hanauerstraße 15
63739 Aschaffenburg
Tel.: 06021/12030

► Deutscher Kinderschutzbund
Schiffgraben 29
30159 Hannover
Tel.: 0511/30485-0

► Stiftung Hilfswerk für behinderte Kinder
Ludwig-Erhard-Platz 1
53179 Bonn
Tel.: 0228/831-0

► Aktion Sonnenschein – Hilfe für das mehrfachbehinderte Kind e.V.
Heiglhofstraße 63
81377 München
Tel.: 089/71009-0

Manchmal zeigen sich Entwicklungsverzögerungen oder -störungen erst im Vergleich mit anderen Kindern. Für Eltern ist es wichtig, engen Kontakt mit den Erzieherinnen zu halten.

Allergien

Zeichen

- Ekzeme
- Ausschläge
- Schnupfen
- Asthma bronchiale
- Durchfall
- Erbrechen
- Gedeihstörungen

Allergien werden mit Recht als Volkskrankheit bezeichnet. Wissenschaftler schätzen, dass in Deutschland etwa 20 Millionen Menschen von Allergien betroffen sind. Und gerade bei Kindern steigen die Zahlen weiter an.

Ursachen

Die Ursachen sind vielfältig und liegen zum Teil noch im Dunkeln. Mit Sicherheit spielen aber Umweltfaktoren eine große Rolle. Schadstoffe in Luft, Wasser, Boden und nicht zuletzt in unserer Nahrung schwächen das Immunsystem, reizen Haut, Schleimhäute und Atemwege und bereiten so Allergien den Weg. Unter einer Allergie versteht man eine Überempfindlichkeit des Körpers auf bestimmte Stoffe, so genannte Allergene. Das können die verschiedensten Substanzen sein – Gräser- und Blütenpollen, Hausstaubmilben, Schimmelpilze, Medikamente, Nahrungsbestandteile, Tierhaare und vieles mehr. In seiner Abwehr dieser »Fremdstoffe« schießt das Immunsystem über das Ziel hinaus, und es kommt zu allergischen Reaktionen. Wenn der Organismus einmal auf ein Allergen »aufmerksam« geworden ist, reagiert er bei jedem weiteren Kontakt mit Krankheitserscheinungen. Es genügen schon Spuren des Allergens, um Husten, Schnupfen, tränende Augen, Hautstörungen oder gar einen Asthmaanfall zu verursachen.

Ob die allergische Reaktion auf bestimmte Organe begrenzt ist oder den ganzen Organismus in Mitleidenschaft zieht, hängt von der Art des Allergens und seiner Eintrittspforte in den Körper ab. So kommt es gehäuft zu allergischen Erkrankungen der Atemwege, wenn Allergene wie Pollen oder Pilze eingeatmet werden und in das Bronchialsystem und die Lunge gelangen. Haut und Schleimhaut reagieren oft bei einer Kontaktallergie, z. B. bei einer Überempfindlichkeit gegen Nickel oder Textilfarbstoffe. Und Nahrungsmittelallergien, z. B. eine Allergie gegen Kuhmilcheiweiß, schlagen sich bevorzugt im Magen-Darm-Trakt nieder und führen zu Symptomen wie Durchfall oder Erbrechen. Die Neigung zu Allergien wird vererbt. Kinder aus Allergikerfamilien haben ein erhöhtes Risiko, selbst ein überempfindliches Immunsystem zu bekommen. Es gibt aber auch Faktoren aus der Umwelt, die eine Allergieentstehung begünstigen. So sind Kinder, die in den ersten Lebensmonaten nicht gestillt werden, eher allergiegefährdet als gestillte Kinder. Muttermilch bietet nämlich einen gewissen Schutz vor Allergien. Auch wenn Kinder schon früh hohen Schadstoffkonzentrationen ausgesetzt sind (z. B. bei einer Wohnung an einer verkehrsreichen Straße) oder wenn in ihrer Umgebung geraucht wird, kann das Immunsystem so geschwächt werden, dass sich eine Allergie entwickelt.

Der beste Schutz gegen Allergien ist das Stillen während der ersten sechs Lebensmonate. Sind Sie selbst Allergikerin, ernähren Sie sich allergenarm, und verzichten Sie auf Milch, Eier, Fisch und Nüsse. Bei Flaschennahrung nur hypoallergene Nahrung füttern. Sie erkennt man am Zusatz H. A. Achten Sie auch in der Klinik darauf, dass das Kind keine normale Flasche bekommt. Beikost erst ab dem siebten Monat zufüttern und ein Nahrungsmittel nach dem anderen ergänzen. Keine Eier im ersten Lebensjahr!

Die Veranlagung, allergisch zu reagieren, ist vererbt. Wie Allergien sonst entstehen, ist letztlich unklar. Es kann sowohl an der Umweltverschmutzung liegen als auch an den guten hygienischen Verhältnissen, die das Immunsystem sozusagen arbeitslos machen, so dass es anfängt, sich gegen harmlose Reizstoffe zu wehren.

So wird eine Allergie festgestellt

Oft gibt schon die Familiengeschichte wichtige Hinweise, die auf eine Allergie schließen lassen. Neben einer körperlichen Untersuchung mit besonderem Augenmerk auf die Atemwege führt der Arzt dann einen Allergietest durch. Das ist z. B. ein Hauttest, bei dem Allergene mit einer feinen Nadel in die obersten Schichten der Haut eingeritzt werden. Wenn sich nach einiger Zeit an einer Stelle eine Quaddel oder ein Bläschen bildet, liegt der Verdacht nahe, dass eine Allergie gegen den dort eingeritzten Stoff besteht. Sucht der Arzt nach einer Nahrungsmittelallergie, muss er meist nach einem Diätplan verfahren. Dabei wird eine verdächtigte Substanz zunächst eine Zeit lang vom Speiseplan gestrichen und dann wieder in kleinen Mengen verabreicht. Kommt es dann zu allergischen Reaktionen, ist man dem Auslöser auf die Spur gekommen. Es können auch noch Blutuntersuchungen durchgeführt werden, bei denen der Arzt Antikörper bestimmt, die sich gegen bestimmte Allergene richten.

Behandlung

Besteht eine erbliche Veranlagung, hat man leider wenig Chancen, den Ausbruch einer Allergie zu verhindern. Man kann aber bestimmte Vorsichtsmaßnahmen treffen. Mütter sollten ihre Babys stillen, am besten mindestens sechs Monate lang. Vermeiden Sie es unbedingt, in der Umgebung von Kindern zu rauchen. Lassen Sie Ihr Kind so oft wie möglich an der frischen Luft spielen. Leidet Ihr Kind an einem allergischen Asthma bronchiale oder einer allergischen Hautkrankheit, versuchen Sie ihm öfter einen Kuraufenthalt an der Nordsee zu ermöglichen, weil sich unter den heilklimatischen Bedingungen der See die Krankheit meist erheblich mildern lässt (weitere Ratschläge siehe unter »Praktische Antiallergietipps«).

Wenn bereits eine Allergie besteht, ist die wirkungsvollste Therapie, das auslösende Allergen zu meiden. Bei Nahrungsmittelallergien ist dies oft gut möglich. Bei anderen Allergieformen, wie etwa einer Pollenallergie, gestaltet sich das meist sehr viel schwieriger.

Viele Allergologen raten zu einer Hyposensibilisierung. Dabei wird das Immunsystem sozusagen trainiert, auf ein Allergen nicht mehr überempfindlich zu reagieren. Die Erfolge dieser Behandlung sind allerdings sehr unterschiedlich. Am besten sind sie mit knapp 90 Prozent Erfolgsrate bei Insektengiftallergien und ca. 80 Prozent bei Heuschnupfen.

Es gibt aber auch verschiedene Medikamente, die allergische Reaktionen zu mildern vermögen, z. B. so genannte Antihistaminika. Diese können Sie als Tabletten und als örtlich anzuwendende Präparate bekommen, z. B. in Form von Nasensprays oder Augentropfen.

Auch Homöopathika sind bei einer Allergie hilfreich. Allerdings muss die homöopathische Therapie immer den individuellen Gegebenheiten angepasst und sollte auch nur von einem erfahrenen Arzt durchgeführt werden.

Praktische Antiallergietipps

Heuschnupfen

Tränende Augen, juckende Nase, Reizung der Atemwege mit Husten und gar Atemnot sind die lästigen Symptome des Heuschnupfens, ausgelöst durch Pollen von Gräsern, Blumen oder Bäumen, die mit dem Wind kilometerweit durch die Luft getragen werden. Was bremst ihre allergische Energie?

► Kinder sollten während der Blütezeit nicht auf der Wiese oder in der Nähe von Getreidefeldern spielen.

► Da sich tagsüber eine größere Konzentration an Pollen im Haar verfangen kann, sollte das Haar abends vor dem Zubettgehen gewaschen oder zumindest ausgespült werden.

► Während der Pollenflugzeit kann es bei Ausflügen im Auto sinnvoll sein, die Lüftung auszustellen oder die Ventilationsanlage mit einem speziellen Pollenfilter auszustatten.

► Länger anhaltender Regen stoppt den Pollenflug. Deshalb sind Regentage oder die Stunde nach einem tüchtigen Guss besonders geeignet, Kinder draußen spielen zu lassen.

► Die aufsteigende Sonne am Morgen und die sinkende Sonne am Abend erwärmt die Luft bzw. kühlt sie ab. Durch diese Temperaturschwankungen ist die Pollenbelastung in den Morgenstunden zwischen 5 und 9 Uhr und in den Abendstunden zwischen 20 und 23 Uhr am höchsten. Deshalb sollten Sie zu dieser Zeit die Fenster geschlossen halten.

► Informieren Sie sich über die Hauptflugzeiten bestimmter Pollenarten am besten über einen Pollenkalender. Auch im Radio werden regelmäßig Informationen zum Pollenflug übermittelt.

Hausstaubmilbenallergie

Diese weit verbreitete Allergie wird durch die Ausscheidungen der Hausstaubmilbe verursacht. Ganz zum Verschwinden lassen sich die lästigen Tierchen nicht bringen, doch zumindest erheblich reduzieren.

► Richten Sie Ihre Wohnung so ein, dass Sie möglichst glatte Oberflächen haben, die sich gut reinigen lassen – also Parkett- und Fliesenböden statt Teppichböden, Holz-, Glas- oder Kunststofftische statt Tischdecken, Ledersofa statt Plüschcouch.

► Reinigen Sie den Boden am besten durch Nasswischen. Sollten Sie aber dennoch staubsaugen, verwenden Sie nur einen modernen Staubsauger mit einem Filterzusatz. Dadurch bleiben die aufgesaugten Allergene größtenteils im Staubbeutel hängen.

► Wenn Sie eine Klimaanlage haben, sollte diese gut gewartet sein. Wichtig sind auch hier geeignete Filter.

► Wenn Ihre Kinder unter einer Hausstaubmilbenallergie leiden, sollten Sie nach Möglichkeit keine Wohnung mit einer Fußbodenheizung bewohnen, vor allem wenn sie mit Teppichboden ausgelegt ist. Dann können die Allergene nämlich vom Boden aufgewirbelt werden.

Wichtig: Heuschnupfen muss auf jeden Fall behandelt werden, weil er sonst in allergisches Asthma übergehen kann. Die beste Therapie ist die Meidung der Allergieauslöser, die so genannte Allergenkarenz. Hilfreich sind Aufenthalte in einem Reizklima, wie es an der See oder im Hochgebirge herrscht. Eine Reizklimatherapie wird vom behandelnden Arzt eingeleitet, und die Kassen übernehmen einen Großteil der Kosten.

Hausstauballergiker sind im eigenen Bett besonders gefährdet. Sanieren Sie das Bett. Die Matratze sollte frei von tierischen Fasern sein, Oberbett und Kopfkissen aus kochfestem Material. Sogar allergenhemmende Schmusetiere gibt es. Sie haben eine eingenähte Allergiesperre, die die Hausstaubmilben nicht durchdringen können. Außerdem sind sie bei 60 Grad waschbar, so dass die Milben auf der Außenseite abgetötet werden.

► Halten Sie die Raumluft an der unteren Grenze der Luftfeuchtigkeit (50 Prozent Luftfeuchtigkeit bei 18 bis 20 Grad Celsius), befestigen Sie im Winter aber Wasserverdunster an den Heizkörpern.

► Kaufen Sie für Ihr Kind eine Schaumstoff- oder Latexmatratze (ohne Nähkanten) und keine Naturfasermatratze, da alle Naturmaterialien gute Milbenbrutstätten sind.

► Wählen Sie statt Daunenkissen und -oberbetten besser Synthetikmaterialien. Diese können zwar auch Hausstaubmilben beherbergen, lassen sich aber im Gegensatz zu Daunenbetten bei 60 Grad Celsius waschen und so von den Milben weitgehend befreien.

► Seit einiger Zeit bieten Hersteller von Bettwaren auch milbendichte Überzüge für Matratzen an, welche die Verbreitung der Plagegeister noch besser verhindern können.

► Außerdem gibt es auch einen Spezialschaum zum Auftragen auf Teppiche, der die Beseitigung der Hausstaubmilben und ihrer Exkremente gewährleistet.

► Sie sollten die Wäsche Ihres Sprösslings bei über 55 Grad Celsius waschen.

► Plüschtiere sind leider ideale Staubfänger und deshalb keine guten Begleiter, wenn Ihr Kind auf Hausstaubmilben allergisch reagiert. Eine Nacht in der Tiefkühltruhe und ein Waschgang in der Maschine befreit die Kuscheltiere aber größtenteils von der Last der Allergene.

► Allgemeine Schadstoffbelastungen in der Luft können eine Allergie hervorrufen bzw. zu ihrer Verschlechterung beitragen. Deshalb sollten Sie bei Renovierungsarbeiten auf Lacke und Wandfarben verzichten, denen Lösungsmittel beigesetzt sind, die beim Trocknen ausdampfen. Meist gibt es dann auch Konservierungsstoffe, die Formaldehyd freisetzen. Leimfarben für Wandanstriche und Wasserlacke sind unbedenklich und auch ausgesprochen strapazierfähig.

Nahrungsmittelallergien

Leider nehmen Nahrungsmittelallergien auch stetig zu und betreffen sogar Grundnahrungsmittel wie Milch, Ei oder Getreide besonders häufig. Wie meiden Sie den Allergieauslöser?

► Manchmal lassen sich Nahrungsmittel einer »Familie«, z. B. Getreide, gegeneinander austauschen. Beispielsweise kann man bei einer Allergie gegen Weizen möglicherweise andere Getreidesorten finden, die vertragen werden, wie etwa Roggen. Auch bei einer Kuhmilchallergie kann manchmal Ziegen- oder Schafsmilch verträglich sein.

► Oft hilft auch Kochen, z. B. bei einer Eiweißallergie. So vertragen eiweißallergische Kinder zwar oft keine Mayonnaise, dafür aber ein hart gekochtes Ei.

Insektengiftallergien

Der Stich einer Biene oder eines anderes Insektes kann zum tödlichen Risiko werden, wenn eine allergische Reaktion auf das Gift eintritt. Was können Sie tun?

► Nach einem Stich muss die entsprechende Extremität oberhalb des Stiches sofort abgebunden werden. Dabei auf kurze Unterbrechungen zur Blutversorgung achten. Damit kann sich das Gift nicht weiter im Blutgefäßsystem ausbreiten.

► Bei einem Stich im Gesicht oder Nacken hat eventuell Kühlung mit einem Eiswürfel einen guten Effekt.

► Wenn die Insektengiftallergie bei Ihrem Kind bekannt sein sollte und der Arzt Ihnen schon Medikamente für den Notfall mitgegeben hat, sollten Sie diese sofort einsetzen. So können eine Adrenalinspritze unter die Haut oder ein Adrenalinspray, das auf die Rachenhinterwand gesprüht wird, sofort wirken und die akute Gefahr bannen. Deshalb sollten Sie diese Medikamente auch immer mitführen, wenn Sie unterwegs sind.

► Lassen Sie Ihr Kind nicht auf Wiesen oder in die Nähe von Obstbäumen gehen, wo sich die Insekten gerne aufhalten.

► Kleiden Sie Ihre Kinder in dunkle, einfarbige Jacken bzw. Hosen, und lassen Sie sie, auch wenn sie zum Baden gehen, nicht barfuß laufen, sondern nur in geschlossenen Schuhen.

► Da bei dieser Allergieform die Behandlungsmethode der Hyposensibilisierung äußerst erfolgreich ist und die Allergie in 90 Prozent der Fälle zum Verschwinden bringt, sollten Sie mit dem Arzt eine solche Therapie für Ihr Kind besprechen.

Hier bekommen Sie Rat und Hilfe

► Allergiekrankes Kind e.V.
Hilfen für Kinder mit Asthma,
Ekzem, Heuschnupfen
Hauptstraße 29
35745 Herborn
Tel.: 02772/92870

► Deutsche Haut- und
Allergiehilfe e.V.
Fontanestraße 14
53173 Bonn
Tel.: 0228/351091

Expertenschätzungen zufolge leiden in Industrieländern bereits 20 bis 30 Prozent der Kinder unter Allergien. Leider lassen sich diese Krankheiten nicht so leicht kurieren wie ein einfacher Schnupfen. Doch die Forscher sind dabei, hochwirksame Medikamente und moderne Therapieformen zu entwickeln, und es gibt jede Menge Aufklärung, damit betroffene Kinder weitgehend beschwerdefrei und glücklich leben können.

Asthma bronchiale

Zeichen

► Atemnot

► Erschwerte Ausatmung

► Giemen und Pfeifen

Asthma bronchiale (Asthma stammt aus dem Griechischen und heißt soviel wie »Keuchen«) ist eine Erkrankung der Atemwege. Am häufigsten wird es durch eine Allergie ausgelöst, z. B. auf Hausstaubmilben, Gräserpollen oder Tierhaare. Kinder aus Allergikerfamilien haben eine größere Neigung zu Asthma. Im Säuglingsalter entwickelt sich bei ihnen oft schon ein Ekzem auf der Haut, das später in eine Neurodermitis übergeht. Der Verlauf eines Asthmas ist ganz unterschiedlich. Vielfach wird aber beobachtet, dass es sich mit der Pubertät wieder verliert.

Verlauf

Bei Asthma kommt es zu einer plötzlichen Verengung der Bronchien. Außerdem bildet sich häufig Schleim. Dadurch wird der Luftstrom der Atemluft behindert, und das Kind bekommt Husten und Atemnot. In den verengten Bronchien entsteht ein giemendes und pfeifendes Geräusch, das man oft sehr deutlich hören kann. Der Anfall kann nach kurzer Dauer abklingen, sich aber auch zu einem so genannten Status asthmaticus ausbilden. Dies ist ein lebensbedrohlicher Zustand, da das Kind überhaupt keine Luft mehr bekommt und zu ersticken droht. In so einem Fall muss sofort ein Arzt helfen und Medikamente geben, die den Asthmaanfall stoppen.

Behandlung

Treten Asthmaanfälle gehäuft nach Erkältungen auf, dann wird der Arzt vielleicht gleich bei den ersten Anzeichen Antibiotika verordnen. Möglicherweise wird auch eine Behandlung mit Antibiotika über einen längeren Zeitraum im Winter in Betracht gezogen, um das Kind vor grippalen Infekten zu schützen.

Asthma ist eine Erkrankung, die man ernst nehmen muss. Selbst wenn es nur eine leichte Form ist, sollte das Kind in jedem Fall einem Arzt vorgestellt werden, am besten einem Spezialisten für Lungen- und Bronchialkrankheiten. Dieser wird zunächst versuchen, die Ursache für das Asthma herauszufinden. Ist es eine Allergie, kann eine so genannte Hyposensibilisierung vorgenommen werden. In einigen Fällen lassen sich allergische Symptome wie Asthma damit beseitigen oder zumindest verringern.

Darüber hinaus gibt es Medikamente, mit denen sowohl die Allergie als auch die Bronchialverengung behandelt werden kann. So wirken z. B. bestimmte Inhalationssprays bronchialerweiternd und bringen bei akuter Luftnot rasche Linderung. Bei schweren Formen eines Asthmas ist es manchmal unumgänglich, eine Therapie mit Kortison durchzuführen. Bei der Asthmabehandlung ist es wichtig, dass die Medikamente regelmäßig genommen werden. Ansonsten besteht die Gefahr, dass die Krankheit zunehmend chronisch wird und immer weniger gut in den Griff zu bekommen ist.

Kinder mit Asthma sind nicht nur körperlich, sondern auch seelisch stark belastet. Kummer, Sorgen und größere Anstrengungen können die Krankheit verschlimmern und neue Anfälle auslösen. Die kleinen Patienten brauchen eine intensive Betreuung, um mit der Krankheit leben zu lernen. Häufig ist es leider nämlich nicht möglich, ein Asthma zu heilen. Am besten sind die Kinder in Spezialzentren aufgehoben, wo neben einer individuellen und fein abgestimmten Medikamentenbehandlung, einer Begleittherapie mit Naturheilmethoden und einer seelischen Führung auch spezielle Atemtechniken vermittelt werden. Solche Zentren finden sich z. B. in Kliniken an der Nordsee. Eine Klimakur von mindestens sechs bis acht Wochen wirkt oft Wunder und gibt den Kindern ein Stück Gesundheit zurück.

Hier bekommen Sie Rat und Hilfe

► Allergiekrankes Kind e.V.
Hilfen für Kinder mit Asthma, Ekzem, Heuschnupfen
Hauptstraße 29
35745 Herborn
Tel.: 02772/92870

Autismus

Zeichen
- ► Starker seelischer Rückzug
- ► Soziale Kontaktunfähigkeit
- ► Angst
- ► Entwicklungsverzögerungen

Schon wenige Tage nach der Geburt beginnt ein Baby, mit seiner Umwelt Kontakt aufzunehmen und auf die Menschen, die in seine Nähe kommen, zu reagieren. Mit jeder Woche seines Lebens werden die Reaktionen differenzierter, bald lächelt es vertraute Gesichter an, antwortet mit vergnügtem Gebrabbel, wenn es angesprochen wird, zeigt Gefühle wie Freude, Kummer und Liebe.
Bei einem autistischen Kind ist dies nicht so. Es nimmt keine Notiz von seinen Mitmenschen und scheint keinerlei Bedürfnis nach Körperkontakt und Zärtlichkeit zu haben. Wie in einem Kokon lebt es abgeschlossen in einer eigenen Welt, in die andere Menschen keinen Zutritt haben, noch nicht einmal die Eltern oder Geschwister. Kinder mit Autismus entwickeln oft rituelle Gewohnheiten, die den anderen seltsam und unverständlich vorkommen. Außerdem ist es typisch, dass sie panische Angstreaktionen zeigen, sobald sich in ihrer Umwelt etwas verändert.
Oft sind die intellektuellen Fähigkeiten und die Sprachentwicklung stark beeinträchtigt. Manchmal kann es aber auch sein, dass die Kinder in bestimmten Teilbereichen – z. B. im rechnerischen Denken oder der Gedächtnisleistung – ganz besondere Stärken aufweisen.

Obwohl autistische Kinder wirken, als wären sie von der Außenwelt abgeschnitten, bekommen sie durchaus etwas mit. Autisten, die eine Möglichkeit gefunden haben, sich zu äußern, berichten, dass sie darunter gelitten haben, nicht antworten zu können.

Ursachen
Über die genauen Ursachen des Autismus sind sich die Wissenschaftler noch nicht im klaren. Es wird vermutet, dass erbliche und konstitutionelle Faktoren eine Rolle spielen. Auch Störungen im Gehirnstoffwechsel oder frühkindliche Schädigungen könnten die Entstehung der Krankheit begünstigen.
Frühere Theorien, die die Ursache bei gefühlsmäßig eher kühlen und vernunftorientierten Eltern vermuteten, blieben unbestätigt. Autismus tritt in allen sozialen Schichten auf. Tatsache ist jedoch, dass dreimal mehr Knaben als Mädchen betroffen sind.

In einer Welt für sich
Eine Methode, die zur Zeit erprobt wird und nach vielen Erfahrungen mit autistischen Menschen eine Kommunikation ermöglichen kann, ist die so genannte »Gestützte Kommunikation« oder FC (= englisch: facilitated communication). Hierbei stützt oder berührt ein Helfer den Arm des Schreibenden, der währenddessen auf einer Buchstabentastatur (meist Computer) schriftlich Dinge übermittelt, die er nicht direkt aussprechen kann. Einige Autisten sind so in der Lage, sich ihrer Umwelt mitzuteilen. Das bedeutet für sie natürlich einen enormen Gewinn an Lebensqualität.

Behandlung

Leider sind therapeutische Maßnahmen schwierig und von begrenztem Erfolg. Am besten können die Kinder in spezialisierten heilpädagogischen Zentren gefördert werden. Eine krankengymnastische Behandlung nach der Bobath-Methode beispielsweise kann autistischen Kindern helfen, ihren Körper und dessen Reaktionen auf die Umwelt besser kennen zu lernen. Außerdem führen die Psychologen und Psychotherapeuten oft eine Ergotherapie (= spezielle Beschäftigungstherapie) durch, damit die Kinder lernen, mit der verwirrenden Vielfalt ihrer Sinneseindrücke besser umzugehen und sie koordinierter zu verarbeiten. Zusätzliche Unterstützung erfahren die kleinen Patienten durch Verhaltenstherapie, Musiktherapie sowie eine gezielte sprachliche Förderung. Ganz wichtig bei allen therapeutischen Maßnahmen ist, dass sie die Möglichkeit zum persönlichen Umgang mit der Betreuerin bieten. Nur so können die – für autistische Kinder oft typischen – Ängste und Blockaden abgebaut und durch neue Verhaltensmuster ersetzt werden, die einen sozialen Austausch ermöglichen. In manchen Fällen werden vorwiegend Neuroleptika oder beruhigende Medikamente eingesetzt, aber auch Vitamine und Spurenelemente.

Hier bekommen Sie Rat und Hilfe

► Bundesverband Hilfe für das autistische Kind
Vereinigung zur Förderung autistischer Menschen e.V.
Bebelallee 141
22297 Hamburg
Tel.: 040/5115604, 9 bis 16 Uhr,

Bettnässen

Zeichen

► Tägliches und/oder nächtliches Einnässen

Bettnässen ist erst eine Krankheit, wenn ein Kind nach dem vierten Lebensjahr nicht in der Lage ist, seine Blasenfunktion zu kontrollieren. Die Ursachen dafür sind vielfältig und können seelischer oder körperlicher Natur sein.

Organische Ursachen

Veränderungen im Bereich der Harnwegsorgane – z.B. Fehlbildungen oder Entzündungen – können bewirken, dass das Kind den Urin nicht halten kann. Achten Sie auf folgende Symptome, sie können Hinweis auf eine Erkrankung von Nieren, Blase oder Harnröhre geben:

► Druckschmerz über der Blase
► Blut im Urin
► Brennen beim Wasserlassen
► Schwacher Harnstrahl
► Schmerzen in der Nierenregion
► Unklare Leibschmerzen

Auch Störungen der Nervenfunktionen können in seltenen Fällen das Bettnässen auslösen.

Vorübergehendes Bettnässen ist nicht weiter Besorgnis erregend. Es kann sein, dass Ihr Kind mit einer Situation konfrontiert ist, die es für den Moment überfordert. Es möchte unbewusst wieder ein Kleinkind sein, Verantwortung abgeben und versorgt werden. Mit etwas Geduld überstehen Sie diese Phase.

Funktionelle Ursachen

Bei manchen Kindern ist die Funktion der Blasenentleerung nicht richtig ausgereift. Das Kind bemerkt nicht, dass die Blase voll ist. Erst im letzten Moment verspürt es den Drang, und dann ist es meist zu spät, zur Toilette zu gehen.

Seelische Ursachen

Konfliktsituationen und schwere Belastungen – etwa Trennung der Eltern, mangelnde Zuwendung, Stress im Kindergarten – können verursachen, dass ein Kind, das schon trocken war, erneut wieder einnässt.

Behandlung

Zunächst müssen organische Ursachen für das Bettnässen ausgeschlossen werden. Dies erfolgt am besten bei einem Kinderurologen mit speziellen Untersuchungsmethoden wie Ultraschalluntersuchung, Urinuntersuchung, Harnstrahlmessung oder Blasenspiegelung. Besteht der Verdacht auf Nervenprobleme, sollte das Kind an einen Neurologen überwiesen werden.

Die Behandlung richtet sich nach den Ursachen. Bei Störungen der Blasenfunktion gibt es spezielle Substanzen aus dem Bereich der so genannten Antidepressiva, die einen überaktiven Blasenmuskel hemmen. Das Kind kann so die Toilette rechtzeitig aufsuchen, wenn es »muss«. Diese Therapie sollte aber genau mit dem Arzt abgesprochen werden.

Erfolge bringt oft auch eine Verhaltens- oder Spieltherapie. Zu den verhaltenstherapeutischen Maßnahmen gehören auch die »Klingelhose« und »Klingelmatte«. Sie wurden für nächtliches Bettnässen entwickelt, reagieren auf Feuchtigkeit und wecken das Kind mit einem Signalton auf.

Wenn Sie sich zu einer Therapie entschlossen haben, können Sie sich an Therapeuten in freier Praxis oder in Kliniken wenden. Das Erstgespräch in einem Institut für Kinder- und Jugendtherapie ist kostenlos. Sie werden dann an Fachleute weitervermittelt.

Das können Sie selbst tun

► Ganz wichtig: Haben Sie mit Ihrem Kind Geduld. Schimpfen oder gar Bestrafungen nützen nichts, sondern können im Gegenteil das Einnässen noch verstärken!

► Geben Sie Ihrem kleinen Bettnässer viel Liebe und Zuwendung. Das ist oft die beste Therapie.

► Machen Sie regelmäßig kleine Übungen mit Ihrem Kind. Beispielsweise bewusstes Anhalten während des Wasserlassens oder festes Zusammenpressen der Beckenbodenmuskulatur.

► Belohnen Sie Ihr Kleines, wenn es »geklappt« hat. Sie können ihm z. B. einen Kalender zum Ausmalen schenken und Symbole für trockene und nasse Nächte hineinmalen.

Die Schuld liegt nicht beim Kind

Psychische Konflikte müssen von einem geschulten Kinderpsychologen oder -psychiater behandelt werden. Manchmal ist es auch nötig, die ganze Familie in die Therapie einzubeziehen.

Blindheit

Zeichen

► Sehvermögen über 60 Prozent eingeschränkt

Obwohl die Entwicklung insgesamt etwas langsamer geht als bei sehenden Kindern, sollte ein blindes Kind nach Möglichkeit einen normalen Kindergarten besuchen. Es lernt, trotz der Behinderung mit anderen Kindern zu leben.

Von Blindheit oder Sehbehinderungen sind Kinder glücklicherweise nur selten betroffen – in Bayern z. B. gibt es etwa 300 Kinder unter sechs Jahren, die blind sind. Aber die Tatsache, niemals gesehen zu haben, beeinflusst die Entwicklung eines Kindes ganz entscheidend. Eine schwere Sehbehinderung bis zur Blindheit bedeutet, dass trotz Korrektur mit optischen Gläsern kein normales Sehvermögen erreicht wird. Dies ist in der Regel dann der Fall, wenn das Sehvermögen nur etwa 1/3 bis 1/20 der Norm beträgt. Hell-Dunkel-Unterschiede werden jedoch noch wahrgenommen.

Ursachen

Die Ursachen für Blindheit oder Sehstörungen im frühen Kindesalter sind vor allem:

► Angeborene Infektionen
► Fehlbildungen
► Angeborenes Glaukom (erhöhter Augeninnendruck)
► Folgen von Stoffwechselkrankheiten
► Tumoren
► Frühgeborenen-Retinopathie. Diese Krankheit entsteht durch die toxische Wirkung hoch dosierten Sauerstoffs (aus der künstlichen Beatmung) auf die unreife Netzhaut von Frühgeborenen und ist heute dank verbesserter Beatmungstechniken glücklicherweise nur noch selten.

Besonders bei den »Frühchen« kann es vorkommen, dass eine Frühgeborenen-Retinopathie auftritt. Diese Kinder unterliegen deshalb einer besonderen ärztlichen Kontrolle, die das Risiko minimiert.

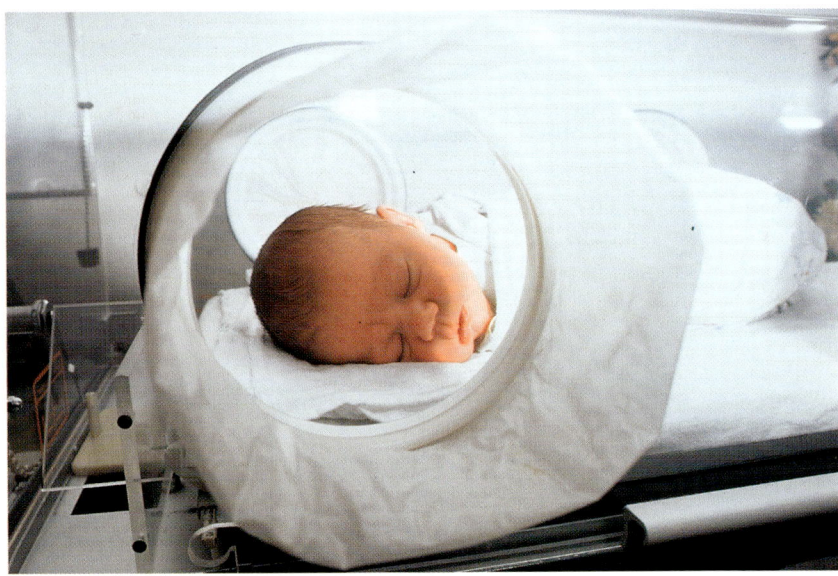

Therapeuten mit vier Hufen

Da sehbehinderte Kinder meist auch Probleme mit dem Gleichgewicht haben, ist die Reit- oder Hippotherapie besonders hilfreich. Medizinischen Untersuchungen zufolge verbessert sich beispielsweise eine schwankende Sitzhaltung, und das Gleichgewichtsverhalten insgesamt wird verbessert. Hinzu kommt eine Aufwertung der Persönlichkeit durch den verantwortungsvollen und vertrauten Kontakt mit dem Tier. Die behinderten Kinder erfahren sich als verlässliche Partner für das Pferd.

Behandlung

Für Kinder mit schwerer Sehbehinderung ist es wichtig, andere Sinneswahrnehmungen wie das Hören und Tasten zu fördern, um das fehlende Sehen bis zu einem gewissen Grad ausgleichen zu können. Hier können spezielle Therapeuten, aber auch Betreuer einer Frühförderstelle helfen. Sie kommen zur betroffenen Familie nach Hause und geben viele Tipps und Ratschläge für den alltäglichen Umgang mit dem behinderten Kind. So erklären sie beispielsweise, dass man darauf achten sollte, dem Kind immer alles genau zu beschreiben, etwa »wie warm die Sonne ins Fenster hineinscheint« oder »wie stark der Regen auf das Dach prasselt«. Diese Hör- und Tasteindrücke sind sehr wichtig für Kinder, die nicht sehen können; deshalb wird ihre Wahrnehmung auch in speziellen Therapien gezielt gefördert. Geeignete Behandlungen sind Krankengymnastik (vor allem zur Verbesserung der Körperwahrnehmung, die durch eine gewisse Unsicherheit beeinträchtigt sein kann), Ergotherapie, Reittherapie, Musiktherapie und andere.

Blinde Kinder lernen mühelos Sprechen, müssen die Worte aber immer wieder hören und die Gegenstände dazu spüren. Bei einer Zitrone darf das Kind die Frucht zum Beispiel fühlen, riechen und schmecken.

Das können Sie selbst tun

Sicher ist es wichtig, dass ein blindes Kind viele Impulse und Anregungen bekommt, aber man sollte doch darauf achten – wie bei gesunden Kindern –, dass es Phasen der Ruhe und der Selbstbeschäftigung geben muss. Von großer Bedeutung ist das Selbstständigwerden in Alltagsdingen. Das kann bei kleinen Kindern am besten in der gewohnten Umgebung gelernt werden. Außerdem braucht ein blindes Kind besonders viel emotionale Stabilität und viel Zuwendung von Seiten der Familie und der Freunde.
Nehmen Sie das Angebot der Hausfrühbetreuung in Anspruch. Von Anfang an kommen Fachkräfte ins Haus, die auch Ihnen in der Situation beistehen.

Hier bekommen Sie Rat und Hilfe

Die zentrale Anlaufstelle für blinde Kinder und Erwachsene, die auch Adressen regionaler Selbsthilfegruppen vermittelt, ist der
► Deutscher Blindenverband e.V.
  Bismarckallee 30
  53173 Bonn
  Tel.: 02 28/35 40 37

Epilepsie

Zeichen

- ► Krampfartige Bewegungen
- ► Überstrecken von Kopf, Armen und Beinen
- ► Überdrehen der Augen
- ► Blaufärbung der Haut
- ► Speichelfluss
- ► Absencen

Anzeichen eines »großen Krampfanfalls« (Grand mal) sind ein steifer Körper, verdrehte Augen, heftig zuckende Arme, Beine und Gesichtsteile. Eventuell stockt der Atem, und das verzerrte Gesicht wird bläulich. Wenn der Anfall länger als 15 Minuten dauert, sollte ein Arzt gerufen werden.

Die Epilepsie gehört in den Bereich der so genannten Anfallsleiden. Dabei kommt es aufgrund bestimmter Funktionsstörungen im Gehirn zu Veränderungen der Nerventätigkeit, die sich dann durch Erscheinungen in der Bewegung, der Empfindung oder der Psyche äußern können. Dabei gibt es ganz unterschiedliche Anfallsmuster: z. B. Muskelkrämpfe, die mit einem Überstrecken oder »Starrwerden« von Armen und Beinen einhergehen, oder Reaktionen, die eine Veränderung des Bewusstseinszustandes bewirken.

Ursachen

Über die genauen Gründe, die zu einem Anfallsleiden führen, sind sich die Wissenschaftler immer noch nicht ganz im Klaren. Im Wesentlichen wird aber eine Störung des biochemischen Gleichgewichtes im Gehirnstoffwechsel vermutet, so z. B. bei den so genannten Transmittersubstanzen, die bei der Übertragung der Nervenreize eine große Rolle spielen. Diese Störung kann durch eine Gehirnschädigung entstehen – etwa bei einer komplizierten Geburt mit Sauerstoffnot –, aber auch durch Verletzungen, Entzündungen oder Tumoren ausgelöst werden. Neben erblichen Veranlagungen spielen auch bestimmte »Stoffwechselempfindlichkeiten« eine Rolle, z. B., wenn ein Kind bei fieberhaften Infekten durch die Temperaturveränderung im Körper zu Anfällen neigt und dann mit häufigen Fieberkrämpfen reagiert.

Die Epilepsieform kann der Arzt durch eine Beobachtung der körperlichen Reaktionen und eine genaue neurologische Untersuchung in Erfahrung bringen. Ein wertvolles diagnostisches Hilfsmittel ist neben Spezialuntersuchungen wie einer Computertomographie des Kopfes das so genannte EEG, die Messung der elektrischen Gehirnaktivität. Anhand der Art der Gehirnströme lässt sich nämlich auch unterscheiden, ob ein Kind z. B. eine »Grand-mal-Epilepsie« hat, die mit krampfartigen Zuckungen des ganzen Körpers und vorübergehender Bewusstlosigkeit einhergeht, oder die im Kindesalter häufige »Absencen-Epilepsie«, bei der das Kind für wenige Sekunden die Umwelt nicht mehr bewusst aufnimmt und wie ein Tagträumer erscheint.

Behandlung

Je früher eine Therapie begonnen wird, umso größer sind die Aussichten auf Heilung. Die meisten Epilepsieformen können heute sehr gut mit speziellen Medikamenten behandelt werden. Das trifft insbesondere für die Epilepsie im Kindesalter zu. In etwa drei von vier Fällen helfen die Antiepileptika so gut, dass die Anfälle ganz aufhören. Leider haben die Antiepileptika, wie andere Medikamente auch, nicht nur erwünschte, sondern auch unerwünschte Wirkungen.

Sie können Müdigkeit Konzentrationsstörungen verursachen und – abhängig vom Alter – auch die Entwicklung des Kindes beeinträchtigen. Deshalb ist es sehr wichtig, die individuell notwendige Dosis herauszufinden. Im Notfall, d. h. während eines Anfalls, der nicht innerhalb von zehn Minuten wieder abklingt, müssen schnell wirkende, den Anfall durchbrechende Medikamente gegeben werden. Ansonsten droht ein »Status epilepticus«, ein Anfall, der mehrere Stunden anhalten und lebensbedrohlich werden kann.

Epileptiker sind nicht geistig behindert!

Eine Krankheit, die das für den Menschen wichtigste Organ betrifft, das Gehirn, macht Angst. Erst wenn diese Angst durch umfassende Information beseitigt ist, wird sie wie jede andere chronische Krankheit betrachtet. Es ist wichtig zu wissen, dass Epilepsiekranke genauso »normal« sind wie alle anderen. Außer durch den Umstand, dass sie von Zeit zu Zeit einen Anfall erleiden, unterscheiden sie sich von anderen Menschen nicht. Und zu Verblödung und Anstaltsbedürftigkeit – wie fälschlicherweise häufig angenommen – führt die Krankheit erst recht nicht. Kinder, die an Epilepsie leiden, sind im Gegenteil oft sogar besonders aufgeweckt und intelligent.

Keine Epilepsie liegt vor, wenn Ihr Kind – wie es manche tun – auf hohes Fieber mit einem Krampfanfall reagiert. Bei solchen Gelegenheitskrämpfen ist, anders als bei echten Anfallsleiden, keine weitergehende Therapie notwendig.

Das können Sie selbst tun

Auf Angehörige, Freunde und Bekannte kann ein Krampfanfall sehr erschreckend wirken. Deshalb muss das Umfeld eines Epilepsiekindes – Kindergarten, Schule, Freunde – über das Bestehen der Krankheit informiert werden. Auch mögliche Hilfsmaßnahmen sollten bekannt sein: nämlich den Patienten während eines »großen« Anfalls aus Gefahrenzonen herauszubringen, ihn vor Verletzungen zu schützen und ihm nach dem Anfall in eine Seitenlage zu bringen, damit der gebildete Speichel gefahrlos ablaufen kann. Der Ablauf und die Dauer des Anfalls sollten möglichst genau festgehalten werden, damit der Arzt die Art der Epilepsie feststellen kann. Die passiv Betroffenen müssen wissen, dass man sich an dieser Krankheit nicht anstecken kann, dass sie meist nicht lebensbedrohlich ist und dass der Kranke in der anfallsfreien Zeit ein ganz »normaler« Mensch ist.

Hier bekommen Sie Rat und Hilfe

► IZE – Informationszentrum für Epilepsie
  Herforder Straße 5–7
  33602 Bielefeld
  Tel.: 05 21/12 41 17 (Mo–Fr 9–12 Uhr)
► Stiftung Michael
  Münzkamp 5
  22339 Hamburg
  Tel.: 040/53 88 540

Fehlbildungen

Zeichen

► Anatomische Fehlbildungen
► Mehrfachanomalien
► Stoffwechseldefekte

Einer großen Zahl der Erkrankungen lässt sich heute durch eine umfassende Vorsorge sowie frühzeitige diagnostische und therapeutische Maßnahmen – die oft schon im Mutterleib erfolgen – wirkungsvoll begegnen.

Fehlbildungen können angeboren oder durch äußere Einflüsse (Infektionen, Gifte, Strahlen) erworben sein. In jedem Fall liegt eine Störung der Entwicklung im Mutterleib zugrunde. Fehlbildungen können an den unterschiedlichsten Organen und in verschiedenen Schweregraden auftreten. Etwa 1,5 Prozent aller Kinder sind von schwereren Anomalien betroffen.

Diese Fehlbildungen gibt es

Angeborene Störungen

Unter den angeborenen Anomalien spielen die anatomischen Fehlbildungen eine besondere Rolle. Mit rund 30 Prozent machen Anomalien des Herzens und der großen Gefäße hier die größte Gruppe aus. Es folgen Fehlbildungen des Zentralnervensystems (Fehlanlage des Gehirns, offener Rücken), Anomalien im Gesicht (Lippen-Kiefer-Gaumenspalte), Fußmissbildungen (Klumpfuß). Das Schlusslicht bilden mit einer Häufigkeit von 10 bis 15 Prozent Anomalien im Bereich des Verdauungssystems und der Harnwege (Fehlanlage der Speiseröhre, Hufeisenniere).

Die zweite große Gruppe der angeborenen Fehlbildungen hat ihre Ursache in einer gestörten Biochemie. Entweder wird durch das Fehlen oder eine Blockade bestimmter Stoffe (z. B. Enzyme) der Gang des Stoffwechsels verändert, und es treten Krankheiten auf (z. B. Phenylketonurie, eine schwere Störung im Eiweißstoffwechsel), oder es kommt zu charakteristischen Ausfallserscheinungen (z. B. Bluterkrankheit bei Fehlen von Gerinnungsfaktoren).

Der dritte Bereich der angeborenen Fehlbildungen umfasst die so genannten Syndrome, die von Mehrfachanomalien gekennzeichnet sind und meist auf schwereren Störungen im Erbgut beruhen. Typisches Beispiel ist die Trisomie 21 (Mongolismus), bei dem das Chromosom 21 dreifach vorhanden ist. Die Krankheit geht mit vielfältigen Anomalien im äußeren Erscheinungsbild sowie geistiger Behinderung einher.

Erworbene Störungen

Zahlreiche Faktoren können die Entwicklung eines Kindes im Mutterleib empfindlich stören. Wie schwer wiegend die Anomalien sind, hängt wesentlich davon ab, zu welchem Zeitpunkt der Schwangerschaft bestimmte Stoffe auf das Ungeborene einwirken und wie lange. Am empfindlichsten kann das Kind von krank machenden Faktoren etwa um den dritten Schwangerschaftsmonat getroffen werden, da in dieser Zeit sozusagen die Weichen für die gesamte weitere Entwicklung gestellt werden und alle Organe besonders empfänglich für äußere Einflüsse sind.

Unter den »embryotoxischen« Substanzen – also solchen, die dem Ungeborenen Schaden zufügen – nehmen Alkohol, Drogen, Medikamente und in geringerem Ausmaß auch Nikotin – eine besondere Bedeutung ein. Auch radioaktive Strahlen sowie Krankheitserreger (Viren, Bakterien) können dramatische Auswirkungen auf die embryonale Entwicklung haben. Die Erfahrungen aus Atombombenversuchen oder Kernkraftwerksunfällen haben gezeigt, dass die Missbildungsrate bei den Nachkommen einer »verstrahlten« Bevölkerungsgruppe extrem steigt.

Unter den Infektionskrankheiten, die Ungeborenen zusetzen, ist die so genannte Röteln-Embryopathie besonders gefürchtet. Bekommt eine Frau während der Schwangerschaft Röteln, kann sie die Infektion auf ihr Kind übertragen. Die Viren können zu schweren Fehlbildungen und zu geistigem Schwachsinn führen.

Besonders die U4 bis U9 dienen der Früherkennung von möglichen Fehlbildungen von Organen, Geburtsschäden oder angeborenen Stoffwechselerkrankungen. Auf diese Weise können ein Fortschreiten der Krankheit oder Dauerschäden verhindert werden und Fehlbildungen korrigiert werden.

Behandlung

Die vorgeburtliche Diagnostik macht so große Fortschritte, dass ein Großteil der möglichen Erkrankungen schon in einem ganz frühen Stadium erkannt und oft auch erfolgreich behandelt werden können. So lassen ausgefeilte Operationstechniken z. B. auch schon zu, Anomalien wie Herzfehler beim Ungeborenen chirurgisch zu korrigieren. Viel kann eine werdende Mutter aber auch selbst durch eine konsequente Schwangerschaftsvorsorge sowie eine gesunde Lebensführung für eine gesunde Entwicklung ihres Babys tun.

Hier bekommen Sie Rat und Hilfe

► Stiftung Hilfswerk für behinderte Kinder
  Ludwig-Erhard-Platz 1
  53179 Bonn
  Tel.: 0228/831-0
► Aktion Sonnenschein – Hilfe für das mehrfachbehinderte Kind e.V.
  Heiglhofstraße 63
  81377 München
  Tel.: 089/71009-0
► Bundesvereinigung Lebenshilfe für geistig Behinderte e.V.
  Raiffeisenstraße 18
  35043 Marburg
  Tel.: 06421/4910

Keine Schwangerschaft bei Suchtkrankheiten!

Ein Drittel bis die Hälfte der Kinder drogen- oder alkoholkranker Mütter kommen oft mit schweren äußerlichen Fehlbildungen auf die Welt. Das Risiko einer Fehlgeburt verdoppelt sich. Darüber hinaus sind sie oft auch in ihrer geistigen Entwicklung sehr beeinträchtigt und leiden unter verschiedensten Organkrankheiten.

Frühgeborene

Zeichen

► Geburt vor der 37. Schwangerschaftswoche
► Körperliche Unreife
► Entwicklungsverzögerung

Kinder, die um die 38 Woche geboren werden, brauchen wahrscheinlich nur kurz in den Brutkasten, wo sie mit Wärme, Sauerstoff und kleinen Mahlzeiten aufgezogen werdem. Einem jüngeren Kind muss die Verantwortung für sein Leben noch ein Weilchen abgenommen werden.

Von einer Frühgeburt spricht man, wenn ein Baby vor der 37. Schwangerschaftswoche geboren wird. Je früher es die schützende und nährende Gebärmutter verlassen muss, desto größer die Gefahr, dass es draußen auf der Welt nicht überleben kann oder große Risiken für seine Entwicklung drohen. Etwa sechs Prozent aller Kinder eines Jahrgangs werden zwischen der 32. und der 36. Schwangerschaftswoche geboren, ein Prozent noch vor der 32. Woche, und drei von 1000 Neugeborenen kommen im sechsten Monat, also vor der 28. Schwangerschaftswoche, zur Welt.

Ursachen

Nicht alle Ursachen für Frühgeburten sind von der Wissenschaft endgültig geklärt. Eine große Rolle spielen Infektionen im Genitalbereich der Mutter, vor allem mit bestimmten Bakterien wie Chlamydien oder Gardnerellen. Die Krankheitskeime steigen aus der Scheide in die Gebärmutter auf und können entweder frühzeitige Wehen oder einen vorzeitigen Blasensprung auslösen. Neben den Infektionen des Muttermunds und der Gebärmutter – von denen die Schwangere im Übrigen in den allermeisten Fällen nichts bemerkt – können andere Faktoren dazu beitragen, dass ein Kind zu früh auf die Welt kommt: Plazentastörungen, chronische Krankheiten, körperliche Überanstrengung, Erschöpfung und seelische Probleme.

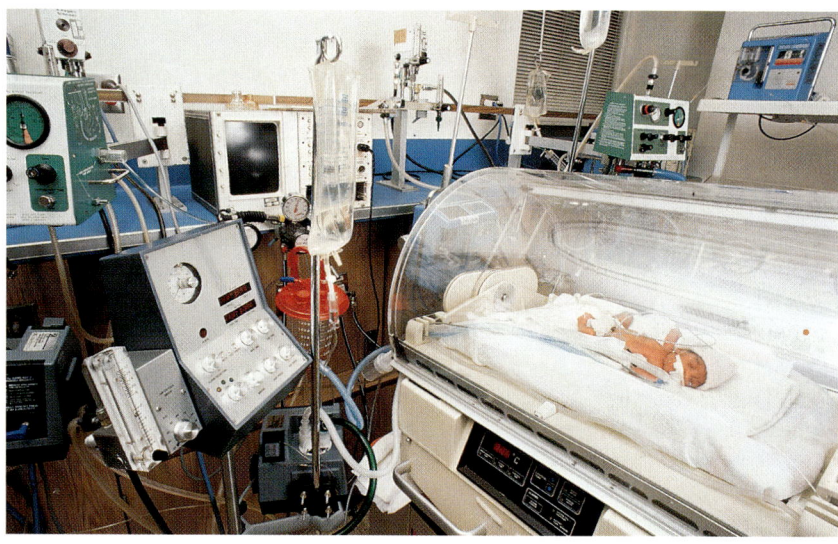

Hochmoderne medizinische Einrichtungen stehen hierzulande bereit, um auch Frühgeborenen einen sicheren Start ins Leben zu ermöglichen. Der anfängliche Entwicklungsrückstand ist bald aufgeholt.

Begegnung mit Hindernissen

Für die Eltern ist es manchmal nicht ganz einfach, einen innigen Kontakt zu ihrem Kind herzustellen, wenn es länger im Krankenhaus und vielleicht sogar im Brutkasten bleiben muss. Da hilft es, körperlichen Kontakt aufzubauen, sooft es geht. Wenn der Säugling vielleicht auch noch in einer anderen Klinik ist, erhält der Vater eine ganz wesentliche Funktion. Er ist es, der ihm Wärme und Geborgenheit vermitteln muss.

Behandlung

Geburt

Wenn sich eine Frühgeburt durch Wehen oder einen Blasensprung ankündigt, sollte die werdende Mutter so schnell wie möglich in ein geburtshilfliches Zentrum gebracht werden. Am besten in eine Frauenklinik, der eine Kinderklinik angeschlossen ist und die möglichst viel Erfahrung mit frühgeborenen Kindern hat (perinatologisches Spezialzentrum). In der Klinik können die Ärzte dann versuchen, die frühzeitigen Wehen mit Medikamenten zu stoppen und damit wertvolle Tage gewinnen. Auch beim vorzeitigen Blasensprung kann man die Geburt mit Wehenhemmern noch etwas hinauszögern, allerdings nur kurze Zeit, da hier das Risiko einer Infektion des Kindes sehr hoch ist. Diese Zeit, in der das Kind noch im Mutterleib ist, wird man nutzen, um die Lungenreifung durch Kortisongaben (an die Mutter) zu beschleunigen. Wenn dann alle Bemühungen, die Geburt noch etwas hinauszuzögern, nichts mehr fruchten, wird das Kind zumeist mit Kaiserschnitt zur Welt gebracht. Ein kinderärztliches Team ist dann dabei, übernimmt die Untersuchung und Erstversorgung (z. B. künstliche Beatmung, falls notwendig) und fährt dann das Neugeborene im Inkubator – dem Brutkasten – auf die Neugeborenen-Intensivstation.

Für eine Mutter ist es sehr schmerzlich, ihr Kind nach der Geburt nicht bei sich zu haben. Sie ist ja mit allen Fasern auf den körperlichen Kontakt mit dem Neugeborenen eingestellt. Hinzu kommt noch die hormonelle Umstellung, die auch zu Stimmungstiefs führen kann. Am hilfreichsten sind Gespräche mit Stationsschwester und Kinderarzt.

Kleine »Frühchen«

Komplikationen von Seiten der Lunge und die Dauer der künstlichen Beatmung sind Faktoren, welche die Überlebenschancen und die Entwicklung von Frühgeborenen später maßgeblich beeinflussen. Vor der 32. Woche sind die Lungenbläschen, in denen der Sauerstoff aus der Luft ins Blut übergeht, noch nicht ausreichend mit Surfactant überzogen. Das ist eine Substanz, die die Oberflächenspannung herabsetzt und somit ein In-sich-Zusammenfallen der Lungenbläschen verhindert. Seit etwa zehn Jahren kann man Surfactant den Neugeborenen künstlich direkt in die Lunge zuführen und hat damit die Überlebensrate der kleinen Frühgeborenen beträchtlich erhöht.

Größere »Frühchen«

Die »größeren« Kinder, die also schon eine längere Schwangerschaft hinter sich hatten, erholen sich in der Regel schnell und können nach einigen Tagen oder wenigen Wochen nach Hause entlassen werden. Auch die »kleinen Frühchen« mit weniger als 32 Wochen Schwangerschaftsdauer zeigen oft eine erstaunliche Fähigkeit, die fehlende Reifung nachzuholen. Außerdem hat gerade die Frühgeborenenmedizin in den letzten Jahren große Fortschritte gemacht. Die früher sehr gefürchteten Augenprobleme bis zur Blindheit, die durch erhöhte Sauerstoffkonzentrationen bei der künstlichen Beatmung zustande kamen, gibt es heute praktisch nicht mehr; neue Geräte und verbesserte Beatmungstechniken haben hier viel bewirkt.

Das können Sie selbst tun

Neben Hightechmedizin bieten viele Kliniken inzwischen das »kangoroo-ing« an: Das Kind liegt an die Brust eines Elternteils geschmiegt, der bequem in einem Sessel sitzt, so dass das Baby die Nähe und Wärme des Erwachsenen spürt. Während dieser Zeit bleibt es aber weiterhin medizinisch überwacht, so dass man sofort handeln kann, wenn beispielsweise mit der Atmung oder dem Puls etwas nicht stimmen sollte. Aber auch wenn ein kangoroo-ing nicht möglich ist, vielleicht weil es dem Kind zu schlecht geht, sollten die Eltern es oft besuchen kommen und so viel Körperkontakt wie möglich haben, z. B. sein Händchen halten, es zart streicheln, das Füttern übernehmen und es liebkosen. Für das Baby ist dies ungeheuer wichtig, es merkt genau, ob jemand bei ihm ist, auch wenn es das nicht mitteilen kann.

Kommt das Kind dann nach Hause, ist die Freude natürlich riesig. Aber es tauchen auch viele Fragen, Sorgen und Ängste auf: Wird mein Kind wieder Atemschwierigkeiten bekommen? Ist seine Abwehr stark genug, um Infektionen zu trotzen? Und vor allem: Wie wird es sich entwickeln? Um mit diesen Fragen nicht allein zu sein, helfen der Kontakt zu einer Selbsthilfegruppe und das Gespräch mit anderen betroffenen Eltern.

Wenn das Kind nicht allzu klein ist, können Sie ruhig bei der Pflege mithelfen, indem Sie durch die Handlöcher des Brutkastens fassen und es beispielsweise wickeln. Wichtig ist auch, dass es die Muttermilch bekommt, die besonders nahrhaft ist.

Hier bekommen Sie Rat und Hilfe

► Bundesverband »Das frühgeborene Kind« e.V.
Van-der-Tann-Straße 7
69126 Heidelberg
Tel.: 06621/32345

Gedeihstörungen, Abmagerung

Zeichen

► Gewichtsverlust
► Schwäche
► Blässe
► Antriebsarmut, Apathie

Wenn Kinder auffällig an Gewicht verlieren, ist das immer ein Alarmzeichen. Kinder wachsen, ihr Organismus muss reifen und sich entwickeln, und dazu ist eine stetige Gewichtszunahme nötig – natürlich innerhalb der Norm und in Relation zur Körpergröße. Erst wenn nach der Pubertät das Wachstum abgeschlossen ist, wird im Regelfall auch das Gewicht eine konstante Größe und ändert sich nur noch innerhalb kleinerer Schwankungen.

Je jünger ein Kind, desto gravierender ist ein Gewichtsverlust. Bei Säuglingen wirkt es sich besonders dramatisch aus, wenn sie abnehmen. Babys können innerhalb weniger Tage so geschwächt sein, dass sie in einen lebensbedrohlichen Zustand geraten. Aber auch bei größeren Kindern hat mangelndes Gedeihen dramatische Konsequenzen, denn es kommt zu den vielfältigsten Störungen wie Muskel- und Nervenschwäche, Infektanfälligkeit, Verdauungsproblemen, Hautveränderungen, Organstörungen und Apathie.

Ursachen

Folgende Faktoren führen zu Gedeihstörungen, Abmagerung und Folgekrankheiten:

- ► Zu wenig oder falsche Nahrung, infolgedessen Hunger
- ► Gehäufte Infektionen, gesteigerte Infektanfälligkeit
- ► Verdauungskrankheiten mit mangelnder Nahrungsaufnahme
- ► Seelische Beeinträchtigung, mangelhafte Versorgung und Zuwendung

Während in den Entwicklungsländern immer noch Hunger die Hauptursache für schwere Gedeihstörungen und eine hohe Kindersterblichkeit ist, spielt der Nahrungsmangel in den Industriestaaten so gut wie keine Rolle mehr. Dafür bekommen in unserer leistungsorientierten, tendenziell kinderfeindlichen und zunehmend gefühlsarmen, Gesellschaft psychische Probleme bei der Auslösung von Entwicklungs- und Gedeihstörungen immer mehr Gewicht.

Auch chronische Krankheiten, vor allem eine erhöhte Infektanfälligkeit und Allergieneigung, können sich nachhaltig auf die körperliche Entwicklung auswirken und Kinder schon in frühem Alter enorm schwächen.

Nicht zuletzt spielt die qualitative Nahrungszusammensetzung bei Gedeihproblemen eine Rolle. Bei dem Überfluss, der uns in allen Bereichen umgibt, an Mangel zu denken, erscheint uns widersinnig. Doch wird auch hierzulande gar nicht so selten beobachtet, dass bereits Kinder Mangelerscheinungen, z. B. bei Vitaminen, Mineral- oder Ballaststoffen, bekommen, weil sie statt frischem Obst und Gemüse nur noch Süßigkeiten und Hamburger zu sich nehmen.

In Deutschland ist etwa einer von 1200 Menschen von Zöliakie betroffen. Die Krankheit hat keine Auswirkungen, wenn man strikt glutenfrei isst. Das ist jedoch nicht so ganz einfach, weil dieses Eiweiß in fast allen Nahrungsmitteln enthalten ist.

Zöliakie – eine Krankheit mit hoher Dunkelziffer

Zöliakie ist eine Überempfindlichkeit gegen das Klebereiweiß Gluten in Getreide. Die Krankheit tritt häufig bei Säuglingen auf, wenn eine glutenhaltige Beikost eingeführt wird. Daher sollten glutenhaltige Lebensmittel erst ab dem fünften Monat gefüttert werden. Zöliakie führt bei Säuglingen zu Durchfällen, gelegentlich zu Erbrechen, Appetitlosigkeit, geblähtem Bauch und letztlich zu Wachstums- und Gedeistörungen.

Die Überempfindlichkeit ist genetisch bedingt. Es kommt dabei zu einer Veränderung im Dünndarm, so dass die Nahrungsinhaltsstoffe nur mehr mangelhaft ausgenutzt werden können. Bei konsequenter Diät können Mangelerscheinungen vermieden werden. Die »Deutsche Gesellschaft für Ernährung e.V.« gibt ein Heft mit Tipps dazu heraus.

Eine gesunde, ausgewogene Kost, die den Kindern auch schmeckt, ist eine der wichtigsten Voraussetzungen, um Gedeihstörungen im Kleinkindalter zu verhindern.

Vorbeugung

Den besten Schutz vor chronischen Gedeihstörungen mit Abmagerung und Folgeerkrankungen bietet eine ausgewogene, kindgerechte Lebens- und Ernährungsweise. D. h. eine vollwertige, abwechslungsreiche Kost, viel Bewegung, genügend Raum zum Spielen, ausreichend Schlaf, möglichst wenig Hektik und Leistungsdruck, dafür aber viel Zuwendung, Geduld und Liebe.

Versäumen Sie es nicht, das Kind in regelmäßigen Abständen beim Kinderarzt vorzustellen.

Wenn Sie das innerhalb Ihrer Familie verwirklichen, haben Sie schon viel für Ihr Kind getan. Trotzdem ist man natürlich nicht vor Krankheiten und Problemen gefeit. Durch die veränderten Umweltbedingungen mit hohen Schadstoffkonzentrationen in Luft, Wasser und Boden, mit Lärm und Reizüberflutung können schon die Kleinsten in ihrer Entwicklung beeinträchtigt werden. Deshalb ist es wichtig, im Rahmen von regelmäßigen Vorsorgeuntersuchungen mögliche Krankheiten oder Störungen frühzeitig zu erkennen und zu behandeln.

Herzerkrankungen

Zeichen

- ► Blaufärbung der Lippen
- ► Schnelle Atmung, Atemnot, »Nasenflügelatmen«
- ► Verdickte Fingerspitzen und Fingernägel (»Uhrglasnägel«)
- ► Entwicklungsverzögerung
- ► Trinkschwäche bei Babys

Es gibt angeborene Herzfehler und Herzleiden, die das Kind später erworben hat, beispielsweise durch eine bakterielle Entzündung von Herzmuskel oder -klappen.

Anzeichen für eine Entzündung

Eine Entzündung kann sich in den verschiedenen Bereichen des Herzens ausbreiten – Herzbeutel, Herzmuskel oder Herzklappen. Es kommt zu Allgemeinveränderungen wie Fieber, Abgeschlagenheit, Leistungsmangel, Appetitlosigkeit. Später können eindeutige Zeichen der Herzveränderung auftreten wie rascher, dünner Puls; Herzstolpern (Rhythmusstörungen); Herzrasen; angestrengte Atmung; Blaufärbung der Lippen; Wassereinlagerung ins Gewebe (Ödeme).

Angeborene Herzerkrankungen

In Deutschland kommen ungefähr 7000 Kinder jährlich mit einem Herzfehler auf die Welt. Während früher diese Kinder meist zum Sterben verurteilt waren, können heute dank der stetigen Fortschritte in der Herzchirurgie die meisten der kleinen Patienten durch rechtzeitige Operationen gerettet werden. Ein Großteil der Eingriffe wird bereits im frühen Babyalter durchgeführt und ermöglicht, dass über 80 Prozent der betroffenen Kinder ein – weitgehend – normales Leben führen können und das Erwachsenenalter erreichen.

Fehlbildungen des Herzens können sehr unterschiedlich ausgeprägt sein. Ein schwerer Herzfehler muss operiert werden, wogegen leichte Fehlbildungen oft überhaupt nicht behandelt werden müssen und ein gesundes Leben nicht beeinträchtigen.

Das Loch im Herzen

Der häufigste angeborene Herzfehler ist ein Loch in der Herzscheidewand zwischen der rechten und linken Herzseite. Durch diese Öffnung pumpt das Herz immer wieder Blut zur Lunge, das eigentlich in den Körper gelangen sollte. Dem Kreislauf fehlt dann der Sauerstoff, der für die Energieversorgung der Zellen nötig ist. Je größer das Loch, desto schneller machen sich Krankheitszeichen bemerkbar. In der Regel treten die ersten Symptome mit etwa drei Monaten auf: Das Baby muss sich beim Trinken ungeheuer anstrengen. Es legt immer wieder lange Pausen ein oder hört ganz auf zu saugen. Es schwitzt vor Anstrengung, holt oft Luft oder ist kurzatmig. Durch den ständig zu hohen Blutfluss in den Lungen wird die Atmung belastet, und die Babys bekommen häufiger eine Bronchitis. Auch das Herz kann die vermehrte Arbeit langfristig nicht leisten und wird zunehmend geschwächt.

Auf die Zeichen achten

Sollten solche Zeichen beim Baby vorliegen, ist unbedingt eine Untersuchung beim Kinderarzt nötig. Der kann dem ursächlichen Leiden durch geeignete Verfahren – Abhören mit dem Stethoskop, Ultraschall, Röntgenaufnahme – schnell auf die Spur kommen. Auch andere angeborene Herzfehler werden heute meist schon sehr früh diagnostiziert, weil die Zeichen so eindeutig sind, dass sie entweder den Eltern oder dem Kinderarzt im Rahmen der Vorsorgeuntersuchung auffallen: Das Baby hat große Mühe beim Atmen, die Nasenflügel weiten sich beim Einatmen, oder die Lippen sind ständig blau gefärbt.

Herzfehler können vererbt werden. Mütter und Väter, die selbst mit einem Herzfehler geboren worden sind, haben ein erhöhtes Risiko, diese Erkrankung auf ihre Kinder zu übertragen. Immer wenn ein Herzfehler in der Familie vorliegt, sollten Eltern ihr Kind gründlich untersuchen lassen. Heute kann das schon vor der Geburt mit dem Ultraschallverfahren erfolgen.

Die häufigsten Herzfehler

Herzscheidewanddefekt (25 Prozent):
ein Loch in der Herzscheidewand – entweder zwischen beiden Vorhöfen oder beiden Kammern. Frisches und verbrauchtes Blut vermischen sich, das Herz ist überlastet und kann sich vergrößern.

Offener Ductus botalli (17 Prozent):
Vor der Geburt besteht eine Verbindung zwischen Lungenschlagader und Körperschlagader. Diese Verbindung (der Ductus botalli) muss sich spätestens vier Wochen nach der Geburt verschlossen haben. Bleibt sie offen, zirkuliert ein Teil des Blutes nutzlos zwischen Herz und Lunge hin und her (ähnlich wie beim Herzscheidewanddefekt), und das Herz wird belastet.

Fallotsche Tetralogie (11 Prozent):
Es handelt sich um eine Kombination von vier Herzfehlern, die das Baby sehr belasten. Sein Organismus ist extrem mit Sauerstoff unterversorgt, das Kind entwickelt eine Blausucht (Zyanose).

Vertauschung der großen Blutgefäße (8 Prozent):
Bei diesem Herzfehler sind die große Körperschlagader und die Lungenader vertauscht angelegt: Das sauerstoffreiche Blut gelangt deshalb statt in den Körper zurück in die Lungen, das sauerstoffarme Blut wird, statt in die Lungen zurück in den Körper geleitet. In diesem Fall ist es lebensrettend, wenn zu dieser Fehlanlage noch ein Loch in der Herzscheidewand besteht, weil sich dann zumindest etwas Blut mischen und als »frisches« Blut in den Körper gelangen kann.

Verengung der Körperschlagader (7 Prozent):
Die Aorta ist direkt am Abgang vom Herzen verengt (Stenose). Dadurch kann das Blut nur unter erhöhtem Druck in den Körperkreislauf gepresst werden, was zu Herzbelastung und Bluthochdruck führt.

Erworbene Herzerkrankungen

Neben dem Herzen werden beim Rheumatischen Fieber auch die Gelenke und die Nieren in Mitleidenschaft gezogen und so der ganze Bewegungsapparat geschädigt, und der Abtransport von giftigen Stoffen im Körper ist nicht mehr gewährleistet.

Bei Herzleiden, die sich erst später entwickeln, spielen im Kindesalter fast ausschließlich Entzündungen eine Rolle. Diese können durch verschiedene Krankheitserreger ausgelöst werden, am häufigsten sind jedoch bestimmte Virusarten oder Bakterien (Diphtherie, Scharlach, Tuberkulose) für die Infektion verantwortlich. Eine Sonderform der Herzentzündung ist das Rheumatische Fieber. Hierbei handelt es sich um eine Immunreaktion auf die bakteriellen Erreger der eitrigen Mandelentzündung, die Streptokokken.

Der Arzt kann oft schon durch Abhören mit dem Stethoskop feststellen, dass eine Störung vorliegt, da nicht selten typische Herzgeräusche auftreten. Außerdem geben EKG- und Ultraschalluntersuchungen weitere Hinweise.

Therapie von Entzündungen

Herzentzündungen müssen ganz konsequent mit Medikamenten (z. B. Antibiotika oder Kortisonpräparaten) behandelt werden, um ein Verschleppen der Krankheit zu vermeiden. Außerdem ist während der Therapie große Schonung – oft sogar strenge Bettruhe, auch wenn es noch so schwer fällt – nötig, damit sich das Herz wieder erholen kann.

Hier bekommen Sie Rat und Hilfe

► Herzkind e.V., Verein zur Förderung der
  Betreuung und Beratung herzkranker Kinder
  Husarenstraße 70
  38102 Braunschweig
  Tel.: 0531/22066-0
► Deutsche Herzstiftung
  Vogtstraße 50
  60332 Frankfurt am Main
  Tel.: 069/955120-0

Ein schwerer Herzfehler muss genau diagnostiziert werden und braucht eine intensive, ausgewogene Behandlung. Der Kinderarzt Ihres Vertrauens wird in den Behandlungsplan fest mit einbezogen. Auch Ihr Kind sollte sich mit dem Arzt gut verstehen.

Hochwuchs

Zeichen

► Körpergröße über der Altersnorm
► Geistige Entwicklungsverzögerung möglich

Die Körpergröße unterliegt großen individuellen Schwankungen. So gibt es Kinder, die im Vergleich zu ihren Altersgenossen sehr zart und klein sind, und andere, die ihre Kameraden gleich um ein, zwei Köpfe überragen. Als krankhaft werden Abweichungen von der Norm erst bezeichnet, wenn die Messwerte außerhalb der oberen und unteren Grenzkurve liegen. Sie werden Hoch- und Minderwuchs genannt.

Ursachen

Dass Kinder zu groß geraten, kommt seltener vor als Minderwuchs.

Veranlagung

Meistens liegt einem Hochwuchs eine familiäre Veranlagung zugrunde. Besonders bei Mädchen kann die Überlänge zu erheblichen seelischen und sozialen Problemen führen. Vor allem mit der Pubertät und der erwachenden Sexualität kommt es zu Konflikten, da übergroße Mädchen Schwierigkeiten haben, einen Partner zu finden.

*Allgemein wird bei einer Pro-
gnose von über 1,80 Metern
bei der Frau und 2,00 Metern
beim Mann eine Hormon-
therapie in Erwägung gezogen. Man sollte sich diese
Therapie jedoch gut überlegen. Es kann nämlich zu erheblichen Nebenwirkungen
kommen, die von Übelkeit
und Gewichtszunahme bis zu
Knochen- und Gelenk-
schmerzen und psychischer
Veränderung reichen.*

Hormone

Andere Ursachen eines Hochwuchses sind hormonelle Störungen, vor allem
ein Mangel an Geschlechtshormonen. Die Sexualhormone nehmen nämlich auf
das Knochenwachstum Einfluss, und unter ihrer Wirkung werden die Wachstumsfugen, die so genannten Epiphysen, geschlossen (siehe auch Kasten). Ver-
ringert sich, z. B. durch einen Ausfall der Keimdrüsen, die Menge an Geschlechtshormonen im Körper, bleibt das Längenwachstum bis ins dritte
Lebensjahrzehnt bestehen. Ohne Behandlung kommt es zum »eunuchoiden
Hochwuchs« mit überlangen Extremitäten.

Behandlung

Durch die Gabe von Sexualhormonen lässt sich das Längenwachstum therapeutisch beeinflussen. Bei einem familiär bedingten Hochwuchs kann eine solche Hormontherapie erfolgreich sein. Bei Mädchen wird durch hohe Dosen
von Östrogenen ein vorzeitiger Epiphysenschluss und damit eine verminderte
Endgröße erreicht. Bei Jungen erfolgt die entsprechende Behandlung mit An-
drogenen. Eine solche Therapie ist kompliziert und sollte, da sie sehr in den
Stoffwechsel eingreift, nur nach kritischer medizinischer Überlegung von
einem Spezialisten durchgeführt werden. Eine Störung der Geschlechtsfunk-
tionen, etwa durch eine Fehlfunktion der Keimdrüsen, ist oft nur schwer zu behandeln, vor allem wenn genetische Probleme zugrunde liegen. In solch einem
Fall müssen die fehlenden Hormone ersetzt werden.

Wann und um wie viel Kinder wachsen

Das Längenwachstum findet in den Wachstumsfugen der Knochen, den
Epiphysen, statt. Nach Epiphysenschluss ist kein nennenswertes Längenwachstum mehr möglich. Die Wachstumsgeschwindigkeit ist in den einzelnen Phasen der Kindheit ungleich: im ersten Lebensjahr 25 Zentimeter,
im Schulalter nur ca. fünf Zentimeter pro Jahr. In der Pubertät kommt es
dann unter dem Einfluss der Sexualhormone, insbesondere der Androge-
ne, noch einmal zu einem kräftigen Wachstumsschub, und dann schließen
sich die Epiphysenfugen. Jungen legen in dieser Zeit noch etwa zehn
bis zwölf Zentimeter pro Jahr zu, Mädchen etwas weniger. Das Längenwachstum hört bei Mädchen ungefähr mit 16, bei Jungen mit 18 Jahren
auf. Bei Ausbleiben der Pubertät können die Epiphysenfugen bis um das
30. Lebensjahr offen bleiben.

Allgemein gibt es einen Trend zu größerem Längenwachstum. Man hat
erforscht, dass in den letzten hundert Jahren die Erwachsenengröße um
etwa acht Zentimeter zugenommen hat und dass Schulkinder heute um
zwölf Zentimeter größer sind als ihre damaligen Altersgenossen. Als Ursache gelten zum einen die Gene, bei denen sich eher die des größeren Elternteils durchsetzen, und zum anderen, dass die Ernährung besser und
die schwere körperliche Arbeit weniger geworden ist.

Hodenhochstand

Zeichen
► Hoden in der Leistenregion
► Hoden im Bauchraum

Während der Entwicklung im Mutterleib bilden sich bei einem Jungen die Hoden im Bauchraum. Sie wandern dann bis zur Geburt langsam nach unten in den Hodensack. Nur bei einem kleinen Teil der Buben passiert dies etwas später, meist aber in den ersten Lebensmonaten.

In etwa einem von hundert Fällen sind auch im Alter von einem Jahr einer oder beide Hoden noch nicht ins Hodensäckchen gewandert. Nach dieser Zeit ist dann auch nicht mehr mit einer spontanen Wanderung zu rechnen. Die Ärzte sprechen dann von einem Hodenhochstand. Der Hoden kann in der Leistenregion oder im Bauchraum hängen bleiben oder sich auch an ganz anderer Stelle befinden.

Behandlung
Ein Hodenhochstand sollte frühzeitig behandelt werden. Denn Hoden, die nicht in ihrer normalen Position im Hodensack liegen, verlieren mit der Zeit ihre Fähigkeit der Spermienproduktion d. h., die Fruchtbarkeit geht verloren. Auch die Tatsache, dass der Hoden im Körperinnern liegt und somit der relativ hohen Körpertemperatur ausgesetzt ist, kann zu Schädigungen führen. Zusätzlich besteht bei einem Hoden, der nicht hinuntergewandert und in der Bauchregion oder im Leistenbereich hängen geblieben ist, die Gefahr, dass sich im Alter von 30 bis 40 Jahren ein bösartiger Tumor entwickeln kann. Es gibt auch Fälle, in denen der Hoden zwar im Hodensack angekommen ist, aber immer wieder in den Leistenkanal zurückgleitet. Man spricht von einem »Pendelhoden«.

Wenn die Hoden im zweiten Lebensjahr noch nicht dauerhaft an ihrem Platz sind, sollte zunächst versucht werden, mit einer Hormonbehandlung den Hodenkanal zu schließen. Erst wenn dies keinen Erfolg hat, ist ein kleiner operativer Eingriff nötig.

Hormonbehandlung
Üblicherweise wird zunächst eine Behandlung mit einem keimdrüsenstimulierenden Hormon versucht. Dies ist auf zwei Wegen möglich: zum einen mit einem hormonhaltigen Nasenspray, das wiederum spezielle auf den Hoden wirkende Hormone in der Zirbeldrüse aktiviert, zum anderen mit Hormonspritzen. Wenn der Erfolg dieser Hormonbehandlungen ausbleibt – und dies ist leider in einem hohen Prozentsatz der Fall –, muss möglichst bald eine Operation zur Verlagerung der Hoden ins Hodensäckchen durchgeführt werden.

Operation
Diese als Orchidopexie bezeichnete Operation ist kein großer Eingriff und belastet das Kind nicht wesentlich. Nach der Operation reicht meist ein kurzer Krankenhausaufenthalt aus. Es gibt aber bereits auch Kliniken, die diese Operation in so genannter Tageschirurgie durchführen, d. h., das Kind wird frühmorgens aufgenommen und kann nachmittags, wenn der Eingriff ohne Komplikationen verlaufen ist, die Klinik wieder verlassen.

> ### »Pendelhoden«
> Der so genannte Pendelhoden hat nichts mit einem Hodenhochstand zu tun. Die Hoden sind dabei manchmal in Leistennähe und dann wieder im Hodensack. Dies wird durch einen Muskelreflex ausgelöst, ist nicht krankhaft und muss daher auch nicht behandelt werden.

Hörstörungen

Zeichen

- ► Verminderte oder keine Reaktion auf Geräusche
- ► Verlangsamte Sprachentwicklung
- ► Verzögerte Gesamtentwicklung

Hören ist die Basis menschlicher Kommunikation und des Spracherwerbs. Deshalb müssen Störungen, die das Hören betreffen, frühzeitig erkannt werden.

Jedes tausendste Kind kommt mit einer Hörstörung auf die Welt. Die Ursachen können eine Viruserkrankung der Mutter in den ersten Schwangerschaftsmonaten, Missbildungen im Kopfbereich, Frühgeburten, Sauerstoffmangel bei der Geburt oder Hirnhautentzündungen des Säuglings sein. Natürlich spielen auch erbliche Belastungen eine Rolle. Wenn das Problem unentdeckt bleibt oder erst später erkannt wird, bringt das für die Kinder große Nachteile mit sich. Durch die Hörminderung geht dem Kind nämlich ein wichtiger Teil seiner Sinnesfunktion verloren und damit auch eine ganz entscheidende Wirkung auf die geistige, emotionale und soziale Entwicklung. Die Wissenschaftler nennen diesen Entzug von Sinnesreizen »Deprivation«. Im Fall der akustischen Deprivation bleibt ein Kind in seiner Gesamtentwicklung zurück, vor allem aber in der Entwicklung der Sprache. Oft werden hörgeschädigte Menschen, die nicht frühzeitig behandelt wurden, zu »Taubstummen« degradiert und mit ihrem »Gebrechen« zu Außenseitern der Gesellschaft.

Behandlung

Von den Kindern, die mit einer Hörstörung zur Welt kommen, sind aber nur zwei Prozent wirklich gehörlos. Bei 98 Prozent können die noch vorhandenen Hörmöglichkeiten genutzt werden. Das sind Gehirnareale, die bei gezieltem und frühzeitigem »Training« die Gehörfunktionen aufnehmen und das Defizit ausgleichen. Hierzu sagen die Spezialisten »Schulung der Resthörigkeit«, und tatsächlich haben die Nervenzellen erstaunliche Fähigkeiten, Reserven bereitzustellen, wenn irgendwo ein Mangel besteht. Für dieses Training und die Verbesserung der akustischen Fähigkeiten stehen heute ausgezeichnete technische und logopädische Möglichkeiten zur Verfügung. So kann z. B. einem Baby schon wenige Tage nach der Geburt ein individuelles Hörgerät angepasst werden. Durch eine zusätzliche intensive Schulung des Sprechens hat so ein Kind dann gute Chancen, ein ganz normales Leben zu führen. Voraussetzung dafür aber ist, dass die Hörstörung früh – am besten in den ersten Lebensmonaten – erkannt und behandelt wird.

Ungenügende Vorsorgeuntersuchung?

Bei den Vorsorgeuntersuchungen bleiben rund 40 Prozent der Babys mit Hörstörungen unentdeckt. Auch die Eltern schöpfen den ersten Verdacht, das Kind könne nicht richtig hören, durchschnittlich erst nach dessen erstem Lebensjahr. Und dann vergeht meist noch ein weiteres Jahr, bis die Hörstörung des Kindes diagnostiziert und korrigiert wird.

Darauf müssen Sie achten

Deshalb sollten alle Eltern die Risiken kennen, die bei Kindern besonders häufig zu Schädigungen des Hörvermögens führen. Bei diesen Faktoren müssen Sie aufmerksam werden:

► Angeborene Hörschäden in der Familie
► Röteln- oder Masernerkrankung der Mutter während der Schwangerschaft
► Frühgeburt oder ein Geburtsgewicht unter 1500 Gramm
► Komplikationen bei der Geburt (z. B. Sauerstoffnot beim Kind)
► Rhesusunverträglichkeit
► Schwere Gelbsucht beim Kind nach der Geburt
► Hirnhaut- oder Gehirnentzündung beim Kind
► Behinderungen des Kindes (z. B. starke Sehstörungen)
► Missbildungen im Kopf-Hals-Bereich
► Stoffwechselstörungen des Kindes

Wenn einer oder mehrere der genannten Punkte zutreffen, sollte dies ein Anlass sein, die Hörfähigkeit des Kindes von einem Arzt untersuchen zu lassen. Mittlerweile gibt es ausgereifte und für den kleinen Patienten völlig schmerzfreie Methoden, um festzustellen, wie gut das Gehör funktioniert.

Bei akuten Ohrenschmerzen am besten gleich zum Arzt gehen und nichts selbst unternehmen. Eine Wärmflasche aufs Ohr, die sich vielleicht tröstlich anfühlt, kann sich negativ auf ein vielleicht vorhandenes Furunkel oder einen Abszess auswirken. Bitte auch nichts ins Ohr einträufeln und keine schmerzstillenden Medikamente verabreichen.

Hier bekommen Sie Rat und Hilfe

► Fördergemeinschaft Gutes Hören
Untere Kanalstraße 1a
90530 Wendelstein
Tel.: 09129/5557

Hyperaktivität

Zeichen

► Starke Unruhe
► Zappeligkeit
► Nervosität
► Konzentrationsmangel

Herumzappeln, an der Stuhlkante wippen, plötzlich losrennen, Dinge umstoßen, andere anrempeln, aufspringen, sich wieder setzen – Kinder mit diesem Verhalten werden als hyperaktiv bezeichnet. Der exakte medizinische Fachbegriff heißt »Hyperkinetisches Syndrom« und definiert eine Verhaltens-

*Lebhafte Kinder, deren Tätig-
keitsdrang kaum zu bremsen
ist und die immer wieder etwas Neues beginnen wollen,
müssen nicht nervös oder gar
hyperaktiv sein. Diese Ver-
haltensweise entspricht
weitestgehend der normalen
Entwicklung im Kleinkindalter.*

störung, die Ärzte und Psychologen bei den Kindern heute immer häufiger beobachten.

Unermüdlicher Tätigkeitsdrang, Rastlosigkeit und leichte Ablenkbarkeit sind
bei Klein- und Grundschulkindern eigentlich nichts Ungewöhnliches. Kinder
müssen ihre Umgebung erforschen, sich austoben und Kräfte entwickeln, deshalb sind solche Verhaltensweisen sogar »physiologisch«, d. h., sie entsprechen
ihrem Wesen und den Anforderungen an ihre Entwicklung. Dabei sind die Kleinen aber keineswegs »nervös«: Auch wenn sie oft kein Ende finden können
und schon mal über die Stränge schlagen, so bewegen sich ihre Aktivitäten
doch in einem normalen Rahmen, sind ihre Handlungen sinnvoll und koordiniert, ihre Gedanken und Gefühle an die Situation angepasst.

Was ist noch normal, was bereits hyperaktiv?

Die Übergänge vom gesunden zum auffälligen Verhalten sind fließend, und ein
»Hyperkinetisches Syndrom« ist bei Kindern oft sehr unterschiedlich ausgeprägt. Bei extremer Hyperaktivität sind die Kleinen in höchstem Maße ablenkbar und impulsiv. Charakteristisch ist, dass sie gerade begonnene Beschäftigun-
gen plötzlich wieder liegen lassen, nichts zu Ende bringen und ständig neue
Ideen im Kopf haben. Die kleinen Unruhegeister sind unberechenbar, stellen
dauernd etwas an und bringen ihre Umgebung, vor allem die Eltern, mit ihrem
»Terror« oft an den Rand der Verzweiflung.

*Bei einem hyperaktiven
Kind sollten Sie in Ihrem
Verhalten konsequent
bleiben. Es bekommt da-
durch zusätzlich Sicherheit.
Achten Sie sehr genau auf
Ihre eigenen Grenzen.
Gereiztheit und hilflose
Reaktionen verwirren Ihr
Kind. Lieber früher einen
Punkt setzen.*

Typischerweise können sich hyperaktive Kinder auch meist schlecht in Gruppen eingliedern, ecken bei Lehrern, Erziehern und Kameraden häufig an und
werden so schließlich von gemeinsamen Aktivitäten ausgeschlossen. In der
Schule sind die Kinder häufig unfähig, sich auf die Aufgaben zu konzentrieren,
und sie neigen dazu, ständig den Unterricht zu stören. Schließlich sind die Verhaltensauffälligkeiten von zahlreichen körperlichen und seelischen Symptomen

begleitet: Die Kinder haben einen schlechten Appetit, bekommen Verdauungsprobleme, klagen über Kopf- oder Bauchschmerzen, können schlecht ein- oder durchschlafen und zeigen sich entweder sehr aggressiv oder niedergeschlagen und frustriert.

Ursachen

Über die genauen Ursachen des »Hyperkinetischen Syndroms« wird in der Fachwelt immer noch viel diskutiert. Es scheinen verschiedene Mechanismen eine Rolle zu spielen, die teilweise aber noch unerforscht sind. Neben einer erblichen Veranlagung trägt aber sicher eine ungünstige Umgebungssituation mit viel Stress, Hektik, Sorgen und Belastungen in der Familie zur Entstehung der Verhaltensstörung bei.

Behandlung

Manche Ärzte versuchen die extreme Unruhe der Kinder mit Medikamenten in den Griff zu bekommen. Allerdings kann eine solche Behandlung nur symptomatisch sein, also keine Heilung bringen, und sollte deshalb sehr kritisch und immer nur kurzzeitig angewendet werden.

Viel schonender und langfristig erfolgreicher sind verhaltenstherapeutische Maßnahmen. In Kinderkliniken und vielen Praxen gibt es spezielle psychotherapeutische Einrichtungen, die für die Behandlung des »Hyperkinetischen Syndroms« eingerichtet sind. Dort stehen Fachkräfte zur Verfügung, die mit gezielten und individuell auf das Kind und dessen Familiensituation zugeschnittenen Therapieprogrammen das Verhalten der Kinder beeinflussen und verändern können. Besonders geeignet hierfür sind Spiel-, Musik- und Beschäftigungstherapie.

Aber auch eine intensive Beratung und Unterstützung der Eltern – am besten im Rahmen einer Familientherapie – sollte in der Behandlung nicht fehlen.

»Struwwelpeter«, »Zappelphilipp«, »Paulinchen«, das mit dem Feuer spielt, der »Hans-guck-in-die-Luft« oder der »fliegende Robert« sind alles Gestalten aus Kinderbüchern, die hyperkinetisch waren. Zu Beginn des 20. Jahrhunderts gab es in der Kinderpsychiatrie bereits ca. 20 Prozent dieser Kinder. Seit den sechziger Jahren widmen sich Forscher dankenswerterweise immer mehr diesem weit verbreiteten Phänomen.

Wann spricht man von einem hyperaktiven Syndrom?

- ► Das Kind läuft und klettert überall herum, kann nicht stillsitzen, bewegt sich stark im Schlaf und wirkt wie aufgezogen (Hyperaktivität).
- ► Das Kind ist leicht ablenkbar, bricht Spiele und Tätigkeiten ab, kann nicht zuhören, ist vergesslich (Aufmerksamkeitsdefizit).
- ► Es handelt oft, ohne zu überlegen, und erleidet daher häufig Unfälle. Es braucht viel Aufsicht (Impulsivität und Aggressivität).
- ► Das Kind ist leicht erregbar und kann seine Impulse motorischer und emotionaler Art nicht steuern (starke Stimmungsschwankungen).
- ► Es kommt zu Leistungs- und Lernstörungen (Teilleistungsstörungen).
- ► Es »ärgert« permanent andere Kinder.
- ► Es kaut an den Nägeln oder Fingern.
- ► Es kotet und nässt ein.
- ► Es ist niedergeschlagen.

Auch mit einer speziellen »oligoantigenen« Diät lässt sich die Hyperaktivität in manchen Fällen erfolgreich behandeln. Die Kinder erhalten dazu eine Stufendiät, bei der bestimmte allergieauslösende Nahrungsmittel (oder Zusatzstoffe) weggelassen werden (z. B. Schokolade, Eier, Nüsse, Zitrusfrüchte). Die Ernährungstherapie sollte von einem fachlich geschulten Arzt zusammen mit einer Diätassistentin durchgeführt werden.

Hier bekommen Sie Rat und Hilfe

► Bundesarbeitsgemeinschaft Teilleistungsstörungen (MCD/HKS) e.V.
Postfach 450246
50877 Köln
Tel.: 0221/4995998
► Arbeitskreis überaktives Kind e.V.
Dietrichstraße 9
30159 Hannover
Tel.: 0511/3632729

Konzentrationsstörungen

Zeichen

► Kinder sind zappelig und unruhig
► Kinder können sich nicht lange mit etwas beschäftigen

Bei Konzentrationsstörungen sollten Sie darauf achten, dass die Bedingungen für die Bewältigung von Aufgaben möglichst optimal sind. So sollte nach dem Mittagessen z. B. eine Pause erfolgen, das Kind bestimmen dürfen, was es in seiner Freizeit machen möchte, und mit wenig Erfolgsdruck konfrontiert werden. Sprechen Sie außerdem mit den Lehrkräften.

Sich auf etwas konzentrieren können heißt, sich über längere Zeit mit einem Spiel oder einer Aufgabe beschäftigen, über ein Problem nachdenken, bis dessen Lösung gefunden ist, zuhören, wenn jemand etwas erzählt, Dinge betrachten und sich auf sie einlassen. Das setzt eine bestimmte seelische und geistige Bereitschaft voraus: Man muss anderes außer Acht lassen und eine bestimmte Zeit nur eines im Blick haben, innerlich ruhig sein und die Gedanken gezielt auf etwas lenken.

Dies fällt vielen Kindern in der heutigen Zeit zunehmend schwer. Schon im Kindergarten, besonders aber in der Schule fallen die Kleinen manchmal durch eine starke »Zappeligkeit« auf, sie können nicht stillsitzen, nicht zuhören, wenn Lehrer oder Erzieher ihnen was sagen, geschweige denn auch nur kurze Zeit sich mit den Aufgaben befassen, die ihnen gestellt wurden.

Das hat natürlich negative Auswirkungen auf das Lernverhalten. Im Zusammenhang mit einer Konzentrationsstörung entwickeln die Kinder Teilleistungsschwächen und sind nicht in der Lage, den Lernstoff, der ihrem Alter angemessen ist, zu bewältigen. Sie wissen beispielsweise nicht mehr, welche Hausaufgaben sie aufhaben, sitzen unnötig lange daran oder schieben sie vor sich her, sie machen die Aufgaben unordentlich oder gar nicht. Dann sind sie für die Schule nicht vorbereitet, werden ermahnt und bekommen schlechte Noten und schalten ab. Ein Teufelskreis.

Ursachen

Soziologen, Psychologen und Ärzte machen vor allem die Lebensgewohnheiten in unserer Gesellschaft für die zunehmende Konzentrationsschwäche der Kinder verantwortlich. Es fehlt an Zeit, die Kinder wachsen vielerorts in hektischen Familien auf: Oft sind beide Eltern berufstätig, stehen unter Dauerstress und -belastung und können ihre Kleinen sozusagen nur »im Vorbeigehen« betreuen. Dazu kommt noch, dass viele Kinder – sind sie sich selbst überlassen – ihre Zeit vor dem Fernseher verbringen und dort wiederum einer hektischen und oberflächlichen Medienwelt ausgesetzt sind, die nur für Ablenkung und Zerstreuung, nicht aber für Konzentration sorgt.

Das können Sie selbst tun

Ein Kind zu ermahnen und mit den Worten »nun konzentrier dich mal!« zurechtzuweisen, bringt überhaupt nichts. Die Kids werden dann nur noch zappeliger und reagieren meist gegenteilig. Das Beste ist, ihnen im Rahmen einer ruhigen, geordneten Lebensweise zunächst erst einmal die Grundlage für Konzentrationsfähigkeit zu schaffen:

► Nehmen Sie sich Zeit, mit Ihrem Kind Besinnliches zu tun. Malen, zeichnen, basteln oder musizieren Sie mit ihm, solche künstlerischen Aktivitäten haben eine ausgleichende Wirkung und »schaffen Ruhe« im Kopf des Kindes.

► Machen Sie mit Ihrem kleinen »Schüler« öfter mal einen spielerischen Anschauungsunterricht, bei dem Sie ihm – so ganz nebenbei – Wissensinhalte vermitteln und Aufgaben stellen. Beispielsweise bei einem Spaziergang Baum- und Sträucherarten benennen und das Kind auf dem Rückweg aufzählen lassen. Oder mit Schraubenzieher, Zange und anderem Werkzeug ein altes Gerät (kaputtes Radio, alter Wecker o. Ä.) zerlegen und in einer kleinen technischen Abenteuerreise dessen Innenleben ausforschen.

► Auch wenn Sie Aufgaben vorgesetzt bekommen, die mangelhaft sind, lässt sich doch immer etwas finden, was lobenswert ist. Strafen und das Wiederholen von Aufgaben bringt in der Regel nichts.

► Auch gezielte – für Kinder geeignete – Übungen können ausgezeichnete Erfolge bringen: Den Blick eine Minute lang, ohne abzulenken, auf die Flamme einer Kerze richten. Oder abends beim Zubettgehen ein Objekt an der Wand oder Decke – Mobile, Tapetenmuster, Wandbehang – betrachten und dem Kind sagen, dass es seine Gedanken nur um dieses Ding kreisen lassen soll.

► Natürlich tragen auch richtige Ernährungs- und Schlafgewohnheiten dazu bei, die Konzentrationsfähigkeit eines Kindes zu verbessern. Achten Sie auf eine gesunde, vollwertige Kost. Vermeiden Sie, vor allem abends, anregende Substanzen wie Tee, Kaffee oder Cola. Lassen Sie Ihr Kind nicht zu spät ins Bett gehen. Besonders Kindergarten- und Schulkinder brauchen ihren regelmäßigen Schlaf, sonst sind sie am nächsten Morgen unausgeruht und fahrig.

► Sie können die Konzentrationsfähigkeit auch mit Naturheilmitteln und Homöopathika stärken. Wirkungsvoll sind Heilpflanzentees aus Malve, Johanniskraut und Melisse. Auch Hagebutte und Orangenblüten sind als Heiltees geeignet.

Achten Sie darauf, dass Ihr Kind nicht überfordert wird. Wenn es eine neue Aufgabe nach der anderen bekommt und sich nicht daüber freuen kann, dass es die alte schon gut bewältigt, dann wird es zu Misserfolgen kommen mit der Konsequenz, dass das Kind innerlich abschaltet und Fehler macht.

Immer »woanders«

Besonders häufig treten Konzentrationsstörungen bei hyperaktiven Kindern auf. Aber auch wenn er nicht mit einer solchen Verhaltensauffälligkeit gepaart ist, kann ein Konzentrationsmangel für die betroffenen Kinder und deren Eltern zu einem echten Problem werden.

Krebs

Zeichen

- Unklare Symptome
- Fieber, Leistungsschwäche
- Müdigkeit, Abgeschlagenheit
- Appetitverlust

Die Fortschritte in der Krebsforschung der letzten Jahre sind immens. Die Heilungschancen bei dieser Krankheit ist im Kindesalter am größten. Weit mehr als die Hälfte aller Kinder können mittlerweile vollständig geheilt werden.

Krebskrankheiten entstehen im Kindesalter vorwiegend im Nerven- und Nierengewebe sowie in den blutbildenden und lymphatischen Organen. Tumorarten in anderen Organen oder Gewebearten kommen vergleichsweise selten vor. In geringer Zahl gibt es bei Kindern Geschwulstarten, die sich aus embryonalem Gewebe bilden, zunächst gutartig sein können, später aber häufig maligne werden.

Verlauf

Krebsleiden äußern sich bei Kindern zunächst mit allgemeinen Krankheitszeichen, wie sie bei schweren Infekten oder anderen chronischen Krankheiten vorkommen:

- Müdigkeit
- Abgeschlagenheit
- Unerklärliches Fieber
- Nachtschweiß
- Schwäche
- Psychische Auffälligkeiten
- Leistungsabfall
- Blässe
- Appetitlosigkeit
- Gewichtsverlust

Bei Tumoren im Gehirn kann es auch zu epileptischen Anfällen oder zu plötzlichen Nervenausfällen wie Lähmungen oder Gefühlsverlust kommen.

Sollten solche Symptome auftreten, muss das schon als Warnhinweis dienen und an eine mögliche Krebserkrankung denken lassen. Das Kind sollte umgehend einer umfangreichen Untersuchung unterzogen werden, am besten in einer Klinik, die über alle technischen Möglichkeiten – Röntgenapparaturen, Ultraschallgeräte, Computertomographen, Labors etc. – verfügen. Anhand einer Spezialdiagnostik, die all diese Untersuchungen umfasst, kommt man dem Leiden meist sehr schnell auf die Spur.

Behandlung

Operation

Je früher eine Krebserkrankung erkannt und behandelt wird, desto größer sind im Allgemeinen die Heilungschancen. Einzelne, abgegrenzte Tumoren können häufig mit operativen Eingriffen beseitigt werden. Für Kopftumoren stehen hierzu modernste neurochirurgische Techniken mit Neuronavigation zur Verfügung: Mittels computergesteuerter Berechnungen kann der Chirurg sich punktgenau bis zum Tumor vorarbeiten und diesen aus dem umliegenden Nervengewebe herauslösen. Die Gefahr schwerer Hirnschädigungen mit folgender geistiger Behinderung wird dadurch drastisch reduziert.

Auch bei Bauchtumoren – z. B. den im Kindesalter häufiger auftretenden Nieren- oder Nebennierengeschwulsten – ermöglicht eine Operation mit modernen chirurgischen Verfahren in vielen Fällen eine Heilung.

Kombinationsbehandlungen

Oft wird in der Krebstherapie an eine Operation noch eine Chemotherapie oder eventuell eine Bestrahlung angehängt. Außerdem werden für jeden einzelnen Fall spezielle Therapieschemata ausgearbeitet und die individuelle Behandlungsstrategie geplant. Dabei werden alle wichtigen Faktoren berücksichtigt, z. B. Tumorart; Ansprechbarkeit auf Medikamente oder Strahlen; statistische Zahlen zum Verlauf der Krankheit; individuelle Befunddaten; Allgemeinzustand. Außerdem spielt auch die psychische Betreuung eine herausragende Rolle, und durch Einbeziehung der Eltern, weiterer Familienangehöriger und gegebenenfalls Psychologen und Psychotherapeuten erhalten die Kinder während der Therapie maximale seelische Unterstützung. Denn nur wenn Kinder begreifen, warum das alles geschieht, können sie die meist schmerzhafte Behandlung als hilfreich akzeptieren. Durch solch umfassende Behandlungen werden die Erfolgschancen im Kampf um den Krebs um ein Vielfaches erhöht.

Hier bekommen Sie Rat und Hilfe

► Deutsche Kinderkrebshilfe
Thomas-Mann-Straße 40
53004 Bonn
Tel.: 0228/72990-0

► Deutsche Kinderkrebsstiftung
Joachimstraße 20
53111 Bonn
Tel.: 0228/9139430

Die Diagnose »Krebs« stürzt jede Mutter und jeden Vater zuerst einmal in tiefe Verzweiflung. Anfangs hoffen alle, der Arzt habe sich geirrt, dann taucht unweigerlich der Gedanke an den Verlust des Kindes auf, und auch Schuldgefühle stellen sich ein. Eine große Hilfe ist das Gespräch mit gleichermaßen betroffenen Eltern – in Selbsthilfegruppen oder im Krankenhaus oder der Arztpraxis.

Achten Sie auf sich selbst

Ein krebskrankes Kind zu betreuen, erfordert ein ungeheures Maß an Kraft. Nicht nur müssen beispielsweise die Fahrten zur Therapie organisiert werden, vor allem vielleicht mit noch weiteren Kindern, die in die Schule und in den Kindergarten gebracht werden müssen, das Ausmaß an seelischer Belastung ist noch größer. In diesem Fall sollten Eltern das Angebot, zusammen mit dem Kind psychotherapeutisch betreut zu werden, unbedingt annehmen.

Legasthenie
(Lese-Rechtschreib-Schwäche)

Zeichen
- ► Vertauschen und Verwechseln von Buchstaben
- ► Schwierigkeiten beim Schreiben und/oder Lesen
- ► Beim Schreiben ist der Wortschatz kleiner als beim Sprechen

Zu den weit verbreiteten Irrtümern gehört, dass Legastheniker überwiegend Linkshänder sind, Wahrnehmungsstörungen haben, das Lesen mit bestimmten Verfahren gelernt haben, dumm sind und dass es sich dabei um eine Krankheit handelt.

Die Legasthenie gehört zu dem Bereich der Lernstörungen. Sie ist die häufigste Lernstörung – 65.000 Erstklässler sind allein in Deutschland pro Jahrgang betroffen, Jungen zwei- bis dreimal so häufig wie Mädchen. Legasthenie wird auch bei Kindern mit normaler Intelligenz beobachtet. Die Lese-Rechtschreib-Schwäche hat also nichts mit geistiger Beeinträchtigung zu tun. Bei intakter, manchmal sogar hoher Intelligenz und normalem Hör- und Sehvermögen haben die Kinder nur in dem isolierten Bereich Schwierigkeiten, Wörter richtig lesen und schreiben zu lernen: Sie vertauschen oder verwechseln Buchstaben und Silben, die einander ähnlich sehen.

Die Lese-Rechtschreib-Schwäche kann sich auch in seelischen Problemen niederschlagen. Je nach Reaktion der Lehrer und Eltern können die Kinder unsicher werden und ein Versagensgefühl entwickeln. Da sie ja intellektuell in der Lage sind, ihre Schwierigkeit zu erkennen, aber nicht wissen, wie sie abzustellen ist, geraten sie in eine Konfliktsituation. Diese äußert sich entsprechend der Wesensart des Kindes häufig entweder in Resignation oder in Wut und Aggressivität.

Wenn Erstklässler anfangs Schwierigkeiten beim Lesen und Schreiben haben, ist das kein Grund, sie als geistig minderbemittelt abzustempeln. Es handelt sich um eine nicht einmal sehr seltene Entwicklungsverzögerung, die durch therapeutische Betreuung überwunden werden kann.

Ursachen

Lese-Rechtschreib-Störungen treten in den Familien betroffener Kinder gehäuft auf. Deshalb vermuten die Wissenschaftler, dass die Legasthenie genetisch bedingt ist. Wahrscheinlich wird sie durch Veränderungen in mehreren Genen verursacht. Molekulargenetische Untersuchungen haben ergeben, dass Gene auf den Chromosomen 6 und 15 an der Legasthenie beteiligt sein können. Amerikanische Genforscher halten es für möglich, dass Legasthenie, Hyperaktivität, Allergien und Autoimmunstörungen öfter gemeinsam auftreten, weil die Anlagen hierzu auf relativ engem Raum auf dem Chromosom 6 nebeneinander liegen.

Die konkreten Ursachen einer Legasthenie sind jedoch noch nicht genau geklärt. Sicher ist aber, dass es sich um geringfügig abweichende Strukturen im Gehirn handelt. Dies bedeutet auch, dass niemand am Entstehen einer Legasthenie »schuld« ist. Eltern dürfen sich deshalb keinesfalls in Schuldgefühlen verlieren und daran zweifeln, dass sie in der Erziehung und im Umgang mit ihrem Kind alles richtig machen.

Der Begriff »Legasthenie« setzt sich zusammen aus dem lateinischen »legere«, das »lesen« heißt und dem griechischen »Asthenie«, das für »Schwäche« steht. Man kann davon ausgehen, dass in Deutschland fünf bis fünfzehn Prozent aller Kinder davon betroffen sind.

Behandlung

Wenn sich bei einem psychologischen Test die Diagnose einer Legasthenie bestätigt, sollte das Kind so bald wie möglich eine Therapie erhalten, die ganz auf seine individuellen Bedürfnisse zugeschnitten ist. Diese Behandlung sollte nicht nur auf einer Lerntherapie beruhen, sondern auch psychotherapeutische Ansätze beinhalten, um das Kind auch seelisch zu stützen und sein Selbstwertgefühl zu fördern. Je früher die Störung bemerkt und einer entsprechenden Therapie zugeführt wird, desto eher können seelische Probleme und Schulangst vermieden werden.

Das können Sie selbst tun

Als Erstes müssen Sie selbst mit der Erkenntnis umgehen lernen, dass Ihr Kind Legastheniker ist. In der Regel durchläuft man verschiedene Phasen, bis man der Tatsache ins Auge sehen kann. Man zweifelt am Kind, wird wütend, versucht das Problem zu Hause zu lösen und scheitert. Die Diagnose der Fachleute ist zwar zuerst schrecklich, aber dann kann das Problem aktiv angegangen werden. Wichtig ist, mit legasthenischen Kindern behutsam umzugehen und sie wegen dieser Teilleistungsschwäche nicht zu schelten oder gar zu bestrafen. Eltern müssen sich klarmachen, dass ihr Kind nicht »dumm« ist, sondern in einem kleinen Bereich ein Problem hat, dafür aber sicher auf anderen Gebieten große Stärken aufweist. Und Sie sollten sich nicht scheuen, fachlichen Rat einzuholen und die Hilfe von Pädagogen und Psychologen in Anspruch zu nehmen.

Hier bekommen Sie Rat und Hilfe

► Bundesverband Legasthenie e.V.
  Königstraße 32
  30175 Hannover
  Tel.: 0511/318738

191

Suchen Sie sich außerschulische Unterstützung. Viele Institute und Beratungsstellen bieten an, mit den Lehrkräften zu sprechen.

Der Kampf mit den Lehrern

Der eine konnte mit neun Jahren noch nicht fließend sprechen, und der Schulleiter gab ihn auf. Der andere musste die Schule schon im ersten Jahr verlassen – er sei geistig zurückgeblieben. Im ersten Fall handelt es sich um Albert Einstein und im zweiten um den Erfinder Thomas Edison. Beide waren sie Legastheniker. Bis heute hat sich in der Beurteilung von Lehrern, Legastheniker seien geistig behindert oder einfach nur faul, leider noch immer nicht viel geändert. Das beginnt schon bei der mangelnden Aufklärung im Rahmen der Lehrerausbildung. Für das betroffene Kind ist diese Abwertung auf alle Fälle eine Katastrophe.

Minderwuchs, Kleinwuchs

Zeichen

► Körpergröße unter der Altersnorm
► Geistige Entwicklungsverzögerung und körperliche Fehlbildungen möglich

Genauso wie Gewicht, Knochenbau oder Körperproportionen unterliegt auch die Größe großen individuellen Schwankungen. So weiß man, dass es große und kleine Menschen gibt. Oder Kinder, die zunächst ausgesprochen klein für ihr Alter sind, dieses aber später, z. B. in der Pubertät, oft wieder ausgleichen und dann vielleicht ihre Altersgenossen sogar weit überragen.
Bei der Normierung von Körperdaten werden solche Schwankungen berücksichtigt. Deshalb gibt es bei den so genannten Perzentilenkurven, die Sie im gelben Vorsorgeheft Ihres Kindes finden, eine mittlere Normkurve und eine obere und untere Grenzkurve, innerhalb deren Bereich Abweichungen noch als normal eingestuft werden.
Körpergröße und -gewicht sowie Kopfumfang Ihres Kindes werden von der Geburt an regelmäßig bei den Vorsorgeuntersuchungen eingetragen. Auch Sie selbst können Daten notieren. Erst wenn die Skalenpunkte deutlich aus dem Normbereich herausragen, besteht der Verdacht, dass mit Wachstum und Entwicklung etwas nicht in Ordnung ist.

Ursachen

Die Ärzte unterscheiden zwischen Minderwuchs mit normalen Körperproportionen und Kleinwuchs mit gestörten Proportionen.

Proportionierter Minderwuchs

► Entwicklungsverzögerung in der Pubertät:
Das ist die häufigste Minderwuchsform bei Eintritt in die Geschlechtsreife. Längenwachstum, Skelettreifung und geschlechtliche Entwicklung sind zwar harmonisch, doch insgesamt hinter der Norm zurück. Die Prognose ist sehr gut, doch wird die Endgröße oft erst spät erreicht.

► Familiärer Kleinwuchs:

Es gibt Familien, in denen alle Angehörigen ausgesprochen klein sind. Durch die Wahl entsprechender Ehepartner (besonders kleine Männer suchen sich in der Körpergröße passende Frauen) bleibt die Anlage zum Minderwuchs in den Familien bestehen und wird an die Kinder weitervererbt.

► Hormoneller Kleinwuchs:

Es gibt eine seltene Form des Kleinwuchses, bei der ein Mangel an Wachstumshormon aus der Zirbeldrüse besteht. Auch andere hormonelle Störungen, z. B. eine Schilddrüsenunterfunktion, können zum Minderwuchs führen.

► Mangelerscheinungen, chronische Krankheiten:

Schwere Mangelzustände durch Hunger oder Störungen des Verdauungssystems führen dazu, dass einem Kind wichtige Nährstoffe für Wachstum und Entwicklung fehlen. Die Kinder bleiben in ihrer Größenentwicklung zurück. Auch chronische Krankheiten wie ein Lungenleien oder ein Herzfehler bewirken häufig einen Entwicklungs- und Wachstumsrückstand.

► Frühgeburten:

Zu früh geborene Kinder oder so genannte »small for dat«-Babys haben bei der Geburt schon ein Entwicklungsdefizit. Oft haben sie Mühe, dies im späteren Leben aufzuholen.

Disproportionierter Minderwuchs

► Erbliche Knorpelstörung:

Es gibt seltene genetische Krankheiten, die mit schweren Störungen des Knorpelwachstums einhergehen. Typisches Erscheinungsbild dieser Krankheiten sind kurze Extremitäten, ein gedrungener Rumpf und ein großer Kopf. Eine Form dieses Zwergwuchses wird im Volksmund als Liliputaner bezeichnet.

► Stoffwechselstörungen:

Schwere → Stoffwechselkrankheiten haben neben Organstörungen und Gehirnschäden fast immer auch eine Beeinträchtigung des Wachstums mit Kleinwüchsigkeit zur Folge.

Behandlung

Sofern eine Therapie möglich ist, richtet diese sich nach der Grunderkrankung. Familiär bedingter Minderwuchs lässt sich nicht behandeln, durch Hormonstörungen oder Mangelerscheinungen hervorgerufener Minderwuchs ist heute dagegen sehr gut therapierbar. Auch Wachstumshormone werden zur Behandlung eingesetzt.

Falls Ihnen an der Größenentwicklung Ihres Kindes etwas auffallen sollte, zögern Sie nicht, Ihren Kinderarzt darauf anzusprechen. Je früher mögliche Organkrankheiten, Hormon- oder Stoffwechselstörungen erkannt werden, desto größer ist die Chance für eine erfolgreiche Behandlung. Sie als Eltern können Ihrem Kind helfen, indem Sie die auch für Kinder normierte Umwelt der individuellen Größe Ihres Kindes anpassen. Das bedeutet, Stühle, Tische, Griffe im Kinder- oder Jugendzimmer und in der ganzen Wohnung so verändern, dass das kleinwüchsige Familienmitglied problemlos am Leben teilnehmen kann.

Kleinwüchsigen fällt es oft schwer, selbstständig zu werden. Allzu oft bekommen sie zu hören, dass sie etwas nicht können, bis sie es selbst glauben. Hinzu kommt, dass sie verspottet, isoliert und nicht ernst genommen werden. Wenden Sie sich an Selbsthilfegruppen, um ein besseres Selbstwertgefühl einzuüben.

Außerdem müssen Sie damit rechnen, dass von kleinwüchsigen Kindern angenommen wird, sie seien weniger intelligent als normal große. Deshalb sträuben sich immer noch Kindergärten, Grundschulen, Gymnasien und Arbeitsstätten, Kleinwüchsige aufzunehmen. Hier müssen Sie Ihrem Kind immer wieder beistehen und sein Selbstvertrauen stärken.

Hier bekommen Sie Rat und Hilfe

► Bundesverband Kleinwüchsiger Menschen und ihrer Familien e.V. (BKMF)
Ingelheimer Straße 56
28199 Bremen
Tel.: 04 21/50 21 22
Speziell für Betroffene mit Silver-Russell-Syndrom:
► Silver-Russell AG des BKM
Vorholzstraße 44
76137 Karlsruhe
Tel. und Fax: 07 21/81 71 32

Die Vorurteile in der Bevölkerung gehen auch dahin, dass angenommen wird, Kleinwüchsige seien als »Zwerge« oder »Liliputaner« eine eigene Menschenrasse. Das ist Unsinn. Erstere sind Fabelwesen und zweitere eine Erfindung von Jonathan Swift in seinem Buch »Gullivers Reisen«. Kleinwüchsigkeit gibt es in 100 verschiedenen Erscheinungsformen.

Erbliche Formen von Kleinwuchs

► Silver-Russell-Syndrom:
Dieses Syndrom ist vermutlich genetisch bedingt, die genauen Ursachen sind aber noch nicht bekannt. Die Kinder werden untergewichtig und zu klein geboren. Sie holen diesen Rückstand nicht auf – er wird im Gegenteil immer größer. Die Endgröße als Erwachsene beträgt etwa 140 bis 150 Zentimeter. Zum Krankheitsbild gehört auch, dass die Kinder nur sehr wenig Nahrung zu sich nehmen. Sie haben ein typisches Aussehen und zeigen zum Teil Symptome wie z. B. eine Körperasymmetrie. Die geistige Entwicklung ist im Allgemeinen völlig normal.
► Ullrich-Turner-Syndrom:
Es gibt ein seltenes genetisches Leiden, bei der Mädchen nur mit einem Geschlechtschromosom geboren werden (statt mit »XX« – wie normal für das weibliche Geschlecht – kommen diese Kinder mit der Chromosomenkonstellation »X0« auf die Welt). Die Kinder sind oft von Geburt an schon zu klein und liegen auch später in ihrer Körpergröße weit unter der Norm. Fehlbildungen z. B. des Herzens oder der Nieren kommen bei etwa einem Viertel der Kinder mit Ullrich-Turner-Syndrom vor. Sonst aber verläuft die Entwicklung, vor allem im geistig-seelischen Bereich, meist völlig normal. Ein Problem haben die Mädchen, wenn sie ins Pubertätsalter kommen, da dann ihre Geschlechtsentwicklung nämlich deutlich verzögert ist. Deshalb müssen sie frühzeitig weibliche Sexualhormone erhalten und außerdem – wie die Kinder mit Silver-Russell-Syndrom ebenfalls – Wachstumshormone gespritzt bekommen. Das kann die bei diesem Krankheitsbild zu erwartende Endgröße von durchschnittlich 146 Zentimeter um etwa sechs bis acht Zentimeter erhöhen.

Mukoviszidose

Zeichen

- ► Husten, Atemnot
- ► Häufige Infekte
- ► Gedeihstörungen
- ► Verdauungsprobleme

Mukoviszidose ist der lateinische Begriff für »Krankheit mit zähem Schleim«. Das Leiden, das auch als Cystische Fibrose (CF) bezeichnet wird, ist die häufigste vererbbare Stoffwechselerkrankung in Mitteleuropa. Etwa 8000 Kinder, Jugendliche und junge Erwachsene sind in Deutschland davon betroffen. Der Stoffwechselkrankheit liegt eine Enzymstörung zugrunde.

Ursachen

Ausgelöst wird Mukoviszidose durch einen Gendefekt auf dem Chromosom 7. Durch den »Softwarefehler« werden bestimmte Eiweißbausteine der Zellmembranen falsch zusammengebaut. Die gestörte Funktion der Zellwand hat zur Folge, dass die Drüsenzellen, die in allen Schleimhäuten vorhanden sind, vermehrt Salz (Natriumchlorid) ausscheiden. Dadurch entsteht ein zähflüssiges Sekret, das die Ausführungsgänge von Drüsen verstopft, den Austausch von Stoffen verhindert und schließlich die Zellen zerstört. Die Krankheit kann sich an vielen Organen niederschlagen, am schwerwiegendsten sind jedoch Lunge und Bauchspeicheldrüse betroffen.

Mukoviszidosekinder müssen sich schon früh mit ihrer Krankheit auseinandersetzen. In Lunge und Bronchien kann das klebrige Sekret nicht einfach abtransportiert werden, die kleinen Patienten leiden unter quälendem Husten. Der zähe Schleim ist ein idealer Nährboden für Krankheitserreger aller Art. Chronische Lungenentzündungen mit Fieberschüben und Atemnot prägen den Krankheitsverlauf. Die unzureichende Atmung kann die Sauerstoffversorgung des Körpers langfristig so sehr einschränken, dass schließlich auch das Herz in Mitleidenschaft gezogen wird, weil es vermehrt Blut durch die Lunge pumpen muss, um ausreichend Sauerstoff zu erhalten.

Auch die Bauchspeicheldrüse, die wichtige Verdauungssäfte produziert, wird durch den zähen Schleim extrem beeinträchtigt. Die winzigen Ausführungsgänge der Drüse verstopfen, und die für Wachstum und Gedeihen nötigen Ernährungsbausteine können nicht mehr über die Darmschleimhaut aufgenommen werden. Die Kinder erleiden dadurch einen Nährstoffmangel, verlieren an Gewicht und werden zunehmend geschwächt.

Verlauf

Da der von häufigen Infektionen gebeutelte Körper ohnehin mehr Kalorien benötigt, um die Entzündungsherde zu bekämpfen, führt die verminderte Nährstoffaufnahme zu einem Energiemangel im Organismus. Der wiederum trägt zu einer Verschlechterung der gesamten Abwehrmöglichkeiten bei. So entwickelt sich ein Teufelskreis, der früher meist zum raschen Tod der kleinen Patienten führte. Vor der Entdeckung wirksamer Antibiotika und chemisch her-

In Mitteleuropa kommt etwa eines von 2000 Kindern mit dieser Krankheit zur Welt. Für Eltern ist es sehr belastend, ihrem Kind beizustehen, das körperlich zwar schwer gehandicapt, geistigseelisch jedoch so normal wie jedes andere Kind ist.

gestellter Verdauungsenzyme starben 90 Prozent der betroffenen Kinder bis zum Ende des zweiten Lebensjahres. Mittlerweile ist die Behandlung der Mukoviszidose jedoch von Jahr zu Jahr wirkungsvoller geworden, und jeder dritte Kranke ist 18 Jahre oder älter.

Behandlung

Chemische und physikalische Therapie

Leider gibt es aber auch heute noch keine ursächliche, das Leiden heilende Behandlung. Auf die Krankheit spezialisierte Kliniken oder Kinderärzte sind jetzt jedoch in der Lage, das Fortschreiten der Erkrankung so weit zu verlangsamen, dass viele Kinder das Erwachsenenalter erreichen und sogar in mittlere Lebensjahre gelangen. So verordnen die Ärzte den Kindern z. B. Bauchspeicheldrüsenenzyme und schleimverflüssigende Wirkstoffe – wenn Infekte die Lunge bedrohen, auch Antibiotika. Die Kinder müssen regelmäßig inhalieren sowie spezielle Atemtherapien, krankengymnastische Übungen und Klopftherapien machen, die den zähen Schleim lockern und aus den Atemwegen entfernen sollen (»autogene Drainage«). Die autogene Drainage schult besonders die Körperwahrnehmung des Kindes, ist jedoch relativ schwer zu erlernen.

Transplantation

Leider ist diese Therapie nicht in allen Fällen von dauerhaftem Erfolg. Bei manchen Mukoviszidose-Patienten kann sich die Atemfunktion so verschlechtern, dass die Kranken förmlich zu ersticken drohen. Dann bleibt nur eine Lungentransplantation. Seit 1988 wurden bereits mehrere solche Eingriffe an Mukoviszidose-Patienten erfolgreich durchgeführt. Auf ihre Lunge bezogen, sind sie damit von ihrem Leiden geheilt, da die Spenderlunge von der Zellstoffwechselstörung nicht mehr erfasst wird. In den anderen Organen allerdings schreitet die Krankheit weiter voran. Außerdem ist eine Lungentransplantation ein schwerer Eingriff mit hohen Risiken, und der Patient muss sein Leben lang Medikamente nehmen, um eine Abstoßungsreaktion zu verhindern. Diese machen ihn jedoch anfällig gegenüber Infektionen, und es ist ungewiss, wie lange das neue Organ »mitmacht«. Bei Patienten im letzten Stadium, mit einer nur noch geringen Lebenserwartung, kann eine solche Transplantation allerdings im wahrsten Sinne des Wortes ein neues Leben schenken. Es gibt einige Mukoviszidose-Patienten, die nun schon mehrere Jahre mit einer neuen Lunge leben und sich fast wie gesunde Menschen fühlen. Mit zunehmender Erfahrung werden die Chancen für eine wirkliche Lebensverlängerung immer größer.

Gentherapie

Große Hoffnungen wurden in den letzten Monaten an die Gentherapie geknüpft. Allerdings ist die Wissenschaft noch nicht so weit, die fehlerhafte Erbanlage gegen ein gesundes Gen auszutauschen. Es besteht jedoch die Möglichkeit, eine genetische Untersuchung zu diagnostischen Zwecken einzusetzen und beim ungeborenen Kind herauszufinden, ob es Mukoviszidose haben wird oder nicht.

Der Alltag einer Familie mit einem Mukoviszidose-Kind ist von der Krankheit geprägt. In den auf Mukoviszidose spezialisierten Abteilungen der Krankenhäuser stehen Psychologen, Sozialarbeiter und Heilpädagogen zur Verfügung. Sie beschäftigen sich auch mit den psychischen und sozialen Problemen der Betroffenen. Daneben hilft eine vollwertige Ernährung, den erhöhten Kalorienbedarf zu decken, und ein ausgewogenes Fitnesstraining soll den Kreislauf stabilisieren.

Mukoviszidose-Tests

Wichtig für einen günstigen Verlauf der Krankheit ist die Früherkennung und Frühbehandlung. Es gibt verschiedene Testverfahren, um der Mukoviszidose auf die Spur zu kommen:

► Mekonium-Albumin-Test
Dabei wird das Kindspech, der erste Stuhl des Neugeborenen, untersucht. In vielen Geburtsabteilungen wird diese Untersuchung bereits routinemäßig durchgeführt.

► IRT, Immunreaktives Trypsin (Guthrie-Test)
Hier wird nach Mukoviszidose aus dem Fersenblut gefahndet, welches allen Neugeborenen am fünften Lebenstag für einen Test auf angeborene → Stoffwechselstörungen abgenommen wird. Die Untersuchung auf Mukoviszidose ist aber noch nicht generell im Neugeborenen-Screening enthalten.

► Schweißtest
Dieser Test bringt endgültige Sicherheit, ob eine Mukoviszidose vorliegt. Seine Durchführung ist jedoch kompliziert und bleibt deshalb eindeutigen Verdachtsfällen vorbehalten. Bei diesem Verfahren wird am Unterarm Schweiß gesammelt und auf Kochsalz (Natrium und vor allem Chlorid) untersucht. Erhöhte Natrium- und Chloridkonzentrationen im Schweiß bestätigen die Diagnose.

Daran erkennen Sie Mukoviszidose

Es gibt ein typisches Krankheitsbild, das beim Säugling so aussieht, dass er abgemagert ist, beim Kleinkind ebenfalls Abmagerung mit aufgetriebenem Bauch und dazu in Kontrast ganz dürre Ärmchen und Beinchen. Das Kind hat übel riechende, fettreiche und sehr massige Stühle und hustet dauernd.

Hinzu kommen noch Krankheiten der Bronchien oder Lunge und des Verdauungsapparates. Je nach Alter des Kindes stehen andere Symptome im Vordergrund. Dass es sich um eine Mukoviszidose-Erkrankung handelt, liegt natürlich auch nahe, wenn es in der Familie schon einen Fall gibt.

Wird die Erkrankung nicht frühzeitig erkannt und behandelt, bedarf es später einer umfangreichen und langfristigen Therapie, um dem Kind eine normale Entwicklung zu gewährleisten.

Ein Schulkind, das diese Krankheit hat, muss pro Tag mit etwa viereinhalb Stunden rechnen, die es für Inhalationen, Bronchialreinigungen und Krankengymnastik braucht. Hinzu kommt noch eine Stunde Ausdauertraining in Form von Radfahren oder Joggen.

Hier bekommen Sie Rat und Hilfe

► Selbsthilfe Bundesverband e.V.
Meyerholz 3
28832 Achim
Tel.: 04202/82280

► Mukoviszidose e.V.
Bendenweg 101
53121 Bonn
Tel.: 0228/98780-0

Muskelerkrankungen

Zeichen
- ► Muskelschwäche
- ► Bewegungsarmut
- ► Lähmungen

Wenn man sich klarmacht, dass es die Aufgabe der Muskeln ist, das Skelett zusammenzuhalten und dem Menschen den aufrechten Gang zu ermöglichen, kann man sich vorstellen, wie eingeschränkt die Bewegungsmöglichkeiten sind, wenn die Muskeln zu schwach sind.

Die meisten Muskelleiden sind erblich bedingt und leider unheilbar. Trotzdem gibt es therapeutische Hilfe und oft auch die Hoffnung auf einen milden Krankheitsverlauf.

Ursachen

Über 100 000 Menschen sind in Deutschland von einem neuromuskulären Leiden betroffen. Darunter fallen verschiedene Krankheiten mit ganz unterschiedlichen Verlaufsformen, so dass eine Prognose oft schwierig ist. Auch über die genauen Ursachen bestehen noch wenig Erkenntnisse. Neben entzündlichen Prozessen und Stoffwechselstörungen spielt aber vor allem die erbliche Veranlagung eine Rolle.

Verschiedene Formen von Muskelerkrankungen
Spinale Muskelatrophie
Bei dieser neuromuskulären Erkrankung gehen die motorischen Nervenzellen, also die Zellen, welche die Bewegungen steuern, im Rückenmark unter. Bleibt die Nervenaktivität aus, erhalten die Muskelzellen keine Impulse mehr und bilden sich daraufhin zurück (Atrophie). Je nach Schweregrad können die Patienten bei einigen Formen dieser Erkrankung eine annähernd normale Lebenserwartung haben. In anderen Fällen verläuft der Untergang der Muskelzellen sehr rasch und erfasst auch die Atemmuskulatur, so dass die Krankheit unweigerlich zum Tod führt.

Gerade das chronisch kranke Kind braucht besonders viel liebevolle Zuwendung, aber auch ganz praktische Hilfen, damit es sein Schicksal meistern kann.

Muskeldystrophie Duchenne

Dieses Muskelleiden wird durch einen Chromosomendefekt verursacht und betrifft ausschließlich Jungen.

Die Kinder fallen oft auf, weil sie in der Bewegung eingeschränkt sind, nur ganz schlecht Treppen steigen und kaum vom Boden aufstehen können. Auch der Verlauf dieser Krankheit ist leider nicht aufzuhalten. Da die Muskelschwäche im Laufe der Jahre oft die Muskulatur der Beine und des Beckengürtels, später auch des Schultergürtels, erfasst, können die Kinder im Alter von acht bis zehn Jahren meistens nicht mehr laufen und müssen im Rollstuhl sitzen.

Leben mit der Muskelkrankheit

Da es keine ursächliche Behandlung gibt, kann man nur mit Krankengymnastik und Atemtherapie das kräftigen, was an Muskulatur da ist. Eine Skoliose sollte früh operiert werden, damit die Lungen frei arbeiten können. Eine Zufuhr von Sauerstoff über Konzentratoren ist hilfreich.

Muskelhypotonie

Im Gegensatz zu den schweren Muskelleiden wie der akuten spinalen Muskelatrophie ist die so genannte primäre Muskelhypotonie, d. h. eine Muskelhypotonie (-schwäche) ohne erkennbare Ursache, eine vergleichsweise leichte Erkrankung, obwohl auch sie für die betroffenen Eltern und Kinder manchmal erhebliche Probleme mit sich bringt. Muskelhypotonie bedeutet, dass die Grundspannung der Muskulatur zu niedrig ist: Die Muskeln sind zu schlaff, um Bewegungen ausreichend auszuführen. Davon können einzelne Körperteile oder auch der ganze Körper betroffen sein. Während einige Kinder mit Muskelhypotonie eine deutliche Entwicklungsverzögerung zeigen, verläuft in der Mehrzahl der Fälle die Entwicklung noch innerhalb des üblichen Zeitraumes.

Behandlung

Der Kinderarzt und der Neurologe untersuchen das Kind körperlich und achten dabei besonders auf den Bewegungsapparat. Darüber hinaus untersuchen sie bestimmte Muskelenzyme im Blut und führen ein Elektromyogramm durch (dabei wird die Aktivität der Muskeln gemessen und aufgezeichnet).

Hier bekommen Sie Rat und Hilfe

► Deutsche Gesellschaft für Muskelkranke e.V.
 Im Moos 4
 79112 Freiburg
 Tel.: 07 61/94 47-0
► Deutsche-Muskelschwund-Hilfe
 Neuer Kamp 25
 20359 Hamburg
 Tel.: 040/43 42 52

Wer schon einmal einen Gipsverband über längere Zeit hinweg tragen musste, weiß, wie schwach sich der Arm oder das Bein anfühlt, wenn der Gips wieder weg ist. Auch hier ist der Muskel atrophiert, also weniger geworden. Man muss ihn wieder auftrainieren, damit er die Knochen unterstützt.

> ### Kräftigung der Muskulatur
> Im Vordergrund der Therapie steht eine vorsichtige Physiotherapie und spezielle Krankengymnastik. Damit wird die Muskulatur gekräftigt, die noch intakt ist. Außerdem können so die noch vorhandenen Funktionen trainiert und Fehlhaltungen vermieden oder zumindest verzögert werden. Auch unterstützende orthopädische Maßnahmen – z. B. Korsett oder Schiene – sind möglich. In Kindergarten und Schule müssen die Erzieherinnen und Lehrer über die Erkrankung Bescheid wissen und beim Turnen oder auf dem Spielplatz Rücksicht nehmen.

Nahrungsverweigerung

Zeichen
- Ablehnung von Essen
- Ausspucken, Erbrechen

Es gibt Babys, die mehr erbrechen als andere. Das ist nicht weiter Besorgnis erregend. Meist ist es eine harmloses Wiederhochbringen von ein wenig Milch. Ob es dem Kind schadet, ist eindeutig an der Gewichtstabelle abzulesen. Wenn es nämlich zunimmt, verliert es nicht mehr Milch, als es zum Wachstum benötigt. Wenn außerdem die Windeln richtig nass sind, ist alles in Ordnung, denn ein Kind, das zu wenig Nahrung in sich hat, hat auch zu wenig Flüssigkeit.

Die meisten Mütter kennen das: Ihr Baby verweigert die Nahrung, indem es Brust oder Fläschchen ablehnt und vielleicht nach kurzem Trinken alles wieder ausspuckt. Doch auch unter den größeren Kindern gibt es die typischen »Mäkler«, die wenig oder gar nichts essen und manchmal nach den Mahlzeiten sogar wieder erbrechen.

Ursachen
In den seltensten Fällen muss man sich über diese Erscheinungen Sorgen machen. Sie treten meist nur vorübergehend auf und sind häufig Ausdruck von Trotz, Unwillen und vielleicht auch einer unbewussten Machtprobe, die gegen die Eltern gerichtet ist. Es gibt die goldene Regel, dass ein Kind schon essen wird, wenn es Hunger hat – vorausgesetzt natürlich, es ist ansonsten gesund, gedeiht gut und hat keinerlei Entwicklungsprobleme.
Störungen, die der Nahrungsverweigerung zugrunde liegen können, sind meist harmlos und lassen sich schnell wieder beheben. Bei Säuglingen können die »Dreimonatskoliken« dazu führen, dass ihnen die Laune zum Trinken vergeht und sie die Mahlzeiten verweigern. Das sind Blähungen, die in den ersten zwölf Lebenswochen des Babys gehäuft auftreten, weil sein Verdauungssystem noch nicht optimal entwickelt ist. Diese Blähungen bereiten dem Kind Schmerzen und reduzieren so die Bereitschaft zum Trinken. Auch Entzündungen im Mund- und Rachenbereich – z. B. der Soor oder die Mundfäule – können bewirken, dass ein Säugling die Nahrung verweigert, weil das Saugen schmerzhaft ist.
Bei größeren Kindern können falsche Ernährungsgewohnheiten, z. B. viel Süßes zwischendurch, dazu führen, dass sie bei den regulären Mahlzeiten keinen Appetit zeigen. Selten sind auch Verdauungsprobleme wie z. B. Verstopfung daran schuld.

Im Schulalter spielen oft psychische Probleme als Auslöser von Essstörungen und Nahrungsverweigerung eine Rolle. Nervosität, seelische Belastungen durch Sorgen in der Familie oder hohe schulische Leistungsanforderungen können das Ernährungsverhalten sehr beeinflussen.

So verhalten Sie sich richtig

Wenn Ihr Kind mal die Mahlzeiten verweigern sollte, braucht Sie das zunächst nicht zu sehr zu beunruhigen. Oft genügt es, einfach abzuwarten, und Hunger sowie Appetit stellen sich von selbst wieder ein. Zwingen Sie Ihr Kind nicht zum Essen. Psychischer Druck ist fehl am Platz und kann sogar noch im Sinne einer Trotzreaktion die Verweigerung verstärken. Achten Sie auf regelmäßige Mahlzeiten, bei denen Sie dem Kind frische, abwechslungsreiche Kost anbieten. Bitte nicht den Tisch überfüllen, das kann auch Gegenwehr auslösen! Allerlei Naschereien zwischendurch verderben den Appetit für die Hauptmahlzeiten. Deshalb sollten Sie versuchen, Ihr Kind davon abzubringen oder das zumindest in Maßen zu halten. Haben Kinder ein geregeltes Leben mit viel Bewegung an frischer Luft, ausreichend Schlaf und Erholung, klappt meist auch die Ernährung sehr gut. Bei Verdauungsproblemen oder den Dreimonatskoliken der Babys helfen zahlreiche pflanzliche Heilmittel, wie z. B. Teezubereitungen aus Fenchel, Pfefferminze, Anis, Kümmel. Bei starken Beschwerden können aber auch einmal spezielle, für Kinder geeignete Medikamente gegeben werden.

Achten Sie auf den Allgemeinzustand Ihres Kindes. Geht die Ablehnung von Essen mit anderen Zeichen einher? Wirkt das Kind kränklich, blass, müde? Klagt es über Schmerzen? Hat es einen veränderten Stuhlgang? Oder finden sich Symptome einer Entzündung im Mundbereich? In all diesen Fällen sollten Sie mit Ihrem Kind zum Arzt gehen, damit er mögliche Krankheiten als Ursache für die Nahrungsverweigerung ausschließen kann.

Falls Ihr Kind sehr explosiv erbricht, könnte es sein, dass sich der Schließmuskel des Magenausgangs verdickt hat, so dass der Durchgang vom Magen zum Darm verengt ist. Die Milch kann den Magen nur langsam verlassen und nimmt dann den Weg nach oben. Diese so genannte Pylorusstenose ist gut tastbar und sollte unbedingt behandelt werden, weil ein Gewichtsverlust die Folge sein könnte.

Manchmal sind der Spielplatz oder die Freunde einfach viel interessanter als das Mittagessen. Der Appetit ist danach noch einmal so groß.

Neurodermitis

Zeichen

► Entzündliche Hautekzeme
► Juckreiz

► Als Baby häufig Milchschorf
► Später Schwielen, Hautverdickungen

Gegen den starken Juckreiz und bei akuten Schüben helfen gezielt eingesetzte Medikamente. Jedoch sollten kortisonhaltige Präparate nur unter ärztlicher Kontrolle verabreicht werden. Im Alltag sind Öl- oder bei Säuglingen Kleiebäder empfehlenswert, letztere jedoch nur zweimal die Woche. Auch kühlende Umschläge mit schwarzem Tee lindern Beschwerden.

Die Neurodermitis zählt zu einer der häufigsten Krankheiten unserer Zeit. Schätzungsweise 15 bis 30 Prozent der Bevölkerung in den westlichen Industrieländern sind von dem Hautleiden betroffen.

Die Neurodermitis – die auch noch »endogenes Ekzem« oder »atopische Dermatitis« genannt wird – ist eine chronische, meist in Schüben verlaufende Hautkrankheit. Häufig beginnt sie etwa mit dem dritten Lebensmonat als so genannter Milchschorf. Die Wangenhaut des Babys ist trocken und gerötet, dann bilden sich Bläschen, die Haut nässt, und anschließend entstehen Krusten. Die Veränderungen können sich auf Stirn, Kopfhaut und dem übrigen Körper ausbreiten. An Armen und Beinen sind bevorzugt die Innenseiten der Handgelenke, Ellenbogen und Knie betroffen.

Ganz besonders quälend ist für die Kinder der starke Juckreiz. Und wenn sie versuchen, den Juckreiz durch Kratzen zu stillen, kommt es häufig auch noch zu Entzündungen und Infektionen. Sind die Kinder größer, also im Schulalter, gehen die nässenden Ekzeme und Bläschen oft zurück. Die Haut wird insgesamt trockener, dafür bilden sich kleine Knötchen. In der folgenden Zeit wird die Haut häufig immer schuppiger und rissiger und verwandelt sich an manchen Stellen in derbe Schwielen.

Ursachen

Die Entstehungsmechanismen der Neurodermitis sind immer noch nicht ganz geklärt. Es scheint jedoch sicher, dass mehrere Faktoren eine Rolle spielen: erbliche Veranlagung, äußere Einflüsse wie Klima, Kleidung, Wasch- und Pflegemittel, Umweltbelastungen und möglicherweise auch seelische Probleme wie ein gestörtes emotionales Verhältnis zu den Eltern, Schulstress oder Ängste.

Meist erkennt der Arzt schon am Hautbild, ob eine Neurodermitis vorliegt. Zusätzliche allergische Erkrankungen verstärken aber den Verdacht. Oft gibt auch die Familiengeschichte Hinweise, denn häufig sind Geschwister, Cousins und Cousinen ebenfalls betroffen.

Behandlung

Eine ursächliche Therapie gibt es leider nicht. Leidet Ihr Kind an Neurodermitis, können Sie aber viel tun, um den Verlauf zu mildern. Im Vordergrund steht zunächst eine intensive seelische Betreuung. Neurodermitis-Kinder brauchen viel Liebe und Geborgenheit, sie müssen erfahren, dass sie trotz der äußerlich sichtbaren Störungen so geliebt werden, wie sie sind. Auch Ruhe und eine Reduzierung von Stresssituationen ist wichtig. Kinder mit Neurodermitis sind nämlich oft sehr unruhig und nervös, und kommt noch eine kleine Belastung hinzu, kann sich das Hautleiden stark verschlimmern.

Ebenfalls äußerst wichtig ist eine konsequente Hautpflege. Die Haut benötigt vor allem viel Fett und Feuchtigkeit. Lassen Sie sich vom Arzt beraten und spezielle Pflegeprodukte verschreiben. Ölbäder und Salben, die vom Arzt ganz individuell auf den Hautzustand abgestimmt werden müssen, mildern die Ekzeme und geben der Haut ihre Geschmeidigkeit zurück. Außerdem lindern sie den fast unerträglichen Juckreiz. In vielen Fällen sind Cremes ohne Zusatz von Medikamenten schon ausreichend. Manchmal ist es aber nötig, Cremes zu verabreichen, die entzündungshemmende Wirkstoffe enthalten. Sind offene Stellen vorhanden, können Sie Zinkschüttelmixturen auftragen und Umschläge mit gerbstoffhaltigen Zusätzen (Eichenrinde) machen. Bei starken Schüben kann es angezeigt sein, eine – möglichst – kurzfristige äußerliche oder auch innerliche Kortisonbehandlung durchzuführen.

Bei kleineren Kindern besteht auch die Möglichkeit, mit einem speziellen Overall das Kratzen einzudämmen. Dieser Overall umschließt Hände und Füße. Die Kinder können dem Juckreiz begegnen, indem sie über dem Stoff die Haut massieren, sie kratzen sich aber nicht blutig. Die sanfte Massage fördert die Durchblutung und bewirkt dadurch sogar eine schnellere Regeneration der Haut.

Praktische Tipps gegen Neurodermitis von A bis Z

Kleidung, Wohnung, Ernährung, Hautpflege, Klima: So viele Faktoren sind bei der Neurodermitis zu beachten, so viele Einflüsse können dazu führen, dass sich die Krankheit verschlechtert oder verbessert. Da helfen praktische Ratschläge oft mehr als alle Theorie. Hier ein Leitfaden für Eltern von Kindern mit Neurodermitis, der sich an den Empfehlungen der »Arbeitsgemeinschaft Allergiekrankes Kind« (Adresse im Anschluss) orientiert.

Allgemeine Hautpflege

Falsch: Die Verwendung von Kortisonsalben. Sie eignen sich nicht zum Einfetten trockener Haut oder zur allgemeinen Hautpflege.

Richtig: Einfetten mit neutralen Cremes oder Lotionen tagsüber und stärker fetthaltigen Salben abends. Nicht bei allen Kindern ist ständiges Fetten erforderlich. Manchmal muss es jedoch nach wenigen Stunden wiederholt und auch in der Nacht durchgeführt werden.

Kortisonsalben

Falsch: Nicht zum Einfetten der Haut, zur Dauerbehandlung auf großen Flächen und im Gesicht geeignet.

Richtig: Gemäß ärztlicher Anleitung anwenden; in der Regel einmal täglich, nie auf Dauer. Außerdem die Fläche, auf der die Kortisonsalbe aufgetragen wird, so klein wie möglich halten. Auf nässender Haut können feuchte Auflagen helfen (z. B. mit Kamillenextrakt oder Gerbstoffen wie Eichenrindenextrakt). Ein wichtiger Feuchthaltefaktor ist auch Harnstoff, der – als Creme aufgetragen – gegen Hauttrockenheit und Juckreiz hilft. Wenn eine Kortisonsalbe erforderlich zu sein scheint, hilft Pyoktaninlösung einprozentig zum Bestreichen von Einrissen und kleinen Wundflächen. Diese Lösung wirkt desinfizierend, deckt Wunden

Bei Neurodermitis leiden Kinder sogar im Schlaf unter Juckreiz und müssen sich kratzen. Dagegen hilft ein Neurodermitis-Overall, der integrierte Fäustlinge hat. Damit können Kinder zwar die juckende Hautstelle reiben, sich jedoch nicht blutig kratzen und die Haut dadurch weiter schädigen. Den Overall gibt es in Sanitätshäusern und Apotheken, und ein Großteil des Kaufpreises wird von den meisten Krankenkassen übernommen.

Eine Neurodermitis entwickelt sich bei Kindern, die eine Veranlagung dazu haben, in der Regel im ersten Lebensjahr. Die Hautveränderungen können ihr Aussehen wechseln. Es handelt sich um Rötungen und Schuppenbildungen, aber es können sich auch Bläschen bilden. Alle Erscheinungen sind von starkem Juckreiz begleitet.

ab und trocknet Entzündungen aus. Auch der Wirkstoff Bufexamen sowie Auszüge aus Bittersüßstängel und Kardiospermum in Cremes und Salben wirken entzündungshemmend und juckreizstillend.

Ernährung
Falsch: Reizstoffe wie Zucker, Süßigkeiten, Kuchen, gebratenes Fett, viel Salz, Gewürze, Schweinefleisch, Konserven-, Tiefkühlkost.
Richtig: Vollwertkost auf der Basis von frischem Gemüse, Obst, Kartoffeln, Vollkornbrot, Milch, Joghurt, Fisch und magerem Fleisch. Bei einer Allergie auf bestimmte Stoffe die entsprechenden Lebensmittel weglassen. Lebensmittel werden gekocht oft besser vertragen als roh.

Haarschnitt
Falsch: Kopfhaare reizen die entzündete Haut, deshalb sind längere Haare ungünstig, die bis in den Nacken, in die Stirn, auf die Schultern oder Ohrmuscheln fallen.
Richtig: Für Mädchen Zöpfe oder zurückgekämmtes und zusammengebundenes Haar. Noch besser: kurze Haare, die Nacken und Ohren frei.

Hausschuhe
Falsch: Schuhe, die zu Wärmestau und Hautreizungen führen, wie Filzschuhe und Hausschuhe mit Fellen.
Richtig: Offene Leder- oder Leinenschuhe. Und so oft wie möglich barfuß laufen.

Hautreinigung
Falsch: Anwendung von Seife, auch Babyseife.
Richtig: Alkalifreie Seifenersatzmittel sparsam verwenden, gut abwaschen, abtrocknen.

Kleidung
Falsch: Alle Kleidungsstücke mit direktem Hautkontakt, vor allem Unterwäsche, aus Wolle (kann die Haut reizen) und Synthetikfasern (nimmt den Körperschweiß nicht auf); Kleidung, die zu fest anliegt (Leggins, enge Bodys etc.).
Richtig: Baumwolle, Seide, am besten ungebleicht und ungefärbt. Darüber können ohne direkte Berührung der Haut auch beispielsweise Wollpullover getragen werden.

Klimatherapie
Falsch: Insbesondere Kleinkinder mit schwerer entzündlicher Neurodermitis gleich einem Reizklima im Hochgebirge oder an der Nordsee aussetzen, z.B. durch Seilbahnfahren oder An-den-Strand-Gehen.
Richtig: Schrittweise und langsam an das neue Klima gewöhnen, d.h. zunächst nur kurze Aufenthalte von einer Stunde draußen an der frischen Luft, später länger.

Medizinische Bäder

Falsch: Ein Zuviel kann schaden und den Säureschutzmantel der Haut zerstören. Außerdem trocknen zu viele warme Bäder die Haut aus. Vorsicht bei Bädern auf Nussölbasis – sie können bei einer Allergie gegen Nüsse eine Neurodermitis verstärken.

Richtig: Nach Rücksprache mit dem Arzt ein bis zwei Vollbäder in der Woche. Wassertemperatur etwa bei 32 – 35 Grad Celsius. Immer mit dem Badethermometer kontrollieren! Kleinkinder nur wenige Minuten baden. Bei Hautentzündungen dem Badewasser eventuell etwas zusetzen (z. B. das Gerbstoffpräparat Kalium permanganicum).

Physikalische Therapie

Falsch: Bei Entzündungen oder Eiterungen Anwendungen verabreichen, die die Haut zusätzlich reizen könnten.

Richtig: In leichterem Stadium zur Förderung der Hautdurchblutung, z. B. Kneippsche Güsse oder Saunagänge.

Sauberkeit

Falsch: Verschmutzte Hände bei Kleinkindern, verschwitzte Kleidungsstücke, besonders staubige Umgebung (ungereinigte Teppichböden, Vorhänge etc.).

Richtig: Auf sorgfältige Hygiene und regelmäßige Hautpflege achten. Nicht zu lange Wannenbäder, dafür kurze Körperwaschung oder kurz und nicht zu warm duschen. Auch die anderen Familienmitglieder zur Hygiene anhalten und die Wohnung sauber halten.

Schmuck

Falsch: Modeschmuck aus Nickel und anderen unechten Metalllegierungen, vor allem Ohrringe.

Richtig: Schmuck aus hochwertigem Silber oder Gold oder Perlenketten, am besten über den Kleidungsstücken tragen. Auf das Durchstechen der Ohrläppchen verzichten.

Schuhe

Falsch: Hohe und unnötig dicht schließende Schuhe wie Gummistiefel oder Schnürstiefel. Ständiges Tragen von Turnschuhen.

Richtig: Halbschuhe, Sandalen ohne Kunststoff tragen. Schuhe mehrmals am Tag wechseln. Strümpfe aus Baumwolle ohne Beimischung halten die Füße trocken.

Sonne und UV-Strahlung

Falsch: Sonnenbäder in der Mittagszeit bei höchstem Sonnenstand. Sonnenbäder ohne Hautschutz. Parfümierte, konservierungsstoffhaltige Sonnenschutzmittel.

Richtig: Sonnenbäder in den frühen Vormittags- oder späten Nachmittagsstunden. Sonnenschutz durch weite, licht- und luftdurchlässige Kleidung ist am

Kinder leiden unter dem Aussehen ihrer Haut sehr. Sie fühlen sich anders als die anderen und rufen durch ihre verletzte, gerötete Haut auch teilweise Abscheu und Irritation hervor. Die Kontaktaufnahme ist gestört. Sie werden nicht gerne angefasst, sind darüber enttäuscht und wütend und haben gleichzeitig ein großes Bedürfnis nach Nähe.

Auch bei Neurodermitis ist die Nordseeluft lindernd. Der Salzgehalt in der Luft und die UV-Einstrahlung tun der Haut gut. Das Salzwasser brennt zwar anfangs an den offenen Hautstellen, stillt jedoch den Juckreiz, dringt in die verhornten Schichten der Haut und löst sie ab. Die Ekzeme können dann abheilen.

besten, oder spezielle Sonnenschutzpräparate ohne Zusatzstoffe wie Parfümöle, Konservierungsstoffe, Emulgatoren verwenden. Statt zu liegen, ist es besser, sich in der Sonne zu bewegen (spielen, laufen).

Temperaturen
Falsch: Überheizte Zimmer und zu warme Kleidung, da durch Hautwärme und Schwitzen vermehrter Juckreiz auftritt.
Richtig: Relativ niedrige Raumtemperaturen, bei etwa 20 Grad Celsius, sowie leichte Kleidung und eine dünne Bettdecke.

Waschmittel
Falsch: Waschmittel- und Weichspülerrückstände durch zu kurzes Spülen der Wäsche und Appreturen in neuer Wäsche. Das kann Hautreizungen und Juckreiz hervorrufen.
Richtig: Spezielle Waschmittel verwenden, gründliches Spülen mit klarem Wasser, eventuelle unter Zusatz von zwei Esslöffeln Speiseessig zum letzten Spülgang.   ((–1))

Wohnung
Falsch: Wohnungseinrichtung mit vielen Staubfängern (Teppichboden, Vorhänge, Kissen, Decken).
Richtig: Stein- oder Parkettfußboden, der häufig gewischt werden sollte. Auch den Staub unter Betten und hinter Sofas regelmäßig entfernen. Sparsame Wohnungseinrichtung, keine Decken und Kissen. Statt Vorhängen, beispielsweise Jalousien oder Rollläden anbringen.

Farben und Lacke
Falsch: Dispersionsfarben für Innenanstriche. Sie enthalten giftige Lösungsmittel. Pinsel in Terpentinersatzflüssigkeit offen stehen lassen. Auch verdampfen Lösungsmittel. Lackanstriche im Zimmer vornehmen.
Richtig: Leimfarben genügen. Sie sind sogar wischfest. Pinsel gleich reinigen oder die Flüssigkeit im Freien stehen lassen. Anstriche wenn möglich im Freien vornehmen. Komplett schadstofffreie Anstriche gibt es nicht.

Hier bekommen Sie Rat und Hilfe
► AAK, Arbeitsgemeinschaft Allergiekrankes Kind e.V.
  Hauptstraße 29
  35745 Herborn
  Tel: 02772/928730
► Bundesverband Neurodermitiskranker in Deutschland e.V.
  Oberstraße 171
  56154 Boppard
  Tel.: 06742/87130
► Deutscher Neurodermitikerbund
  Mozartstraße 11
  22083 Hamburg

Rheuma

Zeichen

- ► Gelenkschwellungen
- ► Fieber
- ► Schmerzen
- ► Bewegungseinschränkungen
- ► Gelenkdeformierungen

Rheuma ist keineswegs nur eine Erkrankung Erwachsener. Ungefähr 20 000 bis 40 000 Kinder und Jugendliche sind allein in Deutschland von rheumatischen Erkrankungen betroffen. Experten vermuten, dass die Dunkelziffer aber noch sehr viel höher liegt, weil sich die Krankheit mit vielen Gesichtern zeigt und oft nicht exakt zugeordnet werden kann. Kindliches Rheuma ist vom abnutzungsbedingten Gelenkrheuma im Erwachsenenalter (Arthrose) sehr genau zu unterscheiden. Während bei Erwachsenen die degenerativen Veränderungen am Stütz- und Bewegungsapparat im Vordergrund stehen, ist kindliches Rheuma nahezu ausschließlich entzündlich bedingt.

Ursachen

Diese Entzündung ist eine Abwehrreaktion des Körpers auf bestimmte Faktoren, die von außen einwirken. Dabei handelt es sich vor allem um Partikel von Viren oder Bakterien, die irgendwann einmal in den Organismus eingedrungen sind, aber auch um Eiweißstoffe aus Nahrungsmitteln, die nicht vertragen werden. In der Auseinandersetzung mit diesen Fremdstoffen – in der Fachsprache werden sie »Antigene« genannt – reagiert das Immunsystem nicht normal. Es beginnt unkontrolliert Gegenstoffe zu bilden, so genannte Antikörper. Diese Antikörper greifen schließlich körpereigenes Gewebe an und verursachen auf diese Weise die Entzündung an den Gelenken.

Warum das Abwehrsystem den eigenen Organismus attackiert, ist noch nicht genau geklärt. Wissenschaftler vermuten jedoch, dass aufgrund einer erblichen Veranlagung das Immunsystem »falsch« eingestellt ist und deshalb unangemessen auf Viren oder andere Fremdfaktoren reagiert.

Die Folgen der immunologischen Entgleisung: Antigene und Antikörper verbinden sich zu »Immunkomplexen«. Diese lagern sich in den Gefäßen und dem Bindegewebe, das die Blutbahnen umgibt, ab – es kommt zur Entzündung. Weil überall im Körper Gefäße und Bindegewebsstrukturen befallen werden können, muss diese Entzündung keineswegs nur auf den Stütz- und Bewegungsapparat beschränkt sein. Rheumatische Erkrankungen können auch Herz, Nieren, Nerven, Haut oder Augen mit einbeziehen.

Verlauf

Krankheitsverlauf und Prognose hängen entscheidend davon ab, an welcher Art Rheuma ein Kind leidet. Es gibt Verlaufsformen, die eine recht gute Prognose haben, z. B. die Gelenkentzündungen, die nach einer Infektion auftreten können und meist nach ein paar Wochen wieder ausheilen. Auch wenn eine so genannte Oligoarthritis vorliegt, also nur ein bis drei Gelenke entzündet sind

Leidet Ihr Kind länger als sechs Wochen unter Gelenkbeschwerden oder treten sie zusammen mit Fieber auf, sollten Sie Ihren Kinder- oder Allgemeinarzt aufsuchen. Für die genaue Diagnose sind eher Internisten oder Orthopäden mit der Zusatzbezeichnung »Rheumatologen« zuständig. Das Ziel einer Rheumabehandlung ist es, die Entzündungen zur Ruhe zu bringen und die Beweglichkeit der Gelenke zu erhalten.

Wenn bei einer Oligoarthritis nur wenige Gelenke betroffen sind, heilen die Entzündungen schnell aus. Es wird auch keine bleibenden Schäden geben. Bei einer Polyarthritis muss mit Schüben gerechnet werden, die sehr schmerzhaft sind. Dazwischen gibt es jedoch Monate ohne Beschwerden. Bei medikamentösen Behandlungen sollte auf Langzeitfolgen geachtet werden.

(oligo = wenig, arthritis = Gelenkentzündung), haben die Ärzte gute Therapiechancen. Den Befall innerer Organe oder vieler Gelenke (Polyarthritis, poly = viel) fürchten die Rheumatologen hingegen, da sich die Behandlung dieser Formen als schwierig erweist und das Risiko von Langzeitbeeinträchtigungen, z. B. Störungen an Herz, Nieren oder Nerven sowie Gelenkdeformierungen und Wachstumsverzögerungen, hoch ist und diese meist einer langwierigen Behandlung bedürfen.

Behandlung

Diagnose

Die Diagnose einer rheumatischen Erkrankung beim Kind erfordert viel Erfahrung und gestaltet sich schwierig, da es oft nur wenige Hinweise gibt. Rheumafaktoren beispielsweise finden sich nur bei etwa 20 Prozent der erkrankten Kinder. Je jünger ein Kind, desto geringer die Chance, dass diese Antikörper im Blut vorhanden sind. Außerdem können Rheumafaktoren auch bei anderen Krankheiten vorliegen, was ihre Beweiskraft mindert.

Je früher die rheumatische Krankheit erkannt und behandelt wird, desto besser sind die Erfolgschancen; deshalb sollte die Betreuung des erkrankten Kindes unbedingt durch einen versierten Rheumatologen erfolgen. Dieser wird jede Gelenkschwellung, die nicht eindeutig durch einen Sturz oder Schlag verursacht wurde, eingehend untersuchen und sich gegebenenfalls auch für eine Gelenkpunktion entscheiden. Dabei gewinnt der Arzt eine kleine Menge an Gelenkflüssigkeit, die er im Labor unter dem Mikroskop untersucht. Aus der Art und Zusammensetzung der Zellen lassen sich dann oft genauere Rückschlüsse auf den Zustand der Gelenkinnenhaut und die dort bestehende Entzündungsaktivität ziehen.

Medikamentöse Therapie

Die Verabreichung von Medikamenten bei Rheumaerkrankungen hat zum Ziel, die Entzündung zu beseitigen, so dass Schmerzen und Schwellungen zurückgehen, die Gelenke wieder frei beweglich werden und das Kind dann physiotherapeutisch betreut werden kann.

Die Behandlung stützt sich im Allgemeinen auf drei Säulen und erfolgt nach einem Stufenplan in dieser Reihenfolge:

► Entzündungsblockade: Dazu verabreichen die Ärzte so genannte Antiphlogistika, die entzündungshemmend und schmerzlindernd wirken. Reichen diese Antirheumamittel nicht aus, kann eventuell auch eine Behandlung mit Kortisonpräparaten notwendig werden.

► Immunmodulation: Es werden Medikamente gegeben (z. B. Immunglobuline), um das unkontrolliert reagierende Abwehrsystem zu beeinflussen und wieder zu normalisieren.

► Immunsuppression: Mit speziellen Medikamenten (z. B. Methotrexat) soll das Immunsystem davon abgehalten werden, Antikörper gegen bindegewebige Strukturen zu bilden.

Auswahl und Dosis der verordneten Mittel hängen davon ab, wie schwer die Erkrankung ist. In vielen Fällen müssen die Medikamente gar nicht unbedingt innerlich angewendet werden, sondern es führt auch eine lokale Therapie zum Erfolg. Dabei werden die entzündungshemmenden Substanzen direkt in den Gelenkinnenraum gegeben und entfalten dort eine gezielte Wirkung.

Physiotherapie

Die konsequente Physiotherapie macht mindestens 50 Prozent der Rheumabehandlung aus. Wenn die Entzündung gebremst ist, müssen die Gelenke gezielt trainiert werden, um Fehlhaltungen vorzubeugen. Die Kinder kompensieren nämlich oft den Schmerz an den Gelenken durch Bewegungsarmut; sie nehmen eine Schonbeugehaltung ein, z. B. indem sie das Knie nicht mehr strecken. Dabei besteht die Gefahr, dass diese Haltung sich fixiert und eine Fehlbelastung hervorruft. Der Physiotherapeut muss die Schonbeugehaltungen aufdehnen, gezielt die Muskeln kräftigen, die sich in diese Haltung haben ziehen lassen, und damit die Gelenke wieder in Normalstellung bringen. Kälte- und Wärmeanwendungen können die Bewegungstherapie unterstützen. Kältetherapie (z. B. mit Eispackungen oder kühlenden Gelen) ist zur Entzündungshemmung geeignet. Wärme darf nicht zugeführt werden, solange Gelenke entzündet sind. Fango- oder Moorpackungen sind aber in der Nachbehandlung von Nutzen, um chronische Beschwerden zu mildern und Gelenkdeformierungen entgegenzuwirken. In diesem Zusammenhang soll auch auf die Ergotherapie hingewiesen werden. Hier lernen Kinder und Jugendliche handwerkliche Tätigkeiten und Alltagsbewegungen so auszuführen, dass sie die Gelenke nicht belasten.

Auf alle Fälle ist es sinnvoll, auf eine gesunde Ernährung zu achten. Das Allgemeinbefinden wird verbessert und eine stabile Grundlage geschaffen, auf der Belastungen durch Medikamente oder Schmerzen besser zu ertragen sind. Darüber hinaus wird die Stimmung besser, eine wichtige Voraussetzung, um z. B. bei der Physiotherapie aktiv mitzuarbeiten und nicht zu resignieren.

Ernährung

Begleitmaßnahmen wie eine Ernährungsumstellung und gezielte Vitaminzufuhr können die Rheumatherapie unterstützen. Studien haben gezeigt, dass vor allem Vitamin E in der Lage ist, rheumatische Beschwerden bei Kindern zu lindern. Auch wichtige Nährstoffe wie die Omega-3-Fettsäuren, die bevorzugt in Seefischen wie Hering, Lachs oder Makrele enthalten sind, haben sich als wirkungsvoll erwiesen, um entzündungsbedingte Schmerzen zu mildern. Es gibt zwar keine gezielte Rheumadiät, doch sollten Kinder mit Rheuma Nahrungsmittel meiden, welche die Entzündungsaktivität verstärken können (z. B. Konservenkost, Wurstwaren, gebratenes Fleisch, Süßigkeiten). In diesem Zusammenhang kann es auch sinnvoll sein, nach einer Nahrungsmittelunverträglichkeit zu fahnden, die für die rheumatische Entzündungsreaktion mitverantwortlich sein könnte.

Hier bekommen Sie Rat und Hilfe

► Geschäftsstelle der Initiative für das rheumakranke Kind e.V.
Wormserstraße 81
55276 Oppenheim
Tel.: 06133/2023

► Bundesverband
Deutsche Rheuma-Liga e.V.
Rheinallee 69
53173 Bonn
Tel.: 0228/957500

Keine Angst vorm Onkel Doktor! Kinder reagieren häufig ängstlich auf den ersten Besuch beim Kinderarzt. Wenn die Mutter immer in der Nähe sein kann, beruhigt sich das Kleine schneller.

Schilddrüsenerkrankungen

Zeichen

► Kropf
► Hervortreten der Augen
► Herzrasen, Nervosität, Schlafstörung, Gewichtsverlust
► Müdigkeit, Apathie, Hautstörungen
► Verzögerte körperliche und geistige Reifung
► Körperliche und geistige Behinderung

Schilddrüsenerkrankungen können bei Kindern fatale Folgen haben, weil nahezu alle wichtigen Stoffwechselprozesse sowie Wachstum und Reifung von den Hormonen beeinflusst werden, die das Drüsenorgan produziert. Folgende Erkrankungen können vorkommen:

► Schilddrüsenunterfunktion   ► Entzündungen
► Schilddrüsenüberfunktion   ► Tumoren
► Kropf

Schilddrüsenunterfunktion

Bei dieser Form der Schilddrüsenerkrankung kann das mangelnde Schilddrüsenhormon als Medikament verabreicht werden. Bei rechtzeitiger Diagnose ist kein bleibender Schaden zu befürchten.

Entweder fehlt die Schilddrüse aufgrund einer Störung der Organanlage und -entwicklung teilweise oder ganz oder die Bildung der Schilddrüsenhormone kann durch einen genetisch bedingten Enzymdefekt nicht richtig erfolgen.

Bereits ab der zwölften Schwangerschaftswoche beginnt die kindliche Schilddrüse, unter Verwendung von Jod aus dem mütterlichen Blut eigene Hormone zu produzieren. Diese steuern dann die zahlreichen Stoffwechselvorgänge im Organismus des Babys sowie die Entwicklung des Knochen- und Nervensystems. Besteht eine Störung in diesen Abläufen und kommt die Schilddrüsenhormon-produktion beim Ungeborenen nicht richtig in Gang, kann es in seiner körperlichen und geistigen Entwicklung zurückbleiben und auch nach der Geburt unter Folgeschäden zu leiden haben. So zeigen Kinder mit einer Schilddrüsenunterfunktion oft eine verzögerte Reifung von Skelett und Gehirn, sind trinkfaul, neigen zu Verstopfung und haben eine blasse, trockene Haut. Häufig finden sich auch eine Gelbsucht und ein Nabelbruch.

Zu einer Schilddrüsenunterfunktion kann es auch kommen, wenn während der Schwangerschaft ein extremer Jodmangel besteht. Bei extremen Jodmangelzuständen während der Schwangerschaft oder den erwähnten Schilddrüsenstörungen beim Baby ist die Entwicklung im Mutterleib besonders stark beeinträchtigt. Wird der Hormonmangel nicht sofort nach der Geburt erkannt und behandelt, kommt es meist zu einer schweren geistigen Behinderung. In Verbindung mit einem Zwergwuchs und vielfältigen anderen Störungen wird diese Krankheit Kretinismus genannt. Da die Folgen einer ausgeprägten Hypothyreose beim Kind derart verheerend sind, wird im Rahmen eines Screenings heute bei jedem Neugeborenen routinemäßig nach einer Unterfunktion gefahndet.

In seltenen Fällen kann sich bei einem Kind auch nach der Geburt eine Schilddrüsenunterfunktion entwickeln. Diese beruht dann meist auf entzündlichen Prozessen im Drüsenorgan. Auch eine Störung in der Hirnanhangsdrüse – der Steuerzentrale für alle Hormone im Körper – kann zur Hypothyreose führen. In diesem Fall ist dann nicht genügend »Befehlshormon« aus der Hirnanhangsdrüse vorhanden, das der Schilddrüse den Auftrag erteilt, ihrerseits Hormone zu produzieren.

Schilddrüsenüberfunktion

Im Gegensatz zur Unterfunktion sind bei der Schilddrüsenüberfunktion (Hyperthyreose) zu viele Schilddrüsenhormone im Organismus vorhanden, da das Drüsenorgan sie vermehrt produziert. Diese Fehlregulation der Schilddrüse ist bei Kindern ausgesprochen selten. Sie kann im Zusammenhang mit der so genannten Basedowschen Krankheit auftreten. Dies ist eine genetisch bedingte Störung des Immunsystems, bei der Stoffe gebildet werden, die die Schilddrüse stark anregen. Die Krankheit befällt fast nur Mädchen und führt zu den typischen Zeichen der Überfunktion: Herzrasen, Abmagerung, Schweißausbrüche, Nervosität, Schlaflosigkeit, Gereiztheit und vieles mehr. Weitere Begleiterscheinungen der Basedowschen Krankheit sind eine Schilddrüsenvergrößerung und ein Hervortreten der Augen.

Kropf

Beim Kropf – in der Fachsprache »Struma« genannt – kommt es zu einer krankhaften Vergrößerung der Schilddrüse. Ursache dafür ist – neben einer erblichen Veranlagung – fast immer ein Jodmangel. Die Schilddrüse benötigt Jod, um ihre Hormone zu produzieren. Wenn nun zu wenig von dem Spurenelement im Körper vorhanden ist, kann sie nicht genügend Hormone aufbauen. Das versucht sie auszugleichen, indem sie mehr Gewebe bildet und sich dadurch vergrößert. Zum Kropf kann es beim Baby kommen, wenn bei der Mutter während Schwangerschaft und Stillzeit ein Jodmangel besteht. Aber auch Kinder aus »Kropffamilien«, also Familien mit einer erblichen Veranlagung, sind davon häufiger betroffen.

Achten Sie darauf, immer Salz zu kaufen, dem Jod zugesetzt ist. Am besten beziehen Sie es im Reformhaus oder im Naturkostladen. Dann können Sie sicher sein, dass Sie Ihrer Familie das wichtige Jod über die Nahrung zuführen.

Auch in der Schilddrüse kann Krebs entstehen. Dieser ist aber sehr selten, und wenn bei Kindern bösartige Tumoren in der Schilddrüse auftreten sollten, dann können sie oft erfolgreich behandelt werden.

Entzündungen

Eine akute Entzündung der Schilddrüse kann gelegentlich im Zusammenhang mit einer Kinderkrankheit vorkommen, z.B. mit Mumps. Eine chronische Schilddrüsenentzündung ist im Kindesalter selten. Wenn sie auftritt, dann liegt meist eine ähnliche Immunstörung zugrunde wie bei der Basedowschen Krankheit. Das Abwehrsystem produziert bestimmte Stoffe, so genannte Antikörper, die gegen die Schilddrüse gerichtet sind. Die chronische Schilddrüsenentzündung heißt – nach ihrem japanischen Entdecker – Hashimoto-Thyreoditis. Im Gegensatz zu der akuten Entzündung ist der Krankheitsverlauf ungünstig und nicht gut durch Behandlungen zu beeinflussen.

Behandlung

Welche Behandlung der Arzt durchführt, richtet sich nach der jeweiligen Grunderkrankung. Ist ein Mangel an Jod oder Schilddrüsenhormonen Ursache der Störung, kann er diese Substanzen verordnen. Sowohl Jod als auch Schilddrüsenhormone stehen als Tabletten zur Verfügung. Auch bei Autoimmunkrankheiten und Entzündungen der Schilddrüse kommen in der Regel Medikamente zum Einsatz. So gibt es z.B. Mittel, die die Schilddrüsenfunktion hemmen, und Substanzen (z.B. Kortison), die Entzündungen unterdrücken. In manchen Fällen ist auch eine Bestrahlung oder eine Operation angezeigt.

Hier bekommen Sie Rat und Hilfe

► Schilddrüsen-Liga
  Deutschland e.V.
  Postfach 80 07 40
  65907 Frankfurt am Main
  Tel.: 069/31 40 53-34

► Forum Schilddrüse e.V.
  Heimhuderstraße 70
  20148 Hamburg
  Tel.: 040/41 70 95

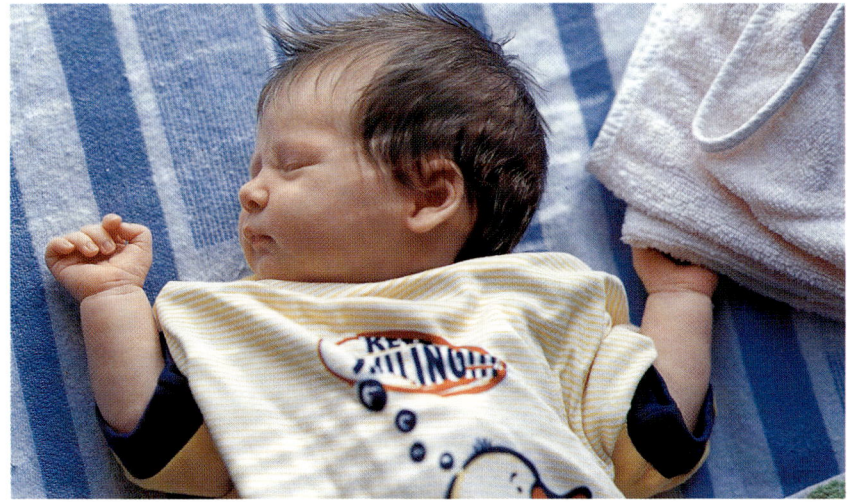

Wenn das Kind nachts schreit und nicht durchschläft, sollte erst eine organische Krankheit, die möglicherweise Schmerzen bereitet, ausgeschlossen werden, bevor man auf eine eventuell psychisch bedingte Schlafstörung schließt.

Die Aufgaben der Schilddrüse

Die Schilddrüse gehört zu den wichtigsten Organen des Körpers. Sie steuert so zentrale Funktionen wie den Wärme- und Energiehaushalt. Und bei Kindern ist sie an allen Wachstums- und Entwicklungsprozessen beteiligt. Schon ab etwa der zwölften Schwangerschaftswoche beeinflusst das kleine Drüsenorgan beim Ungeborenen die Entwicklung von Gehirn und Nerven sowie das Wachstum der Knochen.

Schlafstörungen

Zeichen
► Kind weint, schläft nicht ein
► Kind wacht in der Nacht auf und schreit
► Kind ängstigt sich

Viele Eltern kennen sie aus Erfahrung: die nervenaufreibenden Nächte, wenn das Baby immer wieder aufwacht und schreit. Oder ihr Kind partout nicht ins Bett möchte oder nach kurzer Schlafphase gleich wieder »auf der Matte steht« ... Diese Phänomene werden Ein- und Durchschlafstörungen genannt.

Ursachen
Meistens sind Ein- und Durchschlafstörungen nicht krankhaft und treten nur als vorübergehende Erscheinung auf. Vor allem in den ersten beiden Lebensjahren sind sie häufig und können je nach persönlichem Temperament eines Kindes (lebhafte, neugierige Kinder wollen meist weniger gern ins Bett als ruhige) mehr oder weniger stark ausgeprägt sein. Es gibt aber auch Schlafstörungen, die ernste Ursachen haben und als krankhaft zu werten sind. Neben Allgemeinerkrankungen, wie z. B. eine starke Erkältung, eine Infektion, Schmerzen, sind es vor allem seelische Probleme, die zu Schlafstörungen führen. Vor allem Sorgen in der Familie oder psychische Belastungen durch mangelnde Zuwendung können Schlafstörungen zur Folge haben.
Bei Schulkindern werden Schlafprobleme häufig durch Stress, Reizüberflutung und Leistungsdruck ausgelöst. Aus Angst, den Anforderungen nicht gerecht zu werden, ist es den Kindern nicht möglich, abends abzuschalten und entspannt einzuschlafen. Oder sie wachen alptraumgequält wieder auf, weil sich die negativen Gedanken in Traumgespenster verwandelt haben.

Behandlung
Bei seelisch bedingten Schlafstörungen ist es in jedem Fall ratsam, psychologische Hilfe in Anspruch zu nehmen. Wenden Sie sich an einen Kinderpsychologen oder psychotherapeutisch erfahrenen Kinderarzt. Dieser kann dann durch spezielle Untersuchungen und Therapieverfahren der Ursache auf den Grund gehen und die Schlafstörung behandeln.

Den Sprössling nach einem starren Schema ins Bett bringen zu wollen, ist meist sinnlos. Aber ein geregelter Ablauf im Sinne von Ritualen, beispielsweise in Form von Zähneputzen, den Teddy schlafen legen und noch ein Glas Wasser trinken, gibt die Sicherheit, um sich entspannt in den Schlaf fallen lassen zu können.

213

Das können Sie selbst tun

Sie sollten Ihrem Kind eine möglichst stressfreie Umgebung schaffen. D. h., Unruhe, Hetze und Nervosität weitgehend ausschalten, vor allem abends. Sollten Sie selbst nervös und angespannt sein, versuchen Sie, das Ihr Kind nicht spüren zu lassen. Verbringen Sie die Abendstunden nicht vor dem Fernseher, sondern lassen Sie den Tag durch ruhige, beschauliche Aktivitäten ausklingen.

Nehmen Sie sich Zeit für die Sorgen und Probleme Ihres Kindes. Wenn Sie das Gefühl haben, das Kind leidet unter den Bedingungen in Schule oder Kindergarten, versuchen Sie, in einem einfühlsamen Gespräch die Gründe dafür zu erfahren. Trösten Sie es, und geben Sie ihm das Gefühl, dass zumindest zu Hause kein Druck ausgeübt wird.

Hören Sie auf keinen Fall auf den Ratschlag, Ihrem Kind ein Schlafmittel zu geben. Die Struktur des Schlafs wird nämlich verändert. Außerdem sind die Kinder am nächsten Morgen unausgeglichen. Und es könnte ein erster Schritt in die »Suchtkarriere« sein.

Gute-Nacht-Tipps für Ihr Kind

► Bringen Sie Ihr Kind abends immer in wachem Zustand zu Bett. Nehmen Sie sich dabei Zeit für ein täglich wiederkehrendes liebevolles Einschlafritual. Doch verlassen Sie dann konsequent das Zimmer.

► Wenn das Kind abends oder nachts weint: Warten Sie zunächst ein paar Minuten, ob es sich nicht von selbst wieder beruhigt. Trösten Sie es, wenn nötig, nur in seinem Bettchen. Sprechen Sie leise mit ihm, streicheln Sie es, oder halten Sie kurz seine Hand, aber nehmen Sie es nicht auf Ihren Arm. Allmählich sollten Sie allerdings das »Tröstritual« immer kürzer halten.

► Geben Sie Ihrem Kind tagsüber die Zuwendung, die es braucht. Und vermitteln Sie ihm die Sicherheit, dass es sich immer auf Sie verlassen kann. Und vor allem: dass es nie allein gelassen wird.

► Bemühen Sie sich um eine entspannte und harmonische Atmosphäre. Denn ein Kind spürt jede negative Stimmung und reagiert vielleicht gerade darauf mit Schlafstörungen.

► Manche Kinder haben im Dunkeln Angst. Lassen Sie dann die Tür offen oder ein kleines Nachtlicht brennen. Geben Sie Ihrem Kind ein Schmusetier ins Bett, an das es sich kuscheln kann.

► Auch die äußeren Schlafbedingungen müssen stimmen: Die Zimmerluft soll kühl, aber genügend feucht sein (18 Grad, 50 Prozent Feuchtigkeit). Das Kind liegt warm, aber nicht zu dick zugedeckt. (Ideal ist ein Schlafsack, den es nicht wegstrampeln kann.) Und: Das Kind muss auch wirklich müde sein.

Schreien, exzessives

Zeichen

► Schreien, mehr als drei Stunden täglich
► Weinen vor dem Einschlafen, nach dem Aufwachen
► Verkürzte Schlafzeiten
► Anziehen der Beinchen, Körperverkrümmung

Ein gesundes Baby kann in den ersten Monaten täglich bis zu drei Stunden schreien – das ist völlig normal. Zum Problem wird das Schreien erst, wenn es scheinbar ohne Grund passiert, die drei Stunden deutlich überschreitet, sich über Wochen hinzieht und sich das Kind überhaupt nicht beruhigen lässt. Zehn Prozent aller Babys sind schätzungsweise vom exzessiven Schreien betroffen.

Ursachen

Nur bei einer geringen Anzahl verbergen sich organische Ursachen wie beispielsweise Bauchschmerzen infolge einer Milchunverträglichkeit hinter dem exzessiven Schreien. Die Hauptursache für das permanente Gebrüll liegt zumeist in einer Unreife der Schlaf-Wach-Regulation. Die Kinder müssen sich auf den 24-Stunden-Tag einstellen und den Übergang vom Schlafen zum Wachsein lernen. Das ist ein schwieriger Anpassungsprozess, den manche Babys nicht so ohne weiteres vollziehen können.

Schreibabys sind oft von Natur aus sehr neugierige Kinder. Sie wollen am liebsten immer mit dem Rücken zum Körper herumgetragen werden, ganz viel sehen und entdecken. Das aber kann schnell zu einer Überreizung führen und das kleine Gehirn überstimulieren. Die Folge: Die Kinder werden unruhig und haben allergrößte Schwierigkeiten zu schlafen, obwohl sie eigentlich todmüde sind.

Behandlung

Schreibabys reagieren auf jede noch so geringe Störung mit großer Unruhe und schlafen viel zu wenig. Sie brauchen daher mehr als andere Babys Ruhe und Abschirmung. Es gibt spezielle »Schreiambulanzen«, in denen man sich der – teilweise extrem – gestressten und verzweifelten Eltern annimmt und sie zusammen mit ihren Babys psychologisch betreut. Als erste Maßnahme müssen die Eltern ein Tagebuch führen, in das sie akribisch die Abläufe des Alltags eintragen: wann ihr Kind gefüttert wird, wann es schläft, wann es aufwacht, was es beruhigt, was es aufregt. Außerdem lernen die Eltern, auf jedes noch so diskrete Müdigkeitszeichen ihrer Babys – z. B. ein Gähnen oder Nasereiben – frühzeitig zu reagieren. Dann erklären die Psychologen, wie Sie das Baby von Außenreizen abschirmen können. Sie müssen vor dem Einschlafen möglichst alles abschalten, was ablenken könnte (Geräusche, Lichtquellen, bewegliche Gegenstände), und sehr ruhig werden mit Ihrem Kind.

Sie sollten es am besten eine Zeit lang auf dem Arm halten, ganz langsame Bewegungen durchführen und dann, wenn seine Äuglein schwer werden, das

Erfahrungen von Kinderärzten und -psychologen zeigen, dass die meisten Kinder mit drei Monaten, spätestens mit einem halben Jahr, ihre Schwierigkeiten überwunden haben, sehr viel ruhiger werden und sehr viel weniger schreien. Das hat damit zu tun, dass in dieser Zeit wieder ein wichtiger Entwicklungsabschnitt vollzogen ist und damit auch die Schlaf-Wach-Regulation besser funktioniert.

Baby ins Bettchen legen. Wichtige Regel: das Kind unbedingt im Bett lassen, auch wenn es nach fünf Minuten wieder zu quengeln oder zu schreien beginnt. Die Eltern können es sanft streicheln und mit leisen Worten beruhigen, aber bloß nicht wieder aus dem Bett herausnehmen. Außerdem sollten die Eltern auf einen ganz geregelten Tagesablauf mit festen Zeiten fürs Schlafen, Füttern und Spielen achten. Das hilft nämlich diesen Kindern, den eigenen Rhythmus zu finden, der dann auch mit den Gegebenheiten der Umgebung harmoniert.

In der Regel funktioniert diese Art der »Therapie« sehr gut.

Das KISS-Syndrom: auch ein Grund, wenn Babys schreien

Die Abkürzung KISS steht für »Kopfgelenk-Induzierte Symmetrie-Störung«. Hinter dem komplizierten Namen verbirgt sich eine Fehlfunktion im Halswirbelsäulenbereich, die daran schuld sein kann, dass Babys weniger als normal schlafen und mehr als gewöhnlich schreien. Die Probleme an der Halswirbelsäule entstehen bei den Kleinen zumeist während der Geburt: Wenn das Köpfchen durch den engen Geburtskanal gepresst wird, ist es einem starken Druck ausgesetzt und kann gedreht werden. Manchmal sind Druck und Drehbewegungen offensichtlich so stark, dass sie die zarte Halswirbelsäule zu sehr belasten und Beschwerden hervorrufen.

Die typischen Merkmale des KISS-Syndroms

► Berührungsempfindlichkeit; die Kinder weinen sofort, vor allem wenn man sie hochnimmt.
► Unruhe; die Kinder schlafen schlecht, wachen immer wieder auf.
► Trinkprobleme; die Kinder sabbern viel, können nicht richtig schlucken.
► Haltungsasymmetrie; die Kinder drehen, da ihnen jede Bewegung wehtut, den Kopf krampfhaft zu einer Seite, spannen die Muskeln an, liegen schief im Bettchen.

Eltern sollten ihr Baby möglichst frühzeitig einem erfahrenen Kinderarzt vorstellen, der sich mit dem KISS-Syndrom auskennt. Er kann nämlich eine Behandlung durchführen, die eigentlich sehr einfach ist, auf der anderen Seite oft wahre Wunder bewirkt, nämlich die »Manualtherapie«. Dabei renkt der Arzt mit vorsichtigen Handgriffen die Wirbel an der Halswirbelsäule wieder ein. Bei ausgeprägteren Störungen kann es nötig sein, die manualtherapeutische Behandlung häufiger zu wiederholen oder mit anderen Techniken wie z. B. Massagen oder Krankengymnastik zu kombinieren. Aber auch dann sind die Erfolge oft gut, und das Kind wird in seiner Entwicklung sehr von dieser Therapie profitieren.

Hier bekommen Sie Rat und Hilfe

► »Schreiambulanz« im Institut für Soziale Pädiatrie und Jugendmedizin der Universität München
Heiglhofstraße 64
81377 München
Tel.: 089/710090

Bei manchen Babys merken die Eltern nur am Verhalten, dass etwas nicht stimmt, andere Babys entwickeln sogar einen »Schiefhals«, d. h. sie wenden den Kopf nur nach einer Seite und verkrampfen die Halsmuskulatur sehr stark. Wenn das KISS-Syndrom nicht erkannt wird, kann es auch im Klein- und Schulkindalter Probleme nach sich ziehen. Die betroffenen Kinder klagen beispielsweise über ständige Kopfschmerzen, sind müde, unkonzentriert und fühlen sich immer unwohl.

Seelische Störungen

Zeichen
- ► Schleichender Verlauf
- ► Geistige und körperliche Behinderung

Auch die seelische Entwicklung eines Kindes läuft in bestimmten Phasen ab und unterliegt gewissen Normen, d. h., in den einzelnen Stadien sollten altersentsprechende Entwicklungsschritte vollzogen sein. Dabei gibt es aber große individuelle Unterschiede, und manchmal treten auch Verhaltensweisen auf, die überraschend und unverständlich, ja sogar bizarr erscheinen. Trotzdem müssen sie aber nicht gleich krankhaft sein. Echte Störungen entstehen, wenn sich abwegige Verhaltensmuster dauerhaft festsetzen und die Entwicklung des Kindes nachhaltig beeinträchtigen.

Neben der medikamentösen Behandlung ist fast immer auch eine psychotherapeutische Behandlung angesagt. Denn seit einigen Jahren ist erwiesen, dass auch bei Psychosen und nicht nur bei »leichten« Störungen die Psychotherapie Erfolge verzeichnet.

Ursachen
Die Ärzte und Psychologen unterscheiden schwere psychische Erkrankungen – die so genannten endogenen Psychosen – von den mehr oder weniger stark ausgeprägten Störungen des seelischen Verhaltens.

Psychosen
Dazu zählen die Schizophrenie und die manische Depression – kommen bei Kindern extrem selten vor. Wenn eine Schizophrenie bereits im Kindesalter auftritt, zeigt sie sich meist durch autistisches Verhalten, Zwangshandlungen und unbegründete Angstzustände. Halluzinationen und Denkstörungen mit deutlicher Ich-Spaltung – wie sie für die Schizophrenie des Erwachsenenalters kennzeichnend sind – geben sich bei Kindern kaum zu erkennen. Eine manische Depression äußert sich nicht selten in einem psychosomatischen Beschwerdebild – Kopfweh, Bauchschmerzen, Schwitzen, Schulangst, Schlafstörungen oder auch Hör- und Sehbeeinträchtigungen. Die depressive Stimmungslage findet oft in Ängsten ihren Ausdruck.
Kindliche Psychosen müssen in jedem Fall von Spezialisten – Kinderpsychiatern, Kinderneurologen – behandelt werden. Meist ist eine Therapie mit Psychopharmaka nötig.

Seelische Störungen
Folgende Probleme können auftreten.
Allgemeine Verhaltensstörungen:
- ► Wut- und Schreianfälle
- ► Extremes Daumenlutschen oder Nägelkauen
- ► Ständiges Wackeln mit dem Körper oder Anschlagen des Kopfes
- ► Selbstverletzendes Verhalten
- ► Ausgeprägtes Onanieren
- ► Häufiges Zwinkern, Kopfrucken, Schulterzucken, Grimassieren
- ► Völlige Teilnahmslosigkeit

Essstörungen:
- ► Appetitlosigkeit
- ► Erbrechen
- ► Nahrungsverweigerung
- ► Magersucht (bei jungen Mädchen in der Pubertät)
- ► Essen unverdaulicher Dinge (Erde, Kalk, Gummi)

Entleerungsstörungen:
- ► Bettnässen
- ► Einkoten
- ► Verstopfung

Während das Einkoten sehr selten ist und nur bei schwer geistig gestörten oder sozial vernachlässigten Kindern auftritt, zeigt sich das → Bettnässen als ein relativ häufiges Verhaltensproblem. Es ist sowohl für die Kinder selbst als auch für deren Eltern äußerst belastend.

Auch chronische Verstopfung kann eine Verhaltensstörung sein. Sie ist dann als Trotzhaltung zu werten, als Verweigerung, gewisse Erwartungen der Eltern zu erfüllen. Sie entwickelt sich nicht selten dann, wenn die Mutter großen Wert auf eine regelmäßige Stuhlentleerung legt.

Ängste:
Die Angstzustände können sich sehr subtil oder auch ganz vordergründig in panikartigen Reaktionen zeigen. Ausdrucksformen von Angst sind:
- ► Schüchternheit (Angst vor Kontakt mit Fremden)
- ► Schlafstörungen (Angstgefühle hindern am Einschlafen oder reißen das Kind wieder aus dem Schlaf heraus)
- ► Trennungsangst (panikartige Reaktionen, wenn ein Elternteil oder beide Eltern nicht da sind)
- ► Phobien (abnorme Angstäußerungen in Dunkelheit oder durch Tiere wie Spinnen oder Käfer)
- ► Zwänge (extreme Rituale und Zwangshandlungen, z. B. Waschzwang, vorm Zubettgehen unters Bett schauen)

Bei Mädchen äußern sich Störungen zum Teil durch den Versuch, ganz besonders gut zu funktionieren, wobei sie in der Schule dennoch dauernd versagen und ansonsten auch eher unzugänglich, ruppig und leicht beleidigt sind. Sie wirken unzufrieden und unglücklich.

Störungen des Sozialgefühls:
Das »schwierige Kind« eckt in seinem Wesen ständig an, reagiert in bestimmten Situationen anders als üblich und ist durch erzieherische Bemühungen kaum lenkbar. Typische Störungen sind:
- ► Hyperaktivität (Hyperkinetisches Syndrom: extrem zappelige, impulsive, unkonzentrierte Kinder)
- ► Aggressivität (extreme Wutausbrüche, Neigung zu Gewalt und Zerstörung)

Teilleistungsschwächen und Intelligenzstörungen:
Außerdem können sich psychische Probleme auch auf die geistige Entwicklung niederschlagen und zu Teilleistungsschwächen wie Sprach- und Lernstörungen, aber auch zu allgemeinen Intelligenzstörungen führen.

Bitte nichts unter den Tisch kehren

Wenn Sie unsicher sind und sich fragen, ob Ihr Kind möglicherweise eine Verhaltensstörung aufweist, scheuen Sie sich nicht, den Kinderarzt darauf anzusprechen. Dieser kann selbst Untersuchungen vornehmen oder gegebenenfalls Ihr Kind an einen Spezialisten (Kinderpsychologen, Neurologen, Psychotherapeuten) überweisen. Über Gespräche, psychologische Tests und Untersuchungen zur Entwicklung kann dann den Störungen und ihren Ursachen auf den Grund gegangen werden. Es ist auch wichtig, körperliche Krankheiten als mögliche Auslöser der Symptome auszuschließen (z. B. Untersuchung der Harnwege bei Einnässen, des Magen-Darm-Trakts bei Erbrechen).

Behandlung

Viele Verhaltensweisen sind in einer Altersgruppe durchaus normal, wie z. B. das Daumenlutschen beim Säugling, das Einnässen beim Kind unter vier Jahren. Auch das Ausmaß der Reaktionen spielt eine Rolle. Beispielsweise zeigen viele gesunde Babys beim Einschlafen ein Kopfwackeln, ohne dass es auffällig wäre. Nicht zuletzt ist das Geschlecht von Bedeutung: Ein Junge ist eher aggressiv als ein Mädchen. Um eine psychische Störung zu erfassen, müssen also all diese Faktoren – Alter, Ausmaß, Geschlecht – berücksichtigt werden. Außerdem nehmen auch kulturelle Bedingungen – Konventionen, moralische Vorstellungen – Einfluss.

Häufig gelingt die Behandlung von seelischen Störungen bereits durch eine eingehende psychologische Betreuung des Kindes sowie ausführliche Beratung der Eltern. Dabei können auch falsche Erwartungshaltungen und fehlerhafte Erziehungsmaßnahmen korrigiert werden. Spezielle Behandlungsformen wie Spiel- und Beschäftigungs- oder Verhaltenstherapie wirken sich oft äußerst günstig aus.

Oft sehen alle Beteiligten schon nach ein oder zwei Beratungsterminen die Probleme klarer und können erste Schritte in Richtung Lösung unternehmen. Etwa zehn bis zwanzig Gespräche sind in der Regel nötig, um die Schwierigkeiten immer schneller erkennen zu können. Dann sind Medikamente wie Psychopharmaka nicht mehr notwendig.

Hier bekommen Sie Rat und Hilfe

► Deutsche Gesellschaft für Kinder- und Jugendpsychiatrie
 Hans-Sachs-Straße 6
 35039 Marburg
 Tel.: 06421/286258

Sehstörungen

Zeichen

► Angeborene Sehfehler, z. B. Schielen, Kurzsichtigkeit, Weitsichtigkeit, Hornhautverkrümmung (Astigmatismus)
► Augenmuskellähmungen
► Entzündungen

Um Sehstörungen bei Kindern auf die Spur zu kommen, ist die Mitwirkung der Eltern nötig. Kinder können nämlich erst im Alter von etwa zehn bis zwölf Jahren Augenbeschwerden angeben. Dann ist aber der günstigste Zeitpunkt für eine Korrektur meist schon längst verpasst. Auch geringfügige Augenfehler wie z. B. ein leichtes Schielen sollten unbedingt frühzeitig behandelt werden, weil sonst die Gefahr besteht, dass das betroffene Auge ein Leben lang schwachsichtig bleibt.

Ursachen

Die häufigsten Augenprobleme sind angeborene Sehfehler wie Schielen, Kurz- oder Weitsichtigkeit. Aber auch neurologische Störungen wie z. B. eine Augenmuskellähmung können die Sehfähigkeit stark beeinträchtigen. Darüber hinaus spielen auch andere Erkrankungen wie Entzündungen oder Stoffwechselstörungen und Immunkrankheiten (z. B. Diabetes mellitus oder jugendliches Rheuma) bei Augenproblemen eine Rolle.

Behandlung

Die volle Sehschärfe bildet sich erst mit vier bis fünf Jahren aus. Mit speziellen Untersuchungen kann man aber auch schon bei Babys eine eventuelle Schwach- oder Fehlsichtigkeit erkennen. Im Rahmen der Vorsorgeuntersuchungen führt der Kinderarzt einfache Tests zur Prüfung der Sehfähigkeit durch. Bei gegebenem Verdacht sollte aber auch unbedingt ein Augenarzt konsultiert werden. Dieser behandelt auch Sehstörungen, die andere Ursachen haben, wie etwa eine Lähmung der Augenmuskeln oder eine Augenentzündung. Sehfehler wie Kurz- oder Weitsichtigkeit können heute sehr gut korrigiert werden. Es gibt Brillen mit besonders leichten Kunststoffgläsern, die angenehm zu tragen und daher speziell für Kinder geeignet sind.

Bei einseitigem Schielen ist eine so genannte Okklusionsbehandlung nötig. Dabei wird das Brillenglas des führenden Auges mit Pflaster verklebt und so das schwächere Auge trainiert. Kinder unter vier Jahren sehen auf diese Weise behandelt schon nach vier Wochen besser.

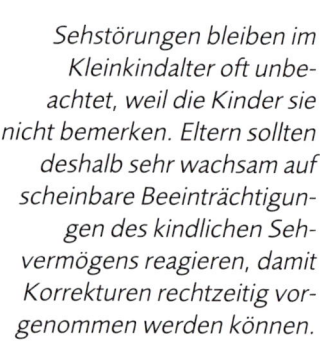

Sehstörungen bleiben im Kleinkindalter oft unbeachtet, weil die Kinder sie nicht bemerken. Eltern sollten deshalb sehr wachsam auf scheinbare Beeinträchtigungen des kindlichen Sehvermögens reagieren, damit Korrekturen rechtzeitig vorgenommen werden können.

Hier bekommen Sie Rat und Hilfe

➤ Kuratorium Gutes Sehen
Kirchweg 2
50858 Köln
Tel.: 02 21/94 86 28-24

Wie gut sieht Ihr Kind?

Je früher eine Sehstörung erkannt wird, desto erfolgreicher ist eine Behandlung. Dazu sollten Sie Ihr Kind aufmerksam beobachten und wissen, welche Reaktionen auf Probleme mit den Augen hindeuten.

➤ Das Kind geht sehr nah an Gegenstände heran, z. B. an Spielsachen, um sie zu sehen.
➤ Es hat Mühe, einen Gegenstand mit den Augen zu verfolgen.
➤ Es legt den Kopf auffällig schief, wenn es etwas beobachtet.
➤ Es kneift oft die Augen zusammen.
➤ Es blinzelt viel oder reibt sich ständig die Augen.
➤ Es stößt sich oft an Gegenständen, z. B. an Möbeln.
➤ Es ist auffallend lichtscheu und fühlt sich oft geblendet.
➤ Es hat häufig gerötete Augen.
➤ Es schielt (auffallend oder auch nur leicht und gelegentlich).
➤ Ein größeres Kind klagt über Kopfschmerzen.

Sprachstörungen

Zeichen

➤ Störung der Sprachentwicklung
➤ Störung des Sprechens (Stammeln, Stottern, Poltern, Näseln)

Sprachentwicklungsstörungen nehmen bei Kindern zu. Das haben Untersuchungen an Kindergärten und Schulen gezeigt.

Ursachen

Eine normale Sprachentwicklung setzt nicht nur voraus, dass das Nervensystem optimal funktioniert und die Sinnesorgane – vor allem das Gehör – richtig arbeiten. Wie schnell und gut ein Kind sprechen lernt, hängt auch ganz wesentlich von der Intensität der Zuwendung und vom Milieu ab, in dem es aufwächst. Studien haben ergeben, dass Kinder aus sozial besser gestellten Familien meist über eine bessere Sprachentwicklung verfügen. Auch das seelische Befinden beeinflusst die Fähigkeit zu sprechen sehr stark. Wenn Kinder in einem ungünstigen psychosozialen Umfeld leben und unter mangelnder Zuwendung, Lieblosigkeit, Stress oder gar Gewaltanwendung zu leiden haben, können sie in ihrer Sprachentwicklung erheblich beeinträchtigt werden.

Umgeben Sie Ihr Kind mit Sprache. Sprechen Sie von Beginn an mit ihm, machen Sie später alle Sprachquatschspiele mit, erklären Sie ihm genau, was Sie denken oder von ihm erwarten. So lernt es die Sprache zu schätzen als eine Möglichkeit, sich verständlich zu machen.

Wie äußern sich Sprachentwicklungsstörungen?

Die Ärzte unterscheiden im Wesentlichen folgende Krankheitsbilder:

Aphasie

Ein teilweiser oder völliger Verlust der Sprache nach weitgehend abgeschlossener Sprach- und Sprechentwicklung. Ursachen sind Schädigungen im Gehirn (Sprachzentrum), beispielsweise durch eine Unfallverletzung, Vergiftung oder Entzündung.

Sprachentwicklungs- und Sprechstörungen

Fängt Ihr Kind mit vier Jahren plötzlich an zu stottern, kann es daran liegen, dass es nicht so schnell sprechen kann, wie es möchte. Die Aufregung, etwas ungeheuer Spannendes zu erzählen, was es erlebt hat, verschlägt ihm die Sprache. Die Worte fehlen, andere werden übersprungen oder kommen einfach nicht zum Vorschein. Geben Sie behutsam Hilfestellung, und entmutigen Sie das Kind nicht.

Die häufigste Ursache sind erblich bedingte oder erworbene Hörstörungen. Aber auch Fehlbildungen im Mund-Rachen-Bereich oder Beeinträchtigungen im Nervensystem (seelischer oder körperlicher Art) können die Sprechweise und Sprachentwicklung beeinträchtigen.

Probleme beim Sprechen zeigen sich am häufigsten durch Stammeln, Stottern oder Poltern.

- ► Stammeln ist eine Störung der Artikulation. Einzelne Laute werden dabei falsch gebildet, oder sie fehlen völlig. Der häufigste Stammelfehler ist im Deutschen das so genannte Lispeln, bei dem das »s« nicht richtig ausgesprochen werden kann.
- ► Stottern und Poltern sind Störungen des Redeflusses. Beim Versuch, Worte zu sprechen, werden manche Silben mehrfach wiederholt, oder es entstehen längere Pausen, bis ein Wort oder Satz »herausgebracht wird«.
- ► Auch Näseln gehört zu den Störungen der Sprechweise. Beim Näseln ist die Nasenresonanz beeinträchtigt, die Stimme klingt gepresst und flach. Dem Näseln können organische Störungen zugrunde liegen wie ein chronischer Schnupfen, ein Defekt im Nasen-Rachen-Raum (Lippen-Kiefer-Gaumenspalte, Polypen), aber auch eine Schwerhörigkeit.

Wenn ein Kind Unsicherheiten beim Sprechen zeigt, sollte eine mögliche Hörstörung in Betracht gezogen werden.

Ist es wirklich eine Störung?

Wie ausgeprägt die Sprechfehler sind, hängt von dem Grad der zugrunde liegenden Störung ab. Kurzzeitige Sprechstörungen wie ein leichtes Stammeln oder Stottern machen fast alle Kleinkinder durch und gehören zur normalen Sprachentwicklung. Die Fehler sollten aber spätestens bis zum sechsten Lebensjahr überwunden sein.

Außerdem hängt die korrekte Bildung von Lauten auch mit der Koordination von Gesichtsmuskeln, Zunge und Lippen zusammen. Besonders kompliziert sind R-, S-, Sz- oder Ch-Laute. Konsonanten wie K oder G sind ebenfalls schwierig auszusprechen. Kinder sind erfindungsreich und ersetzen die Laute einfach durch ähnlich klingende oder überspringen sie. Spezielle Kiefer- oder Zahnstellungen beeinflussen die Aussprache auch.

Behandlung

Im Rahmen der allgemeinen Vorsorgeuntersuchungen wird der Kinderarzt in jedem Fall das Gehör genau untersuchen und prüfen, ob die Sprachentwicklung Ihres Kindes altersentsprechend verläuft. Sollte aber der Verdacht auf eine Sprachentwicklungsverzögerung bestehen, ist es wichtig, eine spezielle logopädische Behandlung einzuleiten. Je früher nämlich durch gezielte Übungen das Sprechen trainiert wird, desto größer sind die Chancen, den Fehler zu beheben. Auch der Besuch einer Sprachheilschule kann für Kinder mit Sprachentwicklungsstörungen von großem Vorteil sein, da die Lehrer dort gezielt auf die Probleme der Kinder eingehen. Oft ist die Therapie schon nach zwei bis drei Jahren erfolgreich, und die Kinder können wieder auf die normale Schule wechseln. Hörgestörte Kinder sollten schon frühzeitig ein Hörgerät angepasst bekommen, damit die fast immer bestehende »Resthörigkeit« geschult wird.

Kinder lernen durch Imitation. Sie müssen immer wieder sehen, wie die Laute und Wörter gebildet werden. Dann machen sie es nach. Wenn Sie Ihrem Kleinkind ein Wort beibringen wollen, müssen Sie ihm das Gesicht zuwenden und deutlich sprechen.

Das können Sie selbst tun

Bewahren Sie Geduld und Ruhe, wenn Ihr Kind vorübergehend Probleme beim Sprechen hat. Vorschnelles Zurechtweisen kann die Kleinen so sehr irritieren, dass aus einem harmlosen Holpern ein dauerhaftes Stottern wird. Im Alter von vier bis sechs Jahren erwerben Kinder langsam die Sicherheit, die sie für ein flüssiges Sprechen brauchen. Kleinere Unregelmäßigkeiten sind ganz normal und verschwinden fast immer von selbst. Wird das Kind allerdings ständig auf seine Fehler hingewiesen, verliert es seine Unbefangenheit und wird unsicher. Experten raten, beim Sprechenüben keinen Leistungsdruck zu erzeugen, dem Kind Zeit zu lassen und sein Selbstbewusstsein zu stärken.

Hier bekommen Sie Rat und Hilfe

► Deutscher Bundesverband für Logopädie e.V.
Augustinusstraße 9d
50226 Frechen
Tel.: 02234/691153

Stoffwechselstörungen

Zeichen

- Schleichender Verlauf
- Geistige und körperliche Behinderung

Viele Babys, die mit einer genetisch bedingten Stoffwechselstörung geboren werden, wirken zunächst völlig gesund. Erst langsam macht sich die Krankheit bemerkbar, und dann ist es leider oft schon zu spät: Der Organismus hat bereits Schaden genommen. Deshalb ist es so wichtig, Stoffwechselleiden frühzeitig zu erkennen.

Ursachen

Einige Stoffwechseler-krankungen sind genetisch bedingt, so dass Eltern, die selbst betroffen sind, schon vor und während der Schwangerschaft genetisch beraten werden und sich auf die Risiken und Probleme nach der Geburt einstellen können. Eine gute Vorbereitung hilft, damit zurechtzukommen.

Wenn bei Kindern Stoffwechselstörungen auftreten, dann verbergen sich fast immer erbliche Krankheiten dahinter. Meist ist ein genetisch bedingter Enzymmangel Ursache dafür, dass die Prozesse bei der Verarbeitung von Kohlenhydraten, Eiweißen, Fetten und Mineralstoffen nicht mehr reibungslos funktionieren. Enzyme sind – genauso wie Hormone und Vitamine – Schlüsselsubstanzen des Stoffwechsels, die die gesamten Abläufe ankurbeln und am Laufen halten. Fehlt eine dieser Steuersubstanzen, gerät der Stoffwechsel ins Stocken, und die »Stoffe« können nicht weiterverarbeitet werden. Wie wenn an einer Stelle einer Fließbandproduktion eine Maschine ausfällt und das Material liegen bleibt, so sammelt sich auch im gestörten Stoffwechsel »Material« an. Dies wirkt – wenn die Menge immer weiter ansteigt – auf den Organismus giftig und verursacht schwere Störungen an den Organen, vor allem aber im Gehirn.

Verlauf

Typisch für Stoffwechselkrankheiten ist ein schleichender Verlauf. Die Krankheit entwickelt sich langsam über Wochen und Monate und ergreift nach und nach von dem Organismus Besitz. Bis die Stoffwechselstörung auffällt, können die Probleme so groß sein, dass es für eine Behandlung schon zu spät ist. Die Kinder haben dann zeitlebens unter schweren körperlichen Gebrechen und einer geistigen Behinderung zu leiden.

Behandlung

Um Stoffwechselstörungen frühzeitig auf die Spur zu kommen, wurde ein spezielles Sreening-Verfahren entwickelt. Mit dieser Routineuntersuchung macht hierzulande jedes Neugeborene spätestens am fünften Tag nach seiner Geburt Bekanntschaft. Die Untersuchung ist einfach: Ein paar Tropfen Blut, das aus der Ferse des Babys entnommen wird, und ein Filterpapier, das mit dem Blut getränkt wird, reichen aus, um nach den Krankheiten zu fahnden.

Der leichte Pikser zur Blutentnahme bewahrt hierzulande etwa dreihundert Babys jährlich vor einer schweren und unheilbaren geistigen Behinderung. Im Rahmen des Neugeborenen-Screenings kommen die Mediziner heute den häufigsten und bekanntesten Stoffwechselleiden auf die Spur.

Kinder, die unter angeborenen Stoffwechselstörungen leiden, brauchen besonders viel Aufmerksamkeit und liebevolle Zuwendung. Sie müssen lernen, mit der – möglicherweise lebenslangen – Beeinträchtigung zurechtzukommen.

Dazu gehören diese Krankheiten und ihre Folgen:

- Phenylketonurie: Giftige Stoffwechselprodukte schädigen das Gehirn.
- Galaktosämie: Erbrechen, Durchfälle und Abmagerung; die Leber, Nieren und Augen werden geschädigt.
- Ahornsirupkrankheit: Wenn diese Krankheit nicht behandelt wird, verläuft sie meist tödlich.
- Hypothyreose: Störungen des Wachstums und der Entwicklung.
- Hypoglykämie-Syndrom: Lebensbedrohliche Krämpfe und Kollapse.
- Mukoviszidose: Drüsenerkrankung (siehe S.195). Zur Zeit sind aber schon neue Screening-Verfahren in Erprobung, die es in Zukunft ermöglichen sollen, auch die selteneren und schwieriger zu erkennenden Störungen aufzuspüren. Diese weltweit stetig erweiterten Screening-Programme geben Anlass zur Hoffnung, dass die Medizin den Wettlauf mit der Zeit gewinnen und immer mehr Stoffwechselkrankheiten rechtzeitig erkennen und behandeln kann. Und dass Kinder auf diese Weise vor lebenslangem Leiden bewahrt werden können.

Auch im Rahmen der vorgeburtlichen Diagnostik werden schon zahlreiche Untersuchungsverfahren durchgeführt, um erblichen Krankheiten auf die Spur zu kommen.

Die Galaktosämie ist eine Erkrankung in Form einer Störung des Kohlenhydratstoffwechsels. Die Kinder vertragen einen Teil des Milchzuckers nicht und müssen absolut milchzuckerfrei ernährt werden.

Hier bekommen Sie Rat und Hilfe

- Phenylketonurie und verwandte angeborene Stoffwechselstörungen e.V.
  Adlerstraße 6
  91077 Kleinsendelbach
  Tel.: 09126/4453

Hier ist es wie bei allen Erkrankungen: Früherkennung ist die beste Voraussetzung für die Heilung. Versäumen Sie keinen Termin der neun Untersuchungen Ihres Kindes. Der Aufwand ist klein, der Gewinn unter Umständen unbeschreiblich groß.

Diese Stoffwechselstörungen werden mit dem Bluttest erkannt

► Schilddrüsenunterfunktion

Eine angeborene Unterfunktion der Schilddrüse (Hypothyreose) kommt einmal bei etwa 3000 Geburten vor. Ohne Behandlung führt der Mangel des Schilddrüsenhormons zu Wachstumsstillstand und zu bleibenden geistigen Behinderungen. Setzt die Therapie dagegen bereits in den ersten vier Wochen ein, entwickeln sich die betroffenen Kinder körperlich und geistig ganz normal.

► Phenylketonurie

Etwa bei jedem 10000. Neugeborenen muss mit einer schweren Beeinträchtigung des Eiweißstoffwechsels gerechnet werden, der so genannten Phenylketonurie. Dabei ist der Stoffwechsel der Aminosäure Phenylalanin massiv gestört. Dies führt ohne Behandlung zu schwerster geistiger Behinderung. Wird das betroffene Baby jedoch sofort einer Spezialdiät unterzogen, kann der Hirnschaden mit Sicherheit verhütet werden.

► Galaktosämie

Einmal unter 40000 Geburten kommt es zu einer speziellen Störung im Kohlenhydratstoffwechsel, der Galaktosämie. Dabei wird Galaktose, Milchzucker, nicht richtig verstoffwechselt. Krankheitssymptome wie Unruhe, Erbrechen, Trinkschwäche und Gewichtsverlust treten auf, wenn das Neugeborene erstmals Milch zu sich nimmt. Bleibt die Krankheit unbehandelt, entwickeln sich schwere Leberschäden, andere Organstörungen und Schwachsinn. Setzt aber eine Behandlung – mit einer Diät – frühzeitig ein, ist auch hier mit einer ungestörten körperlichen und geistigen Entwicklung zu rechnen.

► Ahornsirupkrankheit, Histidinämie, Homozystinurie

Bei all diesen Krankheiten handelt es sich um Störungen des Aminosäurestoffwechsels, die zu schwerer geistiger Behinderung führen können. Diese etwas seltenere Stoffwechselstörungen werden in manchen Ländern mit dem Screening-Programm erfasst.

► Hypothyreose

Eine Unterfunktion der Schilddrüse mit Störungen des Wachstums und der Entwicklung. Die Folge sind Minderwuchs und die verzögerte Entwicklung aller körperlichen, geistigen und psychischen Funktionen.

► Hypoglykämie-Syndrom

Unterzuckerung mit lebensbedrohlichen Krämpfen und Kollapse.

Taubheit

Zeichen
► Schwere Hörbehinderung
► Einschränkung der Sprachentwicklung

Von 1000 Kindern kommen zwei mit einer Hörstörung auf die Welt. Eine Taubheit, also völlige Hörlosigkeit, gibt es nur ganz selten; in den allermeisten Fällen ist eine Resthörigkeit vorhanden. Die größte Gefahr ist die Vereinsamung infolge fehlender Kommunikation mit anderen.

Ursachen
Die Hörbehinderung kann ererbt oder während Schwangerschaft oder Geburt erworben sein. Mögliche Auslöser:
► Infektionen in der Schwangerschaft (u. a. Röteln, Toxoplasmose und Syphilis)
► Stoffwechselerkrankungen
► Alkohol- und Drogenkonsum der Mutter
► Kommt es während der Geburt zu Sauerstoffmangel oder Verletzungen im Bereich der Hörnerven und -zentren im Gehirn, kann dies Hörschäden nach sich ziehen.
► Auch Frühgeborene können durch die vorzeitige Geburt von Hörstörungen betroffen sein.
► Später in der Kindheit kann eine Hörstörung vor allem durch Hirnhautentzündungen oder Viruskrankheiten (Mumps, Masern) hervorgerufen werden.

Behandlung
Untersuchung
Der Arzt untersucht zunächst die Ohren mit einem speziellen Ohrenspiegel und führt anschließend spezielle Untersuchungen zur Messung der Hörleistung durch (z. B. ein Audiogramm und BERA, eine spezielle Form des EEG, der Aufzeichnung elektrischer Hirnströme). Zusätzlich werden neuropädiatrische, entwicklungspsychologische sowie eine augenärztliche Untersuchung vorgenommen, da etwa ein Drittel der Kinder mit einer Hörstörung noch zusätzliche Behinderungen haben, wie z. B. Sehstörungen.

Anpassung des Hörgerätes
Zur Therapie wird den kleinen Patienten ein Hörgerät angepasst. Der Hörgeräteakustiker macht dafür Abdrücke für die Ohrpassstücke und wählt ein Hörgerät aus, das genau auf die Bedürfnisse zugeschnitten ist. Anders als noch vor 15 oder 20 Jahren ist es heute möglich, sehr fein arbeitende Hörgeräte herzustellen, die in der Lage sind, das vorhandene Resthörvermögen zu aktivieren und zu trainieren. Dies gilt besonders für Kleinkinder, bei denen sich das Gehirn ja noch in einer Phase der Reifung befindet und von daher viel stärker beeinflusst werden kann.

Ob Ihr Kind eine Hörstörung hat, lässt sich schon im ersten Halbjahr feststellen. Liegt es beispielsweise in einem ruhigen Raum und Sie machen hinter ihm plötzlich Lärm, sollte es zwar erschrecken, sich aber beim Klang Ihrer Stimme wieder beruhigen. Bei jeder zweiten Hörstörung, die durch den Arzt festgestellt wird, ist es für eine wirkungsvolle Therapie schon zu spät. Dies ist das erschreckende Ergebnis einer Untersuchung.

Wenn man sich klarmacht, dass ein Kind Sprache nur lernen kann, wenn es die Töne und die Wörter hört und mit der Zeit herausfindet, welche Lautkombinationen in welche Zusammenhänge gehören, kann man ermessen, wie gehandicapt ein Kind durch Schwerhörigkeit beim Sprechenlernen ist. Wenn Ihr Kind also keine Anstalten macht, Laute zu formulieren, kann das mit Hörproblemen zu tun haben.

Da die Sprachentwicklung im fünften Lebensjahr weitgehend abgeschlossen ist, sollten hörgestörte Kinder möglichst früh mit solchen hoch leistungsfähigen Hörgeräten versorgt werden. Gleichzeitig sollte eine professionelle Frühförderung begonnen werden, die auch den Eltern zeigt, wie sie ihr Kind am besten in seiner Entwicklung unterstützen können. Dann ist es sogar möglich, dass die Kinder die Lautsprache erlernen können.

Früher lehrte man hörgestörten Kindern zumeist gleich die Gebärdensprache, das Erlernen der Lautsprache hatte weniger Bedeutung. Das gliedert die Kinder zwar in die Gemeinschaft der Nichthörenden ein, lässt aber keine richtige Kommunikation mit Hörenden zu. Heute geht man deshalb immer mehr dazu über, den Kindern zunächst das Lesen und Sprechen beizubringen und erst später die – einfachere – Gebärdensprache zu vermitteln. Dadurch wird die Integration dieser Kinder in das »normale« Leben deutlich verbessert.

Hier bekommen Sie Rat und Hilfe

➤ Bundesgemeinschaft der Eltern und Freunde hörgeschädigter Kinder e.V.
Pirolkamp 18
22397 Hamburg
Tel.: 040/607 03 44.
Auch im Internet erreichbar unter: http://www.bundesgemeinschaft.de

Das leisten moderne Hörgeräte

➤ Sie können auf unterschiedliche Frequenzen reagieren (z. B. das Frequenzspektrum der Sprache verstärken);
➤ Konsonanten anders behandeln als Vokale und damit die Sprachverständlichkeit wesentlich erhöhen;
➤ automatisch die akustische Umgebung analysieren und sich darauf einzustellen (z. B. Straßenlärm/ruhige Wohnung);
➤ innerhalb gewisser Grenzen Störschall ausschalten (z. B. Frequenzen, die das Sprachspektrum überlagern);
➤ ein dem gesunden Ohr nachempfundenes Richtungshören ermöglichen.
➤ Sie sind klein, leicht und fallen kaum auf.

Übergewicht

Zeichen

➤ Gewicht über den Normwerten

Übergewicht ist nicht nur ein Problem von Erwachsenen. Anhand von wissenschaftlichen Untersuchungen haben zwölf Prozent der Kinder im Grundschulalter mehr als 20 Prozent Übergewicht. Und das Phänomen, dass schon Kinder viel zu dick sind, findet in unserer Gesellschaft immer größere Verbreitung.

Ursachen

Krankhafte Ursachen, etwa Stoffwechselstörungen und »Probleme mit den Drüsen«, wie im Volksmund massives Übergewicht ja häufig erklärt wird, sind nur in den seltensten Fällen der Auslöser. Schuld dagegen haben meist eine falsche Ernährungsweise und ungesunde Lebensgewohnheiten. Die Speckrollen an Bauch, Armen und Beinen sowie das dicke, pausbackige Gesicht sind angefuttert mit Süßigkeiten, zuckerhaltigen Limonaden, kalorienreichem Salzgebäck, das bevorzugt vor dem Fernseher konsumiert wird, und mit zu viel Fett bei den Mahlzeiten. Schließlich trägt mangelnde Bewegung dazu bei, dass die Pfunde sprießen, denn statt draußen herumzutoben und bei Spiel und Sport Kalorien abzuarbeiten, sitzen viele Kinder stundenlang vor TV-Geräten oder Computerspielen.

Für Übergewicht gibt es auch eine erbliche Veranlagung. Oft sind ganze Familien von Adipositas, so die medizinische Fachbezeichnung für Fettsucht, betroffen. Außerdem sind Eltern in ihren Ess- und Lebensgewohnheiten ein Vorbild für ihre Kinder, und wenn der Vater regelmäßig mit Chips und Cola vor dem Fernseher hockt, ist es nahe liegend, dass Sohn oder Tochter das Gleiche tun werden.

Übergewicht birgt große Risiken. Die Kinder neigen nämlich zu Krankheiten wie Bluthochdruck und Stoffwechselstörungen mit hohen Blutfetten. Außerdem wird die Entwicklung von Knochen und Muskeln beeinträchtigt, und durch das hohe Körpergewicht werden die Gelenke stark belastet. Nicht zuletzt geraten dicke Kinder oft in große seelische Nöte, denn sie werden von ihren Kameraden gehänselt und als »Fettwanst« von allen Freizeitaktivitäten ausgeschlossen.

Vorbeugung

Die Verhütung von Übergewicht fängt schon im Babyalter an. Wenn Säuglinge gestillt werden oder die empfohlene Menge an Flaschennahrung erhalten, ist das Risiko, ein Pummelchen heranzuziehen, gering. Manche Mütter meinen es aber viel zu gut und mästen ihr Kleines regelrecht, indem sie ihm fortwährend Beikost füttern, etwa zuckerhaltige Obst- und Getreidebreie, oder dem Baby zwischendurch häufig ein Saftfläschchen, ein Brötchen oder Brezeln in die Hand geben.

Sollte ein Kind schon zu viel für sein Alter wiegen, dann heißt es, gezielt abnehmen. Eine Hungerkur ist aber nichts für Kinder mit Übergewicht. Sie müssen sich satt essen. Allerdings mit den richtigen Lebensmitteln und nach einem geregelten Mahlzeiten-Plan. Also nicht dauernd zwischendurch futtern oder gar Süßigkeiten naschen. Am gesündesten ist eine ausgewogene Mischkost mit viel frischem Gemüse und Obst mit ein bis zwei Fleischmahlzeiten und mindestens einer Fischmahlzeit pro Woche. Dabei sollten Sie nur mageres Fleisch auswählen und Wurst nur sparsam anbieten.

Und ganz wichtig: viel bewegen! Motivieren Sie Ihr Kind, verschiedene Sportarten auszuprobieren. Vielleicht möchte es gerne schwimmen, Tennis spielen oder in einen Fußballverein eintreten? Oder einfach mit dem Hund spazieren

Wenn Kinder sich nicht gerne bewegen, liegt das häufig daran, dass es auch die Eltern nicht gerne tun oder glauben, keine Zeit dafür aufbringen zu können. Das wäre doch die Gelegenheit für die ganze Familie, ein kleines Sportprogramm anzufangen: gemeinsame Radausflüge, Wanderungen auch mit befreundeten Kindern, Joggen, Federball spielen oder zumindest zweimal pro Woche hinter der Frisbeescheibe herrennen und sich dabei ausschütten vor Lachen. Das erfrischt und macht gute Laune.

gehen oder auf dem Spielplatz herumtoben? Die Bewegung sollte regelmäßig sein, am besten ein- bis zweimal die Woche ein Sportprogramm und jeden Tag raus an die frische Luft. Das ist nicht nur für die Abwehr gut, sondern lässt auch die Pfunde purzeln. Wenn das Kind den Erfolg erlebt und sieht, wie es dünner wird, dann wächst bestimmt die Motivation, solch ein regelmäßiges Bewegungsprogramm beizubehalten.

Fragen Sie den Arzt

Nur selten verbirgt sich hinter Übergewicht eine ernste Erkrankung. Meistens gesellen sich dann noch andere Beschwerden hinzu, oder das Gewicht schießt in auffällig kurzer Zeit in die Höhe. Sollten Sie unsicher sein und eine Krankheit befürchten, gehen Sie mit Ihrem Kind zum Arzt!

Zuckerkrankheit (Diabetes mellitus)

Zeichen

Bei jedem Verdacht auf eine Zuckerkrankheit sollten Sie unverzüglich den Arzt aufsuchen!

- ► Durst
- ► Vermehrtes Wasserlassen
- ► Abmagerung trotz guten Appetits
- ► Müdigkeit
- ► Bauchschmerzen

Die Zuckerkrankheit – in der Fachsprache Diabetes mellitus – ist eine der häufigsten Stoffwechselkrankheiten der heutigen Zeit. Auch bei Kindern nimmt die Diabeteserkrankung zu. Leider ist der Verlauf bei ihnen meist sehr viel schwerer, und die Gefahren, die von der Erkrankung ausgehen, sind größer.

Wichtig ist es, Kinder von Anfang an für eine gesunde Lebensweise zu begeistern, vor allem für die gesunde Ernährung.

Dem Diabetes mellitus liegt eine Störung im Zuckerhaushalt zugrunde: Der für die Energieversorgung der Zellen wichtige Nahrungsbaustein kann nicht verwertet werden und reichert sich im Blut an. Es kommt zu einer »Überzuckerung« des Blutes (Hyperglykämie) und einem Mangel in den Körperzellen.

Ursachen

Bei Kindern wird die Zuckerkrankheit durch einen Hormonmangel ausgelöst: Das für den Zuckerstoffwechsel notwendige Insulin aus der Bauchspeicheldrüse ist nicht in ausreichender Menge vorhanden. Die Ursachen für diesen »juvenilen« Diabetes mellitus, der auch Typ1-Diabetes genannt wird, sind noch nicht genau geklärt. Bekannt ist jedoch, dass die Krankheit durch eine Fehlleistung des Immunsystems hervorgerufen wird. Die Körperabwehr greift »versehentlich« eigenes Gewebe an, nämlich das der Bauchspeicheldrüse. Dadurch entsteht eine Entzündung, und die Zellen, die das »Zuckerhormon« Insulin produzieren, werden nach und nach zerstört. Während die erwachsenen Diabetiker meist noch über gewisse Mengen an körpereigenem Insulin verfügen, benötigt der jugendliche Diabetiker deshalb meist von Anfang an äußerlich zugeführtes Insulin. Eine solche Autoimmunerkrankung kann durch verschiedene Faktoren ausgelöst werden, z. B. durch virale Infektionen, Nahrungsbestandteile, Vergiftungen.

Verlauf

Akute Komplikationen

Fast immer beginnt die Krankheit akut mit plötzlicher Abgeschlagenheit, Müdigkeit und einem Leistungsmangel. Die Kinder wirken blass und magern ab, obwohl sie ausreichend essen und einen guten Appetit haben. Sie entwickeln ein starkes Durstgefühl und nehmen oft mehrere Liter Flüssigkeit am Tag zu sich. Dann müssen sie häufig auf die Toilette zum Wasserlassen, um die Flüssigkeitsmengen wieder auszuscheiden.

Gefährlich kann die Krankheit werden, wenn die Zuckerwerte im Blut stark ansteigen und der Stoffwechsel entgleist. Den Kindern droht dann das diabetische Koma, ein lebensbedrohlicher Zustand: Es kommt zu Erbrechen, heftigen Bauch- und Kopfschmerzen, Reflexstörungen und schließlich Bewusstseinsverlust. Auffälligstes Zeichen eines drohendes Komas ist der Geruch der Atemluft: Sie riecht nach Azeton.

Langzeitschäden

Leider gibt es bei dieser Krankheit auch Schädigungen, die sich erst mit der Zeit herausbilden. Sie treten vor allem dann auf, wenn der Insulinmangel nicht optimal ausgeglichen, der Zucker nicht richtig »eingestellt« werden kann. Die Zuckermoleküle im Blut bewirken eine schleichende Zerstörung der Gefäßbahnen. Dies wirkt sich besonders an den feinen Kapillargefäßen aus, die die Haut und alle Organe versorgen. Es kommt zu Durchblutungsstörungen mit Folgeerscheinungen an Haut, Augen und Nieren. Schwer diabeteskranken Patienten drohen ausgeprägte Hautgeschwüre, Erblindung und Nierenversagen.

Ist es Ihnen gelungen, Ihrem Kind bis zur Pubertät einen verantwortungsvollen Umgang mit der Krankheit beizubringen, wird in dieser Phase der allgemeinen Rebellion gegen alle elterlichen Vorschriften auch dies nicht halten. Dann heißt es für Sie, sich damit anzufreunden, dass Ihr Kind anfängt, sein Leben selbst in die Hand zu nehmen. Versuchen Sie es zu akzeptieren, auch wenn Sie sich Sorgen machen.

231

Behandlung

Erfreulicherweise hat die Diabetesbehandlung in den letzten Jahren große Fortschritte erzielt. Hintergrund aller Maßnahmen ist, das fehlende Insulin zu ersetzen und die Blutzuckerwerte optimal einzustellen. Dazu stehen verschiedene Behandlungsverfahren zur Verfügung: Das Insulin gibt es als Medikament und kann z. B. mit Hilfe von Spritzen oder Pumpen dem Körper zugeführt werden. Wichtig ist eine möglichst feine und den natürlichen Bedingungen entsprechende Dosierung des Insulins. So können starke Schwankungen des Blutzuckerspiegels und die Gefahr von Komplikationen vermieden werden.

Das können Sie selbst tun

Gesunde, vollwertige Ernährung

Erkundigen Sie sich in Lokalen bei den Nachspeisen, auch wenn sie als vollwertig gekennzeichnet sind, immer, ob Zucker drin ist. Und machen Sie auch klar, dass dies keine Marotte ist, sondern eine lebenswichtige Information. Scheuen Sie sich auch nicht, etwas zurückgehen zu lassen.

Bei Zuckerkranken ist eine ausgewogene, vitaminreiche Kost von ganz entscheidender Bedeutung. Der Stoffwechsel reagiert durch die Krankheit nämlich viel empfindlicher, und alle kleinen oder größeren Ernährungssünden, die Gesunde einfach so wegstecken, können bei ihnen schon weit reichende Folgen haben. Bedenken Sie das immer, wenn Ihr Kind an der Zuckerkrankheit leidet, und lassen Sie ihm das Bestmögliche an Ernährung zuteil werden. Bei allen Fragen können Sie sich ruhig an eine Ernährungsberatungsstelle wenden. Fast in jeder Klinik, die speziell Zuckerkranke behandelt, gibt es auch eine Diätassistentin. Lassen Sie sich helfen, es ist nur zum Wohl Ihres Kindes.

Eine gesunde Lebensführung

So bekommt die Krankheit wenig Chancen, sich breit zu machen. Dazu gehört ausreichend Schlaf, viel Entspannung und Erholung und – vor allem – viel Bewegung. Ein regelmäßiges – selbstverständlich dem Leistungsvermögen angepasstes – körperliches Training verbessert die Stoffwechsellage und gibt dem ganzen Körper Kraft. Ihr Kind wird sich insgesamt wohl fühlen und nicht das Gefühl haben, an einer Krankheit zu leiden.

Ausreichender Schlaf und viel Bewegung an frischer Luft sind auch für Kinder, die unter einer Stoffwechselstörung leiden, die besten Voraussetzungen, mit ihrer Krankheit besser fertig zu werden.

Tipp für den Akutfall

Achten Sie darauf, dass Ihr Kind immer ein Stück Zucker bei sich führt. Bei Diabeteskranken kann eine Stoffwechselentgleisung nämlich auch mal in die andere Richtung gehen, und durch eine stärkere Insulinwirkung oder durch veränderte körperliche Bedingungen entsteht plötzlich ein »Unterzucker«, eine so genannte Hypoglykämie. Da fällt der Blutzuckerspiegel rapide ab, und die Betroffenen bekommen Schweißausbrüche und ein Schwächegefühl, sie zittern und müssen gähnen. Dann droht ebenfalls ein Koma! Achten Sie auf die Alarmzeichen, geben Sie Ihrem Kind sofort das Zuckerstück, und rufen Sie einen Arzt! Glücklicherweise ist diese einfache »Therapie« meist schnell wirksam und erfolgreich, so dass sich die Betroffenen innerhalb weniger Minuten wieder erholen.

Hier bekommen Sie Rat und Hilfe

Diese Selbsthilfegruppen beraten in Deutschland Eltern mit diabeteskranken Kindern:

- ► Deutscher Diabetiker Bund e.V.
  Bundesgeschäftsstelle
  Danziger Weg 1
  58511 Lüdenscheid
  Tel.: 02351/989153
- ► Förderkreis Eltern diabetischer Kinder und Jugendlicher e.V.
  Ochsenberg 23
  67659 Kaiserslautern
  Tel.: 0631/42422
- ► Stiftung »Das zuckerkranke Kind«
  Universitätskinderklinik Ulm
  Prittwitzstraße 43
  89070 Ulm

Nicht nur bei älteren Menschen, sondern auch bei Kindern kann Diabetes auftreten. Das bedeutet für sie, ein Leben lang Injektionen und Tests und das Verbot, Süßes zu essen. Für Eltern bedeutet dies einerseits, ihnen Disziplin beizubringen und ihnen andererseits doch eine unbeschwerte Kindheit zu ermöglichen. Eine anspruchsvolle Aufgabe.

Individuelle Betreuung

Für die individuelle Einstellung von Diabetespatienten gibt es Spezialkliniken oder -abteilungen, die sich ausschließlich der Behandlung von Zuckerkranken widmen. Kinder mit Diabetes werden hier umfassend untersucht und betreut, und die Behandlung erfolgt nach neuesten wissenschaftlichen Erkenntnissen, die es jungen Diabeteskranken ermöglicht, ein zwar belastetes, aber relativ normales Leben zu führen. Neben der medikamentösen Therapie werden Eltern und Kinder auch ausführlich zu Begleitbehandlungen beraten, wie z. B. einer speziellen Diät, oder zu Fragen der richtigen Anwendung von Insulinpumpen oder -spritzen. Auch die seelische Betreuung ist von großer Wichtigkeit und wird in die Gesamtbehandlung integriert, benötigen die kleinen Patienten mit ihrem chronischen Leiden doch besonders viel Zuwendung und Unterstützung.

Schlusswort

Der gute Rat zum Schluss

Die ersten Lebensjahre eines Kindes sind für seine Entwicklung die wichtigsten. Die Erfahrungen und Fähigkeiten, die es hier erwirbt, sind der Grundstock, auf dem es sein weiteres Leben aufbaut. Was in dieser Zeit versäumt wurde, ist später nur schwer wieder zu reparieren. Nehmen Sie Ihr Kind so an, wie es ist, sei es durchschnittlich begabt, hoch begabt, in seiner Anpassungsfähigkeit gestört oder behindert.

Fördern Sie Ihr Kind seinen ureigensten Fähigkeiten entsprechend, geben Sie ihm ein liebevolles Zuhause, und nehmen Sie sich so viel Zeit, wie Sie nur haben. Für viele junge Eltern mag das heutzutage vielleicht schwieriger sein, als es sich anhört. Die Familien sind oft großen finanziellen Belastungen ausgesetzt. Vater und Mutter müssen arbeiten, um das Einkommen zu sichern.

Wenn der Tag zu wenig Stunden hat

Ob die Wohnung unordentlich ist, ob der Rasen noch nicht gemäht und die Vorhänge ungewaschen sind: Ihren Kinder ist das egal. Hauptsache, sie spüren, dass Sie für sie da sind, spüren den Kontakt zu Ihnen, die Liebe und Wärme, die Sie ihnen geben.

Häufig wollen junge Frauen heute aber auch nicht mehr auf Job und Karriere verzichten, und dann müssen Haushalt und Kinderbetreuung sehr straff organisiert werden. Insbesondere gilt das für die vielen Alleinerziehenden, deren Zahl vor allem in den Großstädten stetig steigt. Nicht zuletzt machen es die wachsenden Ansprüche an das eigene Lebensumfeld und der Wunsch, seine individuellen Bedürfnisse, z.B. mit zeitaufwändigen Hobbys, Sport und sonstigen Freizeitvergnügungen, auszuleben, jungen Vätern und Müttern oft nicht leicht, sich mit Geduld und Muse den Kleinen zu widmen.

Zeit für Kinder – das ist heute Mangelware. Pädagogen und Psychologen haben festgestellt, dass einer Mutter oder einem Vater durchschnittlich pro Tag nur etwa zwölf Minuten bleiben, um mit ihrem Sprössling ein richtiges Gespräch zu führen, geschweige denn mit ihm zu spielen, spazieren zu gehen oder etwas zu unternehmen. Dafür werden die Kleinen sehr häufig vor den Bildschirmen von TV, PC und Gameboy »geparkt« und damit mehr oder weniger sich selbst überlassen.

Ihr Kind braucht Sie

Auch wenn die Bedingungen manchmal nicht optimal sind, Sie viel zu tun haben, müde und gestresst sind und Ihr Kind am liebsten hin und wieder links liegen lassen wollten – versuchen Sie ihm doch möglichst viel liebevolle Aufmerksamkeit und Zuwendung zu schenken: Nehmen Sie Ihr Kind in den Arm, tauschen Sie Gedanken mit ihm aus, lassen Sie es an Ihrem Leben teilhaben, und grenzen Sie es nicht aus, reden und spielen Sie mit ihm, erzählen Sie ihm Geschichten, stärken Sie seine Phantasie und seine Begabungen. Damit schaffen Sie Ihrem Kind die besten Voraussetzungen für eine gesunde Entwicklung und ein zufriedenes Leben.

Die Autorinnen hoffen, Sie mit diesem Ratgeber dabei zu unterstützen.

Bücherliste

Nachfolgend finden Sie einige Bücher aufgeführt, die Ihnen weitere Fragen beantworten oder Anregungen geben können. Die Liste hat natürlich keinen Anspruch auf Vollständigkeit, Sie finden aber sicherlich das ein oder andere Buch, das Sie zum Weiterlesen animiert.

Aust-Claus, Elisabeth; Hammer, Petra M: Auch das Lernen kann man lernen. Vom Kindergarten in die Schule. Was Sie als Eltern dafür tun können, dass Ihr Kind gut und gern lernt. Das Buch für Erfolgs-Erlebnisse und Erfolgs-Ergebnisse. Ratingen: Oberstebrink & Partner Verlag 1997

Ayres, A. Jean: Bausteine der kindlichen Entwicklung. Die Bedeutung der Integration der Sinne für die Entwicklung des Kindes. Berlin: Springer Verlag, 3., korr. Aufl. 1998

Becker-Textor, Ingeborg: Der Dialog mit den Eltern. (Die Kindertagesstätte) München: Don Bosco Verlag, 3. Aufl. 1998

Billhardt, Jutta: Hochbegabte - Die verkannte Minderheit. Würzburg: Lexika Verlag 1996

Bockelbrink, Wolfgang: Mein Kind bleibt kariesfrei. Der Ratgeber für gesunde Zähne von Anfang an. M. Bockelbrink, Gräf. 1996

Day, Jennifer: Schließe deine Augen und stell dir einmal vor... Wie Kinder durch Visualisieren ihr Selbstvertrauen stärken und Probleme lösen. München: Kösel, 2.Aufl. 1996

Flehmig, Inge: Normale Entwicklung des Säuglings und ihre Abweichungen. Früherkennung und Frühbehandlung. (Thieme flexible Taschenbücher) Stuttgart: Georg Thieme Verlag, 5. unveränd. Aufl. 1996

Frankenburg, William K.; Thornton, Susan M; Cohrs, Martin E. (Hrsg.): Entwicklungsdiagnostik bei Kindern. (Thieme flexible Taschenbücher) Stuttgart: Georg Thieme Verlag, 2. überarb. Aufl. 1992

Goebel, Wolfgang; Glöckler, Michaela: Kindersprechstunde. Ein medizinisch-pädagogischer Ratgeber. Erkrankungen - Bedingungen gesunder Entwicklung - Erziehung als Therapie. Stuttgart: Urachhaus, 12. überarb. Aufl. 1997

Gürth, Martina und Per-Henrik (Ill.): Elefant Emil erfindet eine Erbsenschälmaschine. Das einzig wahre Tier-ABC. Freiburg: KeRLE Verlag 1998

Haug-Schnabel, Gabriele: Wie Kinder trocken werden können. Was Sie als Eltern wissen müssen, damit das Sauberwerden klappt. Das Buch für Sauberkeits-Entwicklung und Sauberkeits-Erziehung. Ratingen: Oberstebrink & Partner Verlag 1998

Kaiser, Thomas: Bleib bei mir, wenn ich wütend bin! Wut und Aggression: So helfe ich meinem Kind. Freiburg: Christophorus 1998

Kaplan, Louise J.: Die zweite Geburt. Die ersten Lebensjahre des Kindes. Hrsg. v. Fatke, Reinhard. (Serie Piper, 00324) München: Piper, 10. Aufl. 1998

Kast-Zahn, Annette: Jedes Kind kann Regeln lernen. Vom Baby bis zum Schulkind: Wie Eltern Grenzen setzen und Verhaltensregeln vermitteln können. Das Buch des positiven Lenkens. Ratingen: Oberstebrink & Partner Verlag 1997

Wenn Sie die gewünschten Informationen nicht in einem Buch finden, scheuen Sie sich nicht, Ihren Arzt zu fragen. Es hat Ihnen schließlich niemand beigebracht, wie es geht, Mutter oder Vater zu sein. Es gibt keine Schule und kein Fach an der Universität, das Sie auf die tiefgehenden Veränderungen vorbereitet, wenn ein Kind kommt. Sie müssen alles selbst lernen. Also ruhig drauflos fragen.

Internetadressen

http://k i d n e t . d e
Eine Anlaufstelle im deutsch-sprachigem Internet, in der sich Hilfe suchende Familien und helfende Organisationen informieren, treffen und austauschen können.

www.eltern.de
Rat suchende Väter und Mütter finden in der Online-Ausgabe der Zeitschrift »Eltern« Antwort auf fast alle Fragen. Es gibt einen Erfahrungsaustausch, eine Kinderarztsprchestunde und Adressen für alle familiäre Lebenslagen. Weiter gibt es alle Neuigkeiten um die Themen Schwangerschaft, Geburt und Erziehung. Dazu gibt es Literaturempfehlungen für Kinder.

Ansonsten finden Sie zu fast allen Themen im Internet gute Informationen. Beispielsweise bei Krankheiten, Adressen von Selbsthilfegruppen, Apotheken, Literatur und Verbänden und Organisationen, die Ihnen weiterhelfen.

Kast-Zahn, Annette; Morgenroth, Hartmut: Jedes Kind kann schlafen lernen. Vom Baby bis zum Schulkind: Wie Sie Schlafprobleme Ihres Kindes vermeiden und lösen können. Ratingen: Oberstebrink & Partner Verlag 1995

Kasten, Hartmut: Einzelkinder. Aufwachsen ohne Geschwister. Berlin: Springer-Verlag 1995

Kovács, Heike; Linder, Susanne: Kinderkrankheiten erkennen und behandeln. Berlin: Urania Verlag 1996

Kurz- Lunkenbein, Marilis (Hrsg.): Wie unser Schreibaby Ruhe findet. Tips und Ratschläge für betroffene Eltern. Augsburg: Pattloch Verlag 1998

Meier, Christine; Richle, Judith: Sinn-voll und alltäglich. Materialiensammlung für Kinder mit Wahrnehmungsstörungen. Kopiervorlagen. (Praxis Egotherapie) Dortmund: Verlag Modernes Lernen, 4. Aufl. 1998

Montessori, Maria: Kinder lernen schöpferisch. Die Grundgedanken für den Erziehungsalltag mit Kleinkindern. Hrsg. u. erkl. v. Becker-Textor, Ingeborg. (Herder Spektrum, 04262) Freiburg: Herder Verlag, 7. Aufl. 1999

Otte, Horst Manfred: Ohnmächtige Eltern. Was Eltern verzweifelt macht und Kinder verunsichert - Ein Elternführerschein. Dortmund: borgmann publ., 3. Aufl. 1997

Pauli, Sabine; Kisch, Andrea: Geschickte Hände. Feinmotorische Übungen in Spielform. (Praxis Ergotherapie) Dortmund: Verlag Modernes Lernen, 5. Aufl. 1998

Pauli, Sabine; Kisch, Andrea: Was ist los mit meinem Kind? Bewegungsauffälligkeiten bei Kindern. Berlin: Urania Verlag, 7. Aufl. 1998

Pighin, Gerda: Kinder lernen sprechen. Eine spielerische Sprachförderung. Augsburg: Pattloch Verlag 1992

Rogge, Jan-Uwe: Kinder brauchen Grenzen. Kinder brauchen Grenzen. (rororo Sachbuch, 19366) Hamburg: Rowohlt Taschenbuch 1993

Schuster, Martin: Kinderzeichnungen. Wie sie entstehen, was sie bedeuten. Springer Bln, 1994

Shapiro, Lawrence E.: EQ für Kinder. Wie Eltern die Emotionale Intelligenz ihrer Kinder fördern können. (dtv - Modernes Leben, 36121) München: Deutscher Taschenbuch Verlag, dtv 1998

Wagner, Jürgen: Kinderfreundschaften. Wie sie entstehen – Was sie bedeuten. Springer Bln, 1994

Winner, Ellen: Hochbegabt. Mythen und Realitäten von außergewöhnlichen Kindern. Stuttgart: Klett-Cotta 1998

Wolf, Dagmar: Babysitter, Hort & Co. Ratgeber zur Kinderbetreuung. (dtv - Modernes Leben, 36094) München: Deutscher Taschenbuch Verlag, dtv 1998

Zeltner, Eva: Mut zur Erziehung. (dtv - Modernes Leben, 36048) München: Deutscher Taschenbuch Verlag, dtv 1997

Zimmer, Katharina: Das wichtigste Jahr. Die körperliche und seelische Entwicklung im ersten Lebensjahr. München: Kösel, 5. Aufl. 1996

Zimmer, Katharina: Erste Gefühle. Das frühe Band zwischen Kind und Eltern. München: Kösel Verlag 1998

Über die Autorinnen

Dr. med. Heike Kovács ist Ärztin und Medizinjournalistin. Ihr besonderes Interesse gilt der Kinder- und Frauenheilkunde sowie der Vorbeugung von Krankheiten.

Dr. med. Gunhild Kilian-Kornell ist Fachärztin für Kinderheilkunde. Sie bevorzugt für ihre Publikationen praxisorientierte Themen wie Impfungen, Infektionskrankheiten und die Ernährung von Kindern.

Bildnachweis

Rehm, Claudia, Stockdorf/München: Titel li. und re.; The Image Bank, München: Titel mitte; Tony Stone, München: 9, 201 (Philip & Karen Smith), 10 (Tony Stone Imaging), 11 (Chris Harvey), 15, 210 (David Hanover), 19 (Tony Latham), 20 (Donna Day), 25
(Mc Neal Hospital), 29, 54 (Laurence Monneret), 38 (Mark Williams), 43, 86 (Jennie Woodcock) 46, 59 (Owen Franken), 47 (Andy Cox), 60 (Joseph Pobereskin), 64 (Sue Ann Miller), 65 (Elie Bernager), 70 (Joe Cornish), 110 (Vincent Oliver), 120 (Jo Browne/Mick Smee), 134 (Rich Frishman), 135 (Daniel Nichols), 138 (Christopher Bissel), 147 (Peter Cade), 152 (Penny Gentieu), 166 (Wayne Eastep), 172 (Jonathan Selig), 176 (Chad Slattery), 190 (Tim Flach); Velten, Heidi, Isny im Allgäu: 17, 50, 56, 76, 79, 82, 87, 92, 97, 100, 104, 116, 118, 121, 128, 131, 140, 145, 146, 151, 153, 156, 184, 198, 212, 220, 222, 225, 230, 232

Hinweis

Das vorliegende Buch ist sorgfältig erarbeitet worden. Dennoch erfolgen alle Angaben ohne Gewähr. Weder die Autorinnen noch der Verlag können für eventuelle Nachteile oder Schäden, die sich aus den im Buch gegebenen Hinweisen ergeben, eine Haftung übernehmen.

Impressum
© 1999 Südwest Verlag GmbH
in der Verlagshaus Goethestraße GmbH & Co. KG, München

Redaktion: Michaela Breit
Bildredaktion: Beate Wagner
Projektleitung: Ernst Dahlke
Redaktionsleitung: Nina Andres
Umschlag und Innenlayout: Manuela Hutschenreiter
DTP-Produktion: AVAK Publikationsdesign, München
Produktion: Manfred Metzger

Printed in Italy

Gedruckt auf chlor- und säurearmem Papier

ISBN 3-517-07814-X

Register